디지털 마케팅

전략과 실전사례

저자 **차원상**

4차 산업혁명시대, 마케팅 패러다임 변화에 대응하는
디지털 마케팅 실무지침서

한국금융연수원
KOREA BANKING INSTITUTE

발/간/사

대표적인 글로벌 투자금융회사인 골드만삭스가 자사의 정체성을 'technology company'라 재정의할 만큼 이제 디지털금융 기술은 국내외 금융기관들의 생존을 좌우할 수 있는 핵심분야가 되고 있습니다. 이러한 추세에 맞추어 국내 금융기관들은 디지털금융 기술을 기반으로 기존의 조직체계를 혁신하고 새로운 비즈니스 모델을 구축하고자 디지털 트랜스포메이션을 추진하고 있습니다.

이와 같이 급변하는 금융환경에 대처하고 디지털 트랜스포메이션을 추진 중인 금융기관들의 니즈에 적극 부응하기 위해 한국금융연수원에서는 지난 2019년 7월 디지털금융 전문인력 양성에 특화된 금융DT Academy를 출범한 데 이어, 이번에 디지털금융 전문도서인 「KBI 디지털금융시리즈」를 발간하게 되었습니다.

「KBI 디지털금융시리즈」는 빅데이터, 인공지능, 블록체인, 클라우드, 디지털 마케팅, 디지털금융 비즈니스 등 디지털금융의 6개 핵심분야로 구분하여 각 분야에 정통한 실무전문가들이 이론과 구체적인 사례들을 모아 집필하고, 이에 더하여 각 분야별 디지털 전문가들로 구성된 금융DT Academy 자문단으로부터 감수를 받아 책의 완성도를 높였습니다. 동 시리즈는 디지털 트랜스포메이션을 추진하는 금융인뿐만 아니라 디지털금융에 관심이 있는 일반인에게도 디지털금융에 대한 이론적·실무적 지식을 넓히는 데 큰 도움이 될 것으로 기대합니다.

그동안 「KBI 디지털금융시리즈」가 최종 나오기까지 많은 노력을 기울여온 집필자들, 자문위원들, 그리고 우리 원 관련 직원 여러분들께 깊이 감사드리며 앞으로 동 시리즈가 디지털금융에 대한 우리나라 최고의 실무지침서가 되기를 바랍니다.

한국금융연수원 원장 문재우

머/리/말

오늘날 디지털 기술은 기업의 비즈니스 환경을 혁신적으로 변화시키고 있습니다. 디지털 마케팅은 그와 같은 디지털 기술을 마케팅에 접목하여 고객과 상호작용하고 관계를 구축하고 발전시키는 새로운 형태의 마케팅입니다.

세계적으로 마케팅 패러다임이 변화하면서 디지털 마케팅의 시대가 도래하고 있습니다. 전통적인 광고회사들은 디지털 마케팅 회사로 변신하고 있으며, 그 외 기업들도 마케팅 영역에서 기존 방식을 벗어나 소셜 미디어 마케팅, 모바일 마케팅, 데이터 마케팅 등 디지털 마케팅으로 빠르게 이동하고 있습니다.

하지만 국내에서는 아직 이런 산업 환경의 변화에 부응하는 디지털 마케팅 전문 인력에 대한 교육과정이나 교재가 부족한 상황입니다. 필자는 2019년 세종사이버대학교에 국내 최초로 디지털마케팅학과를 개설하고 교육에 매진하면서 관련 교재의 필요성을 절감했습니다. 1991년부터 30년 가까이 광고와 마케팅 그리고 디지털 업계에 종사하면서 배운 경험과 디지털 마케팅에 대한 학문적 논의와 연구를 기반으로 이 책을 집필했습니다.

이 책의 특징은 디지털 마케팅에 대한 기초적 이론과 다양한 실전 사례를 통해 비전문가도 이해할 수 있도록 최대한 쉽게 저술하고 기업의 마케팅 담당자들이 실무에 적용할 수 있도록 했다는 점입니다. 대학에서 광고나 마케팅 과목을 수강하는 학생들에게 좋은 교재가 될 것이며, 현업에서 마케팅 관련 업무를 하는 직장인들에게는 언제든 참고할 수 있는 실무 지침서가 될 것입니다. 바야

흐로 디지털 마케팅의 시대, 많은 학생과 직장인들에게 이 책이 디지털 마케팅의 이론과 실무를 습득하는 데 도움이 될 수 있기를 기원합니다.

마지막으로 이 책을 완성하는 데 도움을 주신 모든 분께 이 기회를 빌려 진심으로 감사드립니다. 특히 저를 학자의 길로 이끌어주신 한양대 심성욱, 한상필 교수님과 손판대 박사님, 업계의 인사이트를 제공해 준 손영민 상무님께 감사의 말씀을 드립니다. 또한 저술하는 저를 위해 물심양면으로 도와준 사랑하는 아내와 가족들에게 감사드립니다. 아울러 본서가 출판될 수 있도록 지원해 주신 한국금융연수원 이준수 원장님과 편집 및 교정의 노고를 아끼지 않은 한국금융연수원 출판미디어사업부 모든 직원에게 깊은 감사의 말씀을 전합니다.

2025년 1월

차원상

Contents

Contents

Contents

Part 01

4차 산업혁명과 디지털 마케팅

1장 4차 산업혁명과 디지털 전환

1절 4차 산업혁명의 이해

'4차 산업혁명'이라는 용어는 2016년 스위스 포럼에서 포럼의 의장이었던 클라우스 슈밥이 처음 사용하면서 이슈화됐다. 8년이 지난 시점에서 이제 좀 진부한 주제로 여겨지기도 하지만 인공지능, 빅데이터 등 4차 산업혁명의 주요 테마들이 여전히 각광을 받고 있다. 국내 대표적 인터넷서점인 예스24(2024년 10월)에서 4차 산업혁명과 관련된 저서를 검색해보니 총 1,268종이나 있었다. 다음으로 역시 선풍적인 인기를 끌고 있는 용어인 '인공지능'과 관련된 국내 저서를 찾아봤다. 무려 2,805종이나 되었다.

그러나 4차 산업혁명에 대해서 명확하게 이해하고 있는 사람은 많지 않은 것 같다. 4차 산업혁명은 과연 무엇일까? '인터넷 혁명, 모바일 혁명 이런 거 아닌가?' 많은 사람이 그렇게 오해하고 있다.

4차 산업혁명이라는 용어를 최초로 사용했다는 클라우스 슈밥(Klause

Schwab)은 2016년 1월 다보스 포럼에서 디지털 기술과 인간, 물리적 환경의 융합으로 만들어지는 새로운 세상을 4차 산업혁명 시대라고 주장했다. IT 기술의 등장에 따른 디지털 혁명을 3차 산업혁명이라고 한다면, 4차 산업혁명은 3차 산업혁명을 기반으로 하여 물리적·기술적·생물학적 영역의 경계가 희석화되는 기술 융합 시대라고 할 수 있다. 한마디로, 4차 산업혁명은 기술 융합 시대를 의미한다.

인류사에서 일어난 산업혁명의 진화 과정을 살펴보자. 1차 산업혁명에서는 영국의 제임스 와트(James Watt)가 발명한 증기기관에 의해 기계화 혁명이 이루어지며 근대적 공장이 등장했다. 2차 산업혁명에서는 미국의 토머스 에디슨(Thomas Edison)이 발명한 전기에 의해 본격적인 대량 생산이 일어났다. 이때부터 본격적으로 산업화와 현대적 경영이 이루어지며 대량 생산, 대량 소비가 세계 경제의 핵심으로 부상했다. 특히 미국은 2차 산업혁명 시기의 발전으로 세계 최강국으로 부상할 수 있었다. 3차 산업혁명을 통해서는 우리가 지금도 체감하고 있는 컴퓨터와 인터넷 기반의 정보혁명 시대가 시작되었다.

우리는 얼마 전까지만 해도 인터넷 혁명, 모바일 혁명이 전부인 줄 알고 살았다. 일반 대중은 스마트폰과 온라인 비즈니스의 눈부신 발전 속도를 따라가기에도 힘겨웠다. 그런데 몇 년 전부터는 온갖 곳에서 4차 산업혁명을 이야기한다. 스마트폰과 모바일 앱을 간신히 따라가고 있는데, 언론에서는 이제 인공지능이 나오고 기술 융합이 나오는 4차 산업혁명 시대라고 연일 보도하고 있다. 이제 로봇·인공지능과 사람 또는 사물이 서로 연결되고 융합되며 실제와 가상이 통합되는 시대가 된 것이다.

일반인이 생활에서 4차 산업혁명을 체감하기까지는 시간이 걸리겠지만, 우리는 4차 산업혁명 시대에 이미 들어왔고 적응해나가야만 한다. 다행인 것은 대한민국은 지구상에서 가장 빨리 4차 산업혁명 시대에 진입한 나라 중 하나라는 것이다. 물론 미국과 중국 같은 강대국들은 4차 산업혁명의 핵심 기술인 인공지능·로봇·빅데이터(Big Data) 등에서 우리보다 앞선 기술력을 갖고 있지만, 지구상 대부분 나라는 아직 3차 산업혁명 시대에 머물러 있다. 심지어는 아직도 2차 산업혁명 시대에 머물러 있는 나라도 많다. 아프리카와 중남미의 많은 개도국과 후진국들이 대표적인 예다.

〈그림 1-1〉 산업혁명의 진화 과정

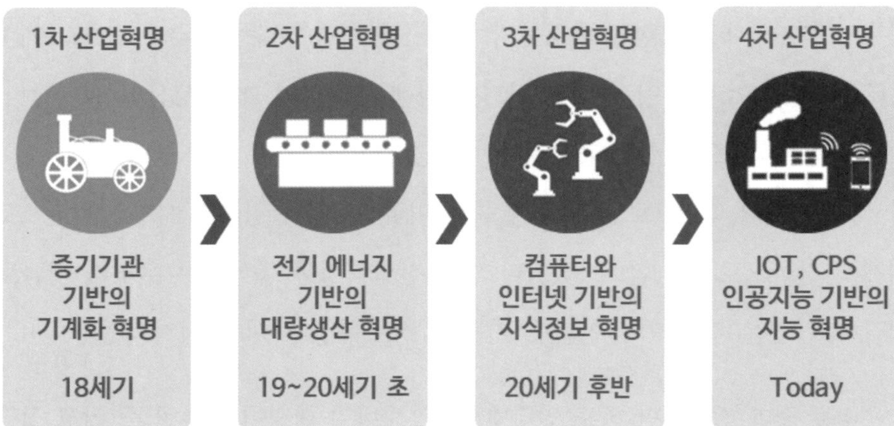

4차 산업혁명의 첫 번째 특징은 급속한 변화의 속도다. 기술의 발전이 기하급수적으로 이뤄져서 우리가 상상하지 못할 정도로 세상이 빠르게 변한다는 것이다. 미국의 미래학자 레이 커즈와일(Ray Kurzweil)은 자신의 저서 《특이점이 온다》에서 기술 변화의 속도가 매우 빨라 인간을 초월하는 순간 바로 특이점이 온다고 주장한다. '기술이 인간을 추월하는 순간'은 최근 유행하는 로봇, 인공지능, 유전공학, 나노 기술에 의해 나타난다고 이야기하고 있다. 그렇다면 그 특이점은 과연 언제 올까? 레이 커즈와일은 앞으로 100년 후가 아니라 불과

20년 후인 2040년이 그 시점이라고 이야기한다.

두 번째 특징은 제조업뿐 아니라 금융, 서비스 등 전 산업에 걸쳐 영향을 미친다는 것이다. 이미 인공지능을 활용한 주식 투자나 재테크가 일상화되고 있으며, 아마존 고(Amazon Go)와 같은 무인 점포가 미래 유통과 서비스업을 주도할 것으로 예상하고 있다.

세 번째 특징은 생산뿐 아니라 전체 경영 시스템의 급격한 변화를 초래한다는 것이다. 대표적인 예로 인공지능을 활용한 마케팅을 들 수 있는데, 이제는 마케팅 자동화 플랫폼의 등장으로 마케터 개인의 능력에 의존할 필요가 없어졌다. 이런 현상은 마케팅뿐 아니라 생산·재무·인사 등 기업 활동의 전 영역에 걸쳐 나타나고 있으며, 인공지능을 활용한 자동화 플랫폼과 솔루션이 인간의 지적 능력을 대체하고 있다. 많은 기업과 공공 기관에서 RPA(Robotic Process Automation)를 통해 사람이 하는 반복적 업무를 로봇 소프트웨어를 통해 자동화해서 처리하고 있다.

4차 산업혁명이 일어나면서 인공지능, 빅데이터 등 새로운 기술이 지능화되기 시작했다. 디지털 전환이 일어나면서 고객은 기업과 수평적 관점에서 소통하게 되었고, 기업은 개별 고객의 니즈에 맞는 개인화 서비스를 시작했다. 디지털 마케팅 시대가 시작된 것이다.

2절 4차 산업혁명 시대 주요 기술 이슈

1. 인공지능(Artificial Intelligence, AI)

4차 산업혁명과 연관되어 가장 많이 등장하는 용어가 인공지능(AI)이다.

혹시 〈Her〉이라는 영화를 본 적이 있나요? '사만다'라는 인공지능 OS(Operating System)와 사랑에 빠지는 인간의 러브스토리를 다룬 영화로, 2014년 개봉 당시 많은 화제가 됐다. 그때만 해도 인공지능이라는 개념이 생소하던 시기라 인공지능과 사랑에 빠진다는 설정은 무척 당혹스러웠다.

그러나 이제 인공지능은 더 이상 생소한 용어가 아니다. 우리 주변에서 이미 많은 인공지능이 열심히 일하고 있다. 대표적인 것이 챗봇(chatbot)이다. 카카오톡을 하다 보면 자동으로 응답해주는 챗봇을 쉽게 발견할 수 있다. 이것이 바로 인공지능을 활용한 고객 상담이다. 이미 고객센터에서는 챗봇이 상담원을 대체해 나가고 있다. 또한 티맵과 같은 내비 앱은 인공지능을 통해 막히지 않는 경로를 안내해주고 있다.

인공지능은 '인간의 학습, 추론, 지각, 언어 이해 능력을 컴퓨터 프로그램으로 실현한 기술'이라고 정의할 수 있다. 궁극적으로 컴퓨터가 인간의 지적 영역을 대체하거나 초월하게 되는 것이다. 최근에는 인공지능을 '컴퓨터공학의 한 분야로서 기계가 지식을 습득하고 적용하는 지능적 행동을 수행하는 능력'이라고 보고 있다.

인공지능은 '인지 컴퓨팅(cognitive computing)'과 유사한 개념으로, 컴퓨터가 스스로 학습하여 인공지능의 성능을 향상시키는 기술인 머신 러닝(machine learning), 인간의 뉴런(neuron)과 유사한 인공신경망 방식으로 정보를 처리하는 딥 러닝(deep learning)을 포함한다. 인공지능의 최첨단 기술인 딥 러닝은 사람이 판단 기준을 정해주지 않더라도 컴퓨터가 스스로 인지하고 추론하고 판단하는 인공지능의 자기 학습 방법인 머신 러닝의 새로운 기법이라고 할 수 있다.

인공지능의 역사는 1960년대부터 시작됐지만, 오랜 기간 가시적인 발전이 없는 암흑기를 보냈다. 그러다가 1997년 IBM의 인공지능 딥블루(Deep Blue)가 인간 체스 챔피언과의 체스 대결에서 승리하면서 주목받게 됐다. 그 후 2011년 IBM의 인공지능 왓슨(Watson)이 미국 TV 퀴즈 쇼에서 출연자들을 꺾고 우승하면서 큰 화제를 불러일으켰다. 왓슨은 클라우드 기반의 서비스로, 주로 암 진단과 같은 의료 영역과 보험·은행 같은 금융업에서 활용되고 있다.

특히 2016년에는 대중에게 인공지능을 확실하게 각인시킨 이벤트가 있었다. 구글의 인공지능 바둑 프로그램 알파고(AlphaGo)가 세계적 바둑 기사인 이세돌 9단, 커제 9단을 연파하면서 인공지능의 새로운 장을 연 것이다. 현재 인공지능은 질병 진단, 건강 관리, 신약 개발, 기후 예측, 무인 자율자동차, 자동통·번역, 개인 맞춤형 상품 추천 등 다양한 방면에서 활용되고 있다.

2023년 오픈AI에서 상용화 버전을 출시한 챗GPT는 생성형 AI라는 새로운 영역을 선보였다. 상식과 같은 쉬운 수준에서부터 전문지식과 같이 어려운 수준까지 어떤 질문을 해도 문장으로 친절하게 답해주는 챗GPT는 현실에서 본격적으로 AI를 체감하게 만드는 역할을 하고 있다. 최근 들어 구글, 메타 등과 같은 빅테크 기업들에서 앞다투어 생성형 AI를 발표하고 있는 것은 인공지능이 현실생활로 들어 왔다는 것을 반증한다. 단순 정보 편집 뿐 아니라 음악, 미술, 문학 등 창작물, 심지어 프로그래밍 코드까지 생성한다는 점에서 더욱 화제가 되고 있다.

인공지능의 가장 중요한 특성은 네트워킹과 실시간 업데이트다. 이론상 전세계 모든 인공지능은 네트워킹될 수 있으며, 최신 정보와 지식을 실시간으로 업데이트할 수 있다. 머지않아 인공지능과 인간 사이의 정보·지식 경쟁이 의미가 없어지고, SF 영화에 나오는 것처럼 인공지능 로봇이 인간의 노동력을 대부분 대체할 것이라는 암울한 예측이 나오는 이유가 여기에 있다. 따라서 인공지능의 발전으로 발생할 직업과 일의 변화에 대해서 정부, 민간 모두 다각적인 대책을 수립해야 할 것이다. 4차 산업혁명 시대의 가장 중요한 기술인 인공지능을 인간이 어떻게 설계하고 활용하느냐에 따라, 세상은 재앙을 맞을 수도 있고 낙원이 될 수도 있을 것이다.

〈그림 1-2〉 AI, 머신 러닝, 딥 러닝 개념도

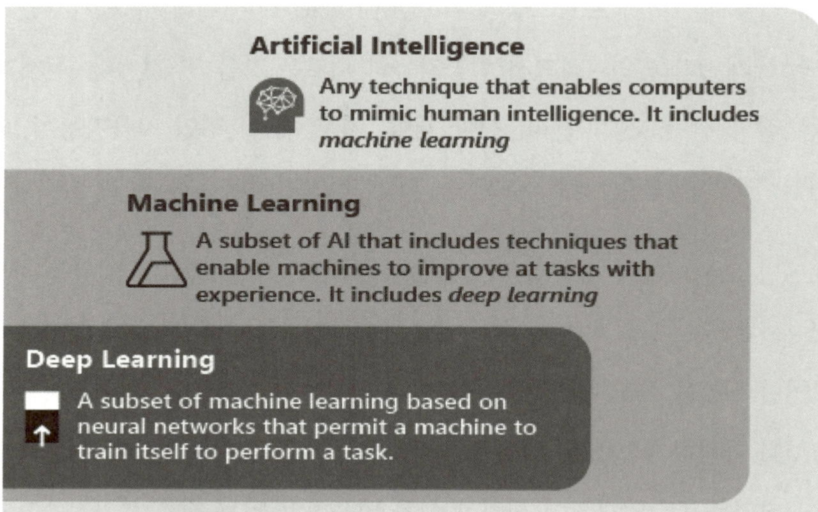

출처: Meenal Dhande, "What is the difference between AI, machine learning and deep learning?", Geospatial World

2. 로봇(Robot)

우리가 일반적으로 로봇을 상상할 때는 '사람의 모습과 유사한 조형물 내에 기계 장치를 설치해서 사람과 유사하게 동작하는 자동 기계'를 떠올린다. 물론 공장에서 제품을 조립하는 기계형 로봇도 있지만, 일반적으로 로봇은 사람의 형상과 유사한 모습을 하고 있다고 여겨진다.

4차 산업혁명 시대의 로봇은 로봇공학, 정보통신, 딥 러닝이 결합된 새로운 개념의 로봇이다. 영화 〈터미네이터〉에 나오는 터미네이터를 떠올리면 쉽게 이해할 수 있을 것이다. 기계 스스로 학습하고 추론하며 지속적으로 업그레이드하는 막강한 능력치를 가진 로봇이다. 또한 4차 산업혁명의 핵심 개념인 '융합'을 대표적으로 보여주는 예가 바로 로봇이기도 하다. 로봇공학·정보통신·인공지능 등 다양한 기술이 융합되고, 더 나아가서는 인간의 신체 및 사물과도 융합될 수 있다.

이런 고도화된 로봇의 발전이 경제와 사회 시스템을 근본적으로 변화시키고 있다. 대표적인 예가 자동화 혁명으로, 이에 따라 직업이 급속도로 변화하고 있다. 향후 20년 내로 비숙련 노동자들의 일자리는 대부분 로봇으로 대체될 것으로 예측되고 있다. 과거 3차 산업혁명 시대에는 제조업 노동자들의 일자리가 감소하더라도 유통과 같은 서비스 업종으로 갈 수 있었다. 1980년대 미국의 자동차 산업 실직자들은 월마트 같은 유통 서비스 업종에서 새로운 일자리를 찾을 수 있었다. 그러나 4차 산업혁명 시대에는 이런 비숙련 노동자를 수용할 대체 산업군이 없다. 유통 서비스 업종도 로봇이 인간의 일자리를 대체하고 있다. 아마존 고(Amazon Go)와 같은 스마트 상점들이 확산되면서 유통 산업은 무인화로 변화하는 추세이다. 이에 따라 미래에는 기본 소득으로 생활하는 대다수 '유휴 계층'과 소수의 전문직 '슈퍼 리치(super rich)' 계층 간의 불평등이 심화될 것으로 예상된다.

이런 계층 간 불평등을 잘 보여주는 영화가 2018년 개봉한 스티븐 스필버그(Steven Spielberg) 감독의 〈레디 플레이어 원〉이다. 2045년 암울한 현실과 달리 가상현실 오아시스(OASIS)에서는 누구든 원하는 캐릭터로 어디든지 갈 수 있고, 상상하는 대로 무엇이든지 가능하다. 대부분의 무용 계층은 게임 속 가상현실에만 몰입하게 되고, 소수의 거대 기업과 슈퍼 리치가 이를 이용해 막대한 부를 챙긴다는 스토리다. 이 영화에서는 VR 게임이 생활을 지배하고 계층 간 불평등이 심화된 미래를 보여주는데, 이것이 단순한 영화적 상상력이 아니라 30년 후에 우리에게 닥칠 미래의 모습일 수도 있다. 최근 선풍적 인기를 끌고 있는 메타버스를 일상생활에 구현한 것이다.

로봇이 가져올 또 다른 변화는 국제 경제 시스템의 변화다. 미국, 유럽과 같은 선진국 기업에서는 인건비가 싼 동남아, 중남미 등 개발도상국에서 제품을 생산하는 것이 일반적이다. 삼성전자 스마트폰은 베트남에서 생산하고, 나이키 운동화는 방글라데시에서 생산하는 것이 보편적인 현상이다. 그러나 로봇이 인간의 노동력을 대체하면 '싼 인건비'는 의미가 없어진다. 이에 선진국의 제조 공장이 다시 본국으로 이전하는 리쇼어링(re-shoring) 현상이 일어나고 있다. 대표적인 사례로 독일 아디다스의 '스피드 팩토리(speed factory)'를 들 수 있는데, 이곳에서는 로봇을 통한 자동화 공정으로 연간 50만 켤레의 운동화를 생산한다. 스피드 팩토리에는 단지 10명의 직원이 상주하면서 로봇 생산 공정을 관리할 뿐이다.

반면에 글로벌 플랫폼을 활용하면 개발도상국의 기업이나 소상공인들도 얼마든지 글로벌 시장에 진출할 기회를 가질 수 있다. 지금도 많은 개발도상국의 기업들이 아마존, 알리바바 등 글로벌 커머스 플랫폼을 활용해서 글로벌 사업을 하고 있다. 최근 국내 소상공인 중에서도 글로벌 커머스 플랫폼을 활용해서 해외 시장에 진출하는 사례가 늘어나고 있다. 지방의 작은 맛집도 밀키트 제조를 통해 얼마든지 세계 전역에 진출할 수 있는 시대가 되었다. 앞으로 다양한 개방형 글로벌 플랫폼이 지속적으로 등장하며 글로벌 사업 기회는 더욱 넓어질 것으로 예상된다.

4차 산업혁명의 관점에서 로봇 생산 시스템은 '시장 환경에 즉각적으로 대응하는 가변 생산 시스템'을 의미한다. 따라서 기존의 대량 생산과 원가 절감의 원리는 변하고 있다. 로봇을 통해 소비자가 요구하는 다양한 제품을 적은 비용으로 빠르게 생산하고 시장에 능동적으로 대응하는 다품종 소량 생산 시스템이 가능해졌다. 이런 로봇을 더욱 스마트(smart)하게 만드는 핵심 기술은 바로 연결성[IoT], 지능[AI], 분석[Big Data]이다.

〈그림 1-3〉 아디다스 스피드 팩토리

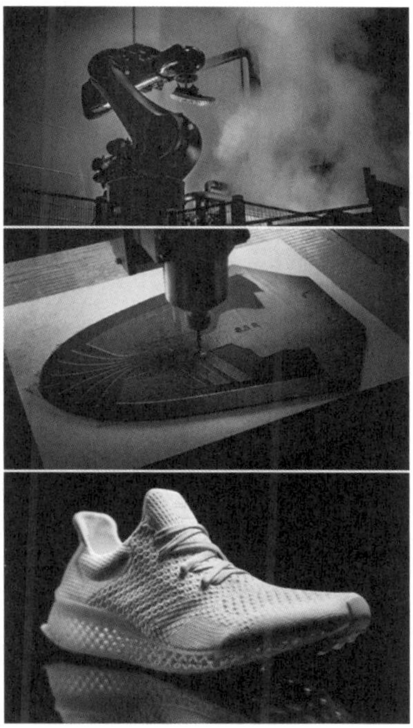

출처: Dennis Green, "Adidas high-tech speedfactory begins production", Business Insider

3. 사물인터넷(Internet of Things, IoT)

사물인터넷이란 사물들이 알아서 서로를 인식하고, 상황에 맞는 특정한 기능을 자동으로 수행하는 것을 말한다. 일상생활에서도 사물인터넷의 활용 사례를 쉽게 찾아볼 수 있다. 예를 들어, 스마트폰을 사용해 TV나 냉장고의 기능을 제어하거나, 자동차의 시동도 걸 수 있다. 스마트폰과 TV를 서로 인식하도록 기기를 등록하면, 스마트폰을 기존의 리모컨처럼 사용하여 쉽게 기능을 제어하거나 콘텐츠를 공유하는데 사용할 수 있다. 테슬라의 전기차는 스마트폰만으로 시동을 걸고 차량을 제어할 수 있다.

이런 사물인터넷이 발전하게 된 배경에는 이동통신과 빅데이터 기술의 발전이 있다. 특히 유비쿼터스 네트워크(ubiquitous network)와 센서(sensor) 기술이 핵심이다. 언제 어디서든지 접속할 수 있는 정보통신 환경과 빛, 온도, 압력 등 물리적 변화를 감지해서 대응하는 센서 기술이 발전하면서 사물인터넷도 발전하게 됐다. 이제 스마트 홈, 스마트 팩토리, 스마트 빌딩과 같이 센서를 통해 모든 것이 초연결되는 사물인터넷 시대가 도래한 것이다.

사물인터넷의 초기 모델은 RFID나 USN과 같이 센서를 통해 정보를 수집하는 센서 네트워크였다. 이후 사물 간에 일대일로 통신하는 사물지능통신(M2M)으로 진화했으며, 이제는 사물들이 지능화되어 가상세계의 모든 정보와 상호 연동되는 사물인터넷(IoT) 시대가 됐다.

〈그림 1-4〉 사물인터넷의 진화

사물인터넷은 앞으로 우리 생활을 어떻게 변화시킬까? 우선 스마트 홈 서비스를 통해 생활이 매우 편리해질 수 있다. 외출할 때 일일이 전원을 끌 필요도 없다. 모바일 앱에서 외출 모드만 선택하면 집 안의 모든 전원이 꺼지고 자동으로 침입 감지 모드가 설정된다. 당연히 스마트폰으로 차의 시동도 걸고 온도도 조절할 수 있다. 외출해 있는 동안 로봇 청소기를 작동시켜 청소하게 하고, 세탁기를 돌리거나 밥도 해놓게 할 수 있다. 사물인터넷은 이렇게 우리 생활을 한층 더 윤택하게 해줄 것이다. 사물인터넷은 편의성, 안전성, 경제성이라는 특성으로 실생활에 가장 많이 활용되고 생활에서 체감할 수 있는 대표적인 4차 산업혁명 기술이 되었다. 아마존의 스마트 상점인 아마존 고(Amazon Go)는 인공지능 기술과 센서 기술이 잘 적용된 사물인터넷의 대표적이 사례이다. 비전 센서(Vision Sensor)를 통해 매장에 들어온 고객을 인식하고 상품 구매시 아마존 앱을 통해 자동 결제되도록 연결되어 있다.

4. 블록체인(BlockChain)

최근 가장 논란이 됐던 기술 이슈가 블록체인이다. 현재는 열기가 많이 식었지만 블록체인은 IT 인력과 창업의 블랙홀이었다. 가장 큰 이유는 가상화폐를 기반으로 한 코인 발행(ICO) 때문이었다. 코인 발행을 통해 투자자와 임직원에게 일확천금의 꿈을 꾸게 했기 때문이다. 비트코인으로 촉발된 가상화폐 열풍이 블록체인의 폭발적 성장을 가져온 점도 있지만, 블록체인 자체로도 4차 산업혁명 시대의 가장 중요한 기술 중 하나라고 할 수 있다.

블록체인은 레고와 같은 디지털 블록에 매 순간 일어나는 거래를 암호화해 담은 후, 이를 모든 사용자가 인증하고 공유하는 기술이다. 수많은 거래자의 컴퓨터에 동시에 복제해 저장하는 분산형 데이터 저장 기술이기 때문에 해킹을 방지할 수 있다. 블록체인은 아직도 정체가 밝혀지지 않은 사토시 나카모토(Satoshi Nakamoto)가 2009년에 중앙 집권화된 금융 시스템의 위험성과 부조리를 비판하며 블록체인 기술을 적용한 암호화폐인 비트코인을 개발한 데서 시작되었다고 볼 수 있다. 이후 이더리움 등 수많은 암호화폐가 쏟아져 나오며 전 세계적으로 암호화폐 채굴과 투기 광풍이 불었다.

블록체인의 핵심 개념은 탈중앙화, 분산 장부, 스마트 계약, 코인 이코노미다. 이런 개념을 보면 블록체인이 가장 잘 활용될 수 있는 분야는 개인 간 거래(P2P)라고 할 수 있다. 대표적인 성공 사례로 미국의 음원 플랫폼 마이실리아(Mycelia)를 꼽을 수 있다. 마이실리아는 블록체인 기술을 활용해서 투명하고 탈중앙화된 음원 데이터베이스를 구축하고, 음악가와 소비자가 직거래를 할 수 있도록 했다. 멜론과 같은 음원 중개 사업자 없이도 음악가가 자신의 음원을 대중에게 직접 판매할 수 있게 된 것이다.

또한 금융 산업에서도 블록체인 기술이 적극적으로 활용되고 있다. 세계 최대의 커피회사 스타벅스는 블록체인 기술을 활용해서 암호화폐를 법정화폐로 전환하여 결제할 수 있는 시스템을 구축하고 있다. 스타벅스가 대형 은행을 능가하는 모바일 금융 공룡으로 진화할 수 있다고 보는 배경에는 이처럼 블록체인 기술이 숨어있다.

〈그림 1-5〉 중앙집중식 플랫폼 비즈니스 vs. 블록체인 기반 분산형 플랫폼 비즈니스

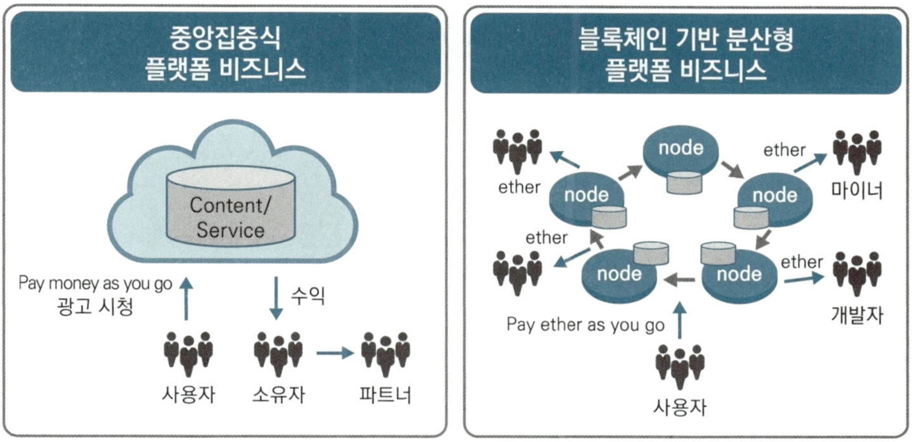

5. 3D 프린팅(3D Printing)

3D 프린팅이란 우리가 일반적으로 사용하는 2D 프린터가 앞뒤·좌우 운동을 하는 데 비해, 2D에 상하 운동을 추가하여 입력한 3D 도면을 바탕으로 입체적 물품을 생산해내는 것을 말한다. 3D 프린터로 집도 만들고 차도 만든다는 이야기는 이론뿐 아니라 현실적으로도 얼마든지 가능하다. 3D 프린팅의 단계는 먼저 3D 도면 제작 단계인 '모델링', 3D 도면을 이용해 물체를 만드는 단계인 '프린팅', 산출된 제작물에 대한 보완 작업을 하는 단계인 '피니싱' 순으로 이루어진다.

3D 프린팅은 4차 산업혁명 시대 제조업의 혁명을 가져오고 있다. 시제품을 만드는 단계를 넘어 의료 분야에서 인공관절, 인공장기 제작에 활용되고 있다. 산업계에서는 자동차 부품, 무인 항공기, 생활용품 등 많은 제품을 만들어내고 있다. 아마존에서는 이미 3D 프린팅 제품이 판매되고 있으며, 주택도 3D 프린

팅을 활용해서 건축하고 있다. 3D 프린팅을 활용하면 48시간 만에 주택을 지을 수 있고 건축 비용도 획기적으로 절감할 수 있다.

국내에서도 스마트 팩토리, 스마트 공방의 핵심 기술로 3D 프린팅이 활용되고 있다. 특히 소공인의 경우 금형 개발 비용을 줄일 수 있고 다품종 소량 생산에도 활용될 수 있기 때문에 3D 프린팅이 각광받고 있다.

최근에는 3D 프린팅에서 더 진화한 4D 프린팅까지 나왔다. 4D 프린팅은 만들어진 제작물이 상황에 따라 적절하게 변화하는 자가변환 기술을 갖고 있다. 대표적 사례인 4D 프린팅 드레스는 온도나 습도에 따라 스스로 형체를 변화시킨다.

〈그림 1-6〉 4D 프린팅 드레스

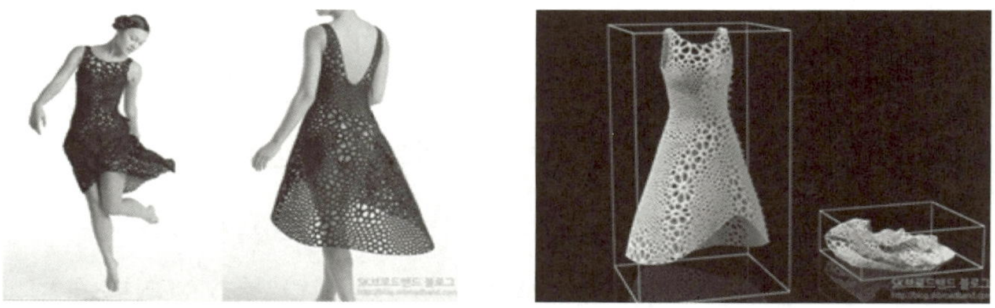

출처: SK브로드밴드 공식블로그, "3D 프린터를 넘어 4D 프린팅 기술의 등장"

3절 디지털 전환의 이해

디지털 전환(Digital Transformation)은 말 그대로 '무언가를 디지털로 바꾸는 것'이라고 정의할 수 있다. 좀 더 구체적으로 이야기하자면 물질을 정보로 바꾸는 것이라고 할 수 있다. 예를 들자면 음반 산업은 대표적으로 디지털 전환이 이미 이루어졌다. 기존의 LP, CD 등 실물이 이제는 모두 디지털화되어 음원 스트리밍을 통해 제공된다. 더 나아가서 인공지능도 활용되고 있다. 음원 스트리밍 서비스에 접속하면 실시간으로 개인별 추천 음악을 들을 수 있다. 시간, 장소, 날씨에 맞춰서 내 취향에 맞는 음악만 재생시켜 준다. 오래전 DJ가 틀어주던 신청곡을 들은 경험이 있는 중장년 세대에게는 인공지능 DJ라는 신세계를 경험하게 해주는 것이다. 더 나아가 작곡까지 인공지능이 하고 있다. 히트한 곡들을 코드화해서 대중들이 좋아하는 패턴을 학습시켜서 유사하게 작곡하게 한다.

이제 세상의 모든 것들이 기술적 문제만 해결된다면 거의 완벽하게 디지털화가 가능하다. 이렇게 물질의 영역이 계속 디지털화될수록 데이터의 양은 폭발적으로 늘어나서 빅데이터가 된다. 이러한 빅데이터를 보관하고 처리하기 위해서는 클라우드와 인공지능이 필요하게 된다. 이러한 클라우드와 인공지능 기술 때문에 디지털 전환의 영역은 넓어지고 속도는 더 빨라지는 '디지털 전환 사이클'이 만들어진다. '디지털 전환 사이클'을 정리해보도록 하겠다. 물질이 정보로 전환되는 영역이 점점 커지고 모바일 대중화와 사물인터넷이 데이터를 폭발적으로 증가시켰고, 그 결과로 빅데이터가 만들어진다. 이러한 빅데이터를 보관하기 위해 클라우드의 가상화와 분산처리 기술이 사용되었다. 또한 빅데이터는 인공지능에게 양질의 학습 데이터를 제공한다. 빅데이터로 잘 학습된 인공지능은 빅데이터의 처리 분석 로직을 제공해서 빅데이터의 처리속도와 활용도를 높인다. 이러한 과정을 통해 디지털 전환은 더 가속화되고 선순환 구조가 완성되는 것이다.

이런 디지털 전환이 일어난 배경은 다음과 같다. 첫째, 컴퓨터 저장 용량이 기하급수적으로 증가하면서 디지털 용량이 급증했다. 이에 따라 기업의 디지털 전환에 필요한 방대한 데이터를 처리하고 저장할 수 있게 됐다. 둘째, 디지털 기술로 소비자의 상호작용성이 증가했다. 소비자들이 과거의 수동적 대상이 아니라 기업과의 커뮤니케이션 과정에 적극적으로 참여하고 있다. 이에 따라 기업들도 소셜미디어 마케팅, 콘텐츠 마케팅 등 디지털 마케팅으로 전환하게 되었다. 셋째, 디지털 컨버전스(digital convergence) 현상이다. 디지털 기술의 발달로 디바이스, 콘텐츠, 미디어가 융합되는 현상이 나타나고 있다. 예를 들어 스마트 카(smart car)는 단순한 운송 수단을 넘어서 디지털 콘텐츠와 융합된 모바일 엔터테인먼트 공간으로 진화하고 있다. 차 안에서 스마트폰의 음악을 듣는 수준을 넘어 음성으로 메신저를 보내고, 유튜브를 시청하고, 쇼핑까지 할 수 있는 공간이자 디바이스로 진화하고 있다.

일반적으로 기업 차원의 디지털 전환은 사물인터넷(IoT), 인공지능(AI), 클라우드 컴퓨팅, 빅데이터 솔루션 등 ICT 기술을 플랫폼으로 구축·활용하여 기존의 전통적 경영, 운영, 생산, 서비스를 혁신하는 것을 의미한다. 따라서 기업들의 성공적인 디지털 전환이 이루어져야 4차 산업혁명이 완성된다고 할 수 있다.

대표적인 사례가 GE다. 미국의 거대 제조 기업 GE는 '디지털 쌍둥이 공장 플랫폼'을 구축했다. 가상의 디지털 공장 안에 실제 공장과 동일한 기계 등의 모형을 만들어놓고, 시뮬레이션 과정에서 수집된 데이터를 분석하여 발생 가능한 사고를 예측한다. 우리 주변에서 쉽게 발견할 수 있는 디지털 전환의 사례로는 스타벅스의 '사이렌 오더' 서비스를 들 수 있다. 스타벅스 모바일 앱을 통해 언제 어디서든지 사전 주문과 결제가 가능해 대기 시간을 줄일 수 있으며, 스타벅스는 이를 통해 고객의 취향 데이터를 수집하고 분석할 수 있게 됐다. 최근 식당에서 많이 볼 수 있는 '테이블 오더'도 인건비 절감을 위한 단순 주문·결제

시스템에서 진화하여, 고객 주문 데이터를 수집하고 분석해서 고객관리 소프트웨어와 연동함으로써 소상공인의 경영 효율화를 달성할 수 있는 디지털 전환의 사례가 되었다.

반면 기업들이 디지털 전환에 실패하는 이유는 단순히 '기술도입'에만 치중하기 때문이다. 제일 중요한 것은 디지털 기술과 시스템을 잘 활용하여 일하는 문화의 조성과 제품 및 서비스 자체를 디지털화하려는 경영층의 의지이다. 디지털 전환의 대표적인 국내 사례가 현대자동차다. 현대자동차는 지능형 모빌리티 제품과 지능형 모빌리티 서비스로 사업구조를 전환하고, 플랫폼 기반 지능형 모빌리티 서비스를 통해 고객에게 끊김없는(seamless) 이동의 자유와 차별화된 맞춤형 서비스를 제공하는 스마트 모빌리티 기업으로 진화한다고 발표했다. 현대자동차의 핵심 역량으로 언급되는 자율주행과 개인 맞춤형 콘텐츠 및 서비스는 이런 디지털 전환 전략의 결과이다.

〈그림 1-7〉 현대자동차 디지털 전환 전략

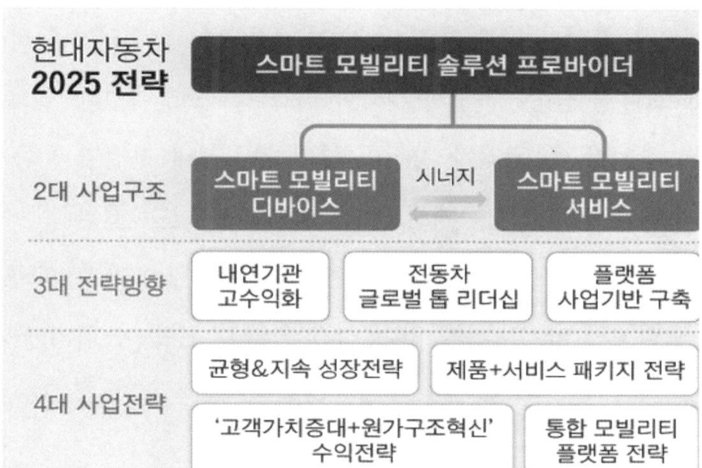

출처: 현대자동차 영현대 매거진, "현대자동차 2025 전략 공개"

해외 디지털 전환사례로 미국의 디지털 피트니스 플랫폼 기업 '펠로톤'과 영국의 인공지능 식품 배송업체인 '오카도'를 소개하고자 한다.

펠로톤의 창업자 존 폴리는 펠로톤의 비즈니스 모델을 애플이나 테슬라와 비슷하다고 주장한다. 혁신적인 하드웨어 기술과 소프트웨어 기술을 기반으로 소비자 제품을 만드는 회사라는 것이다. 애플이 삼성전자와 다른 차별점은 iOS라는 독자적 플랫폼에서 애플 생태계를 구축한 것이다. 사실 삼성이나 노키아도 독자 플랫폼 구축을 위해 노력하지 않은 것은 아니다. 삼성의 '바다', 노키아의 '미고'가 대표적인 예이다. 그러나 결과적으로 실패했으며 구글이 인수한 안드로이드에 플랫폼이 종속되는 결과를 가져왔고, 안드로이드가 애플을 제외한 모든 모바일 생태계를 장악하게 되었다. 그 이유는 안드로이드가 개방형 플랫폼이라는 데 있으며, 애플의 iOS를 제외하고는 폐쇄형 플랫폼이 개방형 플랫폼을 이긴 사례가 없다.

펠로톤의 창업 아이디어는 넷플릭스와 유사하다. 넷플릭스는 비디오 연체료에 불만을 품은 창업자 리드 헤이스팅스가 소비자의 충족되지 못하는 니즈인 'Unmet Needs'를 충족시키고자 시작한 비즈니스 모델이었다. 펠로톤에 대한 아이디어는 창업자 존 폴리가 자신이 좋아하는 실내 자전거 운동 클래스에 들어가지 못하고 좌절한 경험에서 출발하였다. 인기있는 클래스는 항상 수용 인원이 한정되어 있어 조기 매진되기 마련이다. 존 폴리는 아마존과 넷플릭스의 비즈니스 모델에서 아이디어를 얻어 시간과 공간, 수용 능력의 한계를 없앤 새로운 개념의 피트니스 회사를 구상했다.

2012년 설립된 펠로톤의 주력 제품은 태블릿을 장착한 실내 자전거이다. 고객은 2,200달러를 내고 자전거를 구매하고 월 39달러의 구독료를 내면 피트니스 프로그램을 무제한 이용할 수 있다. 실시간 라이브 강습 뿐 아니라 15,000개 이상의 녹화 강습도 자유롭게 이용할 수 있다. 펠로톤 비즈니스 모델의 차별점은 홈 트레이닝하는 고객을 위해 운동 동기를 디지털화하여 제공한다는 것이다. 실내 자전거라는 아날로그 제품을 판매한 후 디지털 콘텐츠와 데이터 분석을 통한 개인 맞춤형 서비스를 제공하는 디지털 서비스로 진화시킨 것이다.

고객들은 가정에서 세계 최고 수준 피트니스 클럽의 서비스를 경험하고 데이터 공유를 통해 공동체 의식도 경험할 수 있게 되었다. 특히 17만 명의 펠로톤 회원들이 펠로톤 강사와 연결되어 수백 개의 커뮤니티를 자발적으로 형성하여 공동체 의식과 동기 부여를 할 수 있다.

펠로톤의 비즈니스 모델은 제품 판매와 구독경제가 결합되어 있다. 더 나아가 자발적 커뮤니티 형성을 통한 고객의 유대감 형성, 브랜드 충성도, 지속적 이용 동기 유발 등 부가적 사업 기회를 만들고 있다. 실내 자전거에서 출발한 펠로톤의 비즈니스 모델은 이제 고객의 추가적 피트니스 옵션을 고려하여 요가, 웨이트, 러닝머신 등 다양한 피트니스 프로그램으로 확장되고 있다. 펠로톤의 미래 사업전략은 미국을 넘어 글로벌 시장으로 비즈니스를 확장하는 것이다. 또한 개인별 피트니스 데이터를 기반으로 한 개인 맞춤형 영양 서비스, 건강관리, 보험 상품까지 무궁무진한 사업 확장 기회를 가지고 있다.

펠로톤은 2019년 나스닥에 주당 29달러에 상장했다. 코로나 사태로 인한 홈 트레이닝 열풍을 타고 성장이 지속될 것이 예상된다. 2021년 1월에는 1980년에 설립된 세계적인 운동기구 제조업체인 프리코(Precor)를 인수했다. 디지털 서비스 회사가 아날로그 제조업체를 인수하여 피트니스 산업의 애플이 된 대표적 성공사례라고 할 수 있다.

〈그림 1-8〉 디지털 피트니스 기업 '펠로톤'

출처: 펠로톤 홈페이지

영국의 온라인 식료품 배달 회사인 오카도는 자체 마켓의 온라인 배달 서비스와 함께 제3자 업체의 식료품도 배달한다. 정시에 효율적으로 식품을 배달하기 위해 데이터, AI, 로봇 등 디지털 기반을 구축하였다. 2009년 모바일 앱 출시를 시작으로 2014년 중앙 집중식 데이터 플랫폼 회사로 변신하였다. 모든 오카도의 운영 프로세스는 AI 알고리즘이 담당한다.

따라서 오카도를 흔히 온라인 식료품점으로 위장한 AI 회사라고 부른다. 2018년 오카도는 5만 5,000개 품목을 판매하여 2.4조의 매출을 올렸다. 여기서 더 놀라운 성과는 식품 폐기율이 0.02%라는 것이다. AI를 통해 정확하게 수요를 예측하고 필요 수량만 주문한 후 재고는 적정한 타이밍에 할인 이벤트를 통해 모두 소진하는 것이다. 이러한 할인 행사를 통해서도 남은 재고 물품은 30여 곳의 단체와 협업하여 기부를 한다, 재고 관리를 넘어 사회공헌 활동까지 수행하는 기업 마케팅을 하고 있다.

오카도의 또 다른 강점은 스마트 물류센터에 있다. 영국 내 4개 물류센터에

1,000대가 넘는 로봇을 통해 제시간에 배달해야 할 것을 먼저 작업하여 혼잡을 최소화하고 효율성을 극대화하고 있다. Fulfillment Center라고 부르는 이 창고 시스템은 오카도의 핵심 자산이다.

오카도의 AI 기술 능력은 온라인 배송 플랫폼을 제3자가 사용할 수 있는 새로운 비즈니스 모델을 가능하게 했다. 영국의 막스 앤 스펜서(Marks & Spencer), 캐나다의 소베이(Sobeys), 미국의 크로거(Kroger)와 같은 소매업체들은 오카도와 제휴해서 플랫폼을 이용하고 Fulfillment Center를 설립하였다.

아마존의 인수 제안도 거절한 오카도의 경쟁력은 AI를 사용하여 소비자의 다양한 기호와 구매성향을 분석해 상품을 구성하고 수요량을 예측하여 필요한 물량을 최적의 시기에 조달하는 시스템을 구축하고 운영하는 데 있다. 이는 운영 프로세스를 디지털화하여 혁신적 변화를 일으킨 대표적 성공사례라고 할 수 있다. 이러한 오카도의 인공지능 물류 비즈니스 모델은 아마존, 쿠팡 등 글로벌 유통기업들의 벤치마킹 대상이 되고 있다.

〈그림 1-9〉 인공지능 식품 배송 기업 '오카도'

출처: 오카도 홈페이지

2장 마케팅 패러다임의 변화

1절 마케팅 패러다임 변화의 핵심 이슈

4차 산업혁명을 통해 경제와 사회 시스템이 급격하게 변화하고 있다는 점은 전문가가 아니라도 누구나 체감할 수 있는 사실이다. 지금은 디지털이 자연스러운 삶의 일부가 되었으며, 우리는 온라인과 오프라인이 중첩된 삶을 살고 있다. 따라서 기업들도 디지털 전환 시대에 생존하고 성장하기 위해 전통적 마케팅에서 디지털 마케팅으로 빠르게 변화하고 있다. 스마트폰이 디지털 전환을 불러왔고 코로나19가 디지털을 일상화시키면서 디지털 마케팅의 중요성은 점점 증가하고 있다. 먼저 마케팅 패러다임 변화의 이슈를 살펴보자.

첫 번째는 매체의 세분화와 영향력 있는 매체의 변화다. 불과 20년 전만 해도 마케팅에 활용할 수 있는 광고 매체는 매우 단순했다. TV와 신문이 중심 매체였고 잡지와 라디오 정도가 보조 매체였다. 따라서 광고대행사나 광고주 모두 TV, 신문 위주의 단순한 매체 관리를 했으며 그렇게 해도 기대한 광고 효과를 거둘 수 있었다. 회상해보면 당시 광고 업계의 주요 관심사는 인기 TV

프로그램을 얼마나 잘 잡는가, 인구에 회자되는 히트 광고를 어떻게 만들 수 있는가였다. 유명 모델을 잘 섭외하고 인상적인 카피와 비주얼이 담긴 광고물을 제작하는 데 집중하던 시절이었다. 당연하게도 과학적 매체 관리나 마케팅 데이터 분석 같은 것은 뒷전으로 밀려난 브랜드와 크리에이티브 전성시대였다.

그러나 2000년대 들어 온라인 광고가 등장하면서 변화의 바람이 불기 시작했다. 초기 온라인 광고는 '배너 광고'라는 디스플레이 광고가 중심이었기에 광고 효과에 대한 부정적 여론이 높았다. 온라인 광고가 폭발적으로 성장한 계기는 바로 검색 광고의 등장이었다. 검색 광고의 성장 배경에는 CPC(Cost per Click)라는 독특한 과금 체계가 있다. 소비자가 광고를 클릭할 때만 광고비를 지불하는 과학적이고 합리적인 가격 정책이 광고 시장을 완전히 바꾸어놓은 것이다. 기존 광고비 과금 방식은 대부분 CPM(Cost per Mille)이었다. 단순히 1,000명당 노출 금액을 정해놓고 과금하는 것으로, 소비자가 그 광고에 관심이 없어도 노출만 되면 광고주가 광고비를 내는 방식이다. 검색 광고의 CPC 모델은 기존 광고 시장의 패러다임을 크리에이티브 중심에서 퍼포먼스 위주로 변화시켰다. 이때부터 매체의 영향력이 TV와 신문에서 성과 측정 중심의 온라인 광고로 급격하게 바뀌었다. 2016년부터 모바일 광고비가 TV광고비를 역전하면서 마케팅 채널로 디지털을 선호하는 경향이 두드러지기 시작했다. 또한 디지털 기술의 발전은 다양한 뉴 미디어를 탄생시켰다. 인터넷망과 TV를 결합한 IP-TV, 옥외광고와 디지털 기술이 접목된 디지털 사이니지 그리고 다양한 온라인·모바일 광고 매체가 등장했다.

두 번째는 소비자의 변화다. 가장 중요한 변화는 소비자가 모바일을 통해 정보 주체로 변화하면서 정보의 유통 방식이 달라졌다는 것이다. IT기술을 통해 소비자의 정보 접근성과 이용 역량은 크게 성장했다. 이제 스마트폰을 통해 정보를 쉽게 검색하고 자기에게 맞는 상품을 선택할 수 있다. 또한 소셜미디어의 등장과 양방향 커뮤니케이션의 활성화 등으로 이제 수동적 소비자가 아닌 능동적인 참여형 소비자로 변화하게 됐다. 이제 소비자는 단순한 소비 주체가 아닌 생산자(prosumer), 판매자(salesumer), 광고 제작자(adsumer)로 진화하고 있다. 소비자의 의견을 반영해서 제품을 생산하고, 광고 제작 아이디어를 소비자가 직접 내놓고 모델로 광고 제작에도 참여하고 있다.

세 번째는 소비자 경험이 중심이 되는 옴니채널 유통 구조로의 변화다. 최근 소비자들의 구매 여정을 보면 인터넷으로 상품을 찾아보고, 매장에서 체험해본 뒤, 모바일로 가격 비교를 하고 구매하는 행태를 보인다. 소비자가 온·오프라인과 모바일 등 다양한 경로를 넘나들면서 상품을 구매하고 검색하기 때문에 온라인과 오프라인의 경계가 무너지고, 동일한 소비자 경험을 제공하는 것이 중요해졌다. 예를 들면 앱을 다운받은 고객이 매장에 들어오면 고주파 솔루션을 통해 앱이 실행되면서 할인 쿠폰을 보낼 수 있고, 쇼윈도에 NFC 칩을 부착해서 스마트폰을 태깅하면 홈페이지가 자동으로 뜨게 할 수 있다. 이런 옴니채널의 확산으로 매장에서 제품을 보고 실제 구매까지 하는 쇼루밍(showrooming), 오프라인 매장에서 제품을 살펴본 후 모바일로 구매하는 모루밍(morooming)과 같은 새로운 소비 형태가 나타나고 있다.

네 번째는 소비자 데이터를 기반으로 한 데이터 분석이 중시되면서 개인화된 맞춤형 마케팅이 급성장하고 있다는 점이다. 대표적인 성공 사례로 아마존의 개인 맞춤형 추천 서비스가 있다. 아마존의 성공 비결 중 하나로 언급되는 개인 맞춤형 추천 서비스는 개인들의 쇼핑 행태와 검색 행태 데이터를 분석한 후,

인공지능을 활용해 개인별로 취향에 맞는 최적의 상품을 추천해준다.

마지막으로, ICT 기술의 발전으로 국가 간 경계가 희석화되면서 치열한 글로벌 마케팅이 전개되고 해외 직구가 증가하면서 커머스 시장의 경쟁도 글로벌화되고 있다는 점이다.

결론적으로 마케팅 패러다임이 판매 지향에서 고객 경험 지향으로 빠르게 변화하고 있음을 알 수 있다. 디지털 전환의 관점에서 마케팅을 보면 고객 경험 혁신을 통한 가치 극대화가 중요한 마케팅 이슈가 되었다. 마케팅 패러다임 변화의 대표적 사례로 미국의 대형 유통 업체인 시어스백화점과 케이마트의 파산을 들 수 있다. 국내에서도 온라인 커머스 때문에 백화점, 대형 마트 등 많은 오프라인 유통업체들이 문을 닫는 것을 자주 볼 수 있다. 이는 대중 마케팅을 중점에 두는 유통 업체는 몰락하고, 온라인의 강점을 활용해 세분화된 고객을 대상으로 하는 타깃 마케팅 시대가 시작되었다는 것을 보여주는 것이다.

또한 일회성 고객을 장기적 충성 고객으로 전환시키고 유지하는 고객관계 마케팅 역시 마케팅 패러다임의 중요한 변화라고 할 수 있다. 고객관계 마케팅에서는 신규 고객의 확보보다 기존 고객의 유지가 더 중요하다. 따라서 고객 점유율, 재구매율, 고객 충성도가 고객관계 마케팅의 중요한 성과지표가 된다.

고객관계 마케팅에서 언급되는 주요 이론에는 파레토의 법칙과 롱테일의 법칙이 있다. 파레토의 법칙은 상위 20%의 고객이 80%의 매출을 창출한다는 것이다. 백화점과 같은 전통적인 유통업체들은 아직도 상위 고객들이 대부분의 매출을 올리기 때문에 이들을 대상으로 한 VIP 마케팅이 유효하다. 반면 롱테일의 법칙은 적은 매출이라도 다수가 중요하다는 것으로, 아마존과 같은 오픈

마켓은 롱테일을 통한 규모의 경제를 이루고자 한다.

〈그림 1-10〉 멀티채널 vs. 옴니채널

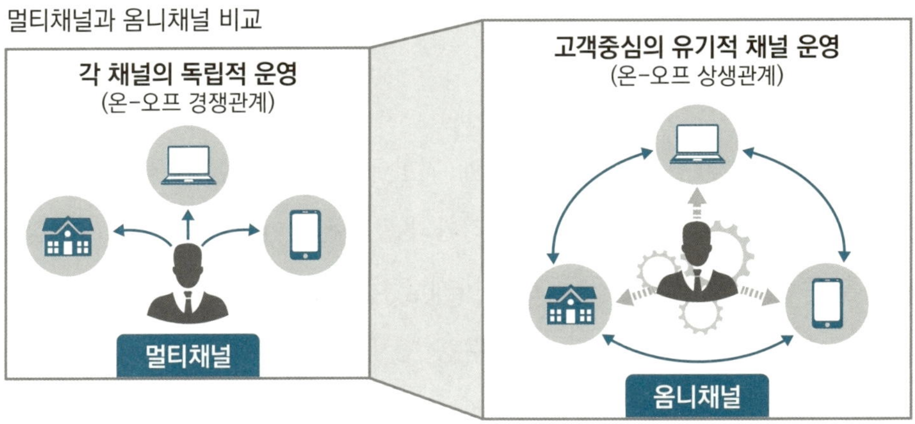

출처: 심화영, "알아봅시다 옴니채널", 디지털 타임즈

2절 4차 산업혁명 시대의 마케팅

4차 산업혁명의 핵심 기술은 인공지능(AI)이다. 음성인식이나 사물인터넷 등 다양한 연관 기술이 인공지능과 결합하여 새로운 마케팅의 시대가 열리고 있다. 디지털 기술이 상상도 할 수 없었던 마케팅의 신세계를 열었으며, 소비자의 행태에도 변화를 일으켰다. 디지털 마케팅 시대에 중요한 개념 중 하나인 '마이크로 모멘트(micro moment)'는 사람들이 필요한 정보를 충족하는 데 사용되는 아주 짧은 시간을 의미한다. 다시 말해 알고 싶은 순간, 하고 싶은 순간, 사고 싶은 순간을 말한다. 모바일의 폭발적인 성장에 따라 고객의 일상에서 필요와 욕구가 순간적으로 발생하며 자신이 원하는 행동을 바로 실행에 옮긴다는 것이다. 이제 마케팅은 이런 마이크로 모멘트를 포착하여 고객의 니즈(needs)를 미리 알고 이야기해주는 콘텐츠 마케팅에 집중하고 있다.

예를 들면 최근 가정에 많이 보급되고 있는 음성인식 AI 스피커가 있다. 주로 사람의 음성을 인식하여 음악을 틀어주거나 TV를 제어하는 용도 또는 날씨·생활정보를 알려주는 정도로 사용하고 있을 것이다. 그러나 AI 스피커는 무한한 마케팅 잠재력을 가지고 있다. 시간이 지날수록 사용자의 취향과 행태가 데이터로 축적되고 분석되어, 사용자의 니즈를 미리 파악하고 필요한 상품이나 서비스를 먼저 제안할 수 있다.

상상해보자. 비 오는 날 나의 취향에 맞는 영화를 먼저 추천해주고 예매까지 해준다면, 얼마나 감동스럽겠는가. 이렇게 새로운 마케팅 시대에는 고객의 취향과 행태를 미리 파악하고, 필요한 콘텐츠를 지속적으로 전달하고 소통하는 것이 중요하다. 따라서 디지털 기술과 콘텐츠의 결합을 통해 장기적 고객으로 관리해나가는 것이 새로운 마케팅 시대의 핵심이 됐다.

〈그림 1-11〉 다양한 인공지능(AI) 스피커

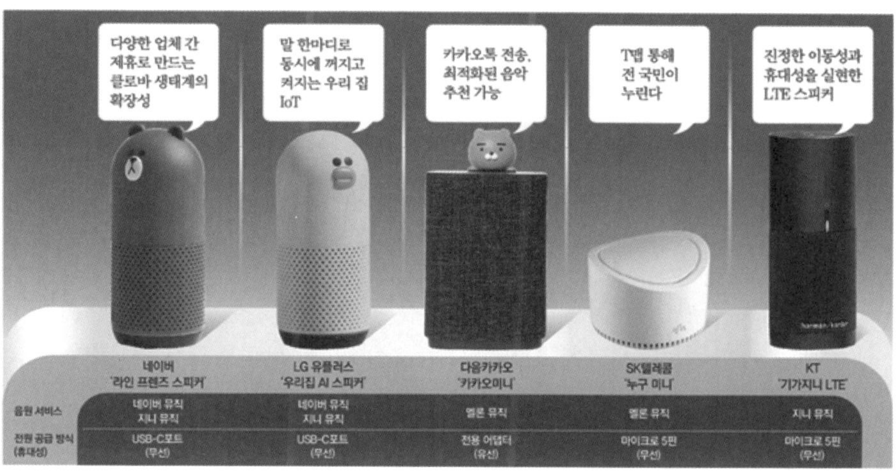

출처: 권명관, "음성인식 스피커와 패스를 주고받을 수 있을까", IT동아

구글은 기업이 고객의 마이크로 모멘트를 파악하기 위해서 3가지 필수 전략이 필요하다고 강조하고 있다. 첫째, 기업이 속한 업종에서 어떤 마이크로 모멘트가 있을지 예상하고 고객의 마이크로 모멘트가 발생하는 지점에 있어야 한다. 둘째, 마이크로 모멘트 안에서 소비자의 욕구와 관련성이 있는 정보를 제공하고 그들이 찾는 답을 제시할 수 있어야 한다. 셋째, 모바일 사용자는 매우 빠르게 알고 이동하며 구매하고 싶어 하므로 기업이 제공하는 모바일 경험은 매우 빠르고 세분화되어야 한다.

인공지능이 마케팅에 적용되는 새로운 디지털 마케팅 시대를 연 기업은 아마존이다. 우리는 아마존을 단순히 세계 최대의 온라인 쇼핑몰 정도로 알고 있다. 아마존에 대해 좀 더 관심이 있는 사람이라면 세계 최대 클라우드 사업자나 이북 사업자 정도로 알고 있을 것이다. 그러나 아마존의 경쟁력은 빅 데이터 분석과 인공지능, 사물인터넷 등 디지털 기술력에 있다.

대표적으로 아마존 '대시 버튼(Dash Button)'이라는 디바이스가 있다. 이것만 있으면, 마트에 가지 않아도 버튼을 누르는 것만으로 상품을 구매할 수 있다. 예를 들어 세탁기에 세탁세제 대시 버튼을 붙여놓고 세제가 떨어졌을 때 한 번만 눌러주면, 자동으로 아마존에 세제 주문이 이루어지고 집으로 배송까지 된다.

최근에는 아마존 '대시 완드(Dash Wand)'라는 서비스도 출시됐다. 기존 대시 버튼이 특정 상품에만 국한됐기 때문에 여러 개를 구매해야 하는 번거로움이 있었다. 대시 완드는 대시 버튼의 단점을 보완하고 사용자 편의성을 높인 서비스로, 모든 상품의 바코드를 스캔하면 바로 아마존 장바구니에 담겨 주문·결제가 이뤄지도록 했다. 집에 있는 제품이 다 떨어졌을 때 해당 제품의 바코드를 스캔해 구입할 수도 있고, 마트에서 마음에 드는 상품을 발견했다면 그 상품을 아마존을 통해 더 저렴하게 구입할 수도 있다. 무엇보다 대시 버튼과 달리 아마존에서 판매되는 모든 상품을 구매할 수 있다는 점에서 엄청난 범용성을 갖는다.

여기에 아마존의 인공지능 스피커 '에코(Echo)'가 더해져 사용자 데이터를 수집하고 분석함으로써 고객이 인식하거나 요구하기 전에 고객이 원할 것 같은 제품을 제안하고 배송하는 서비스가 가능해졌다. 아마존은 고객 데이터, 스마트 디바이스, 고객 맞춤형 콘텐츠와 서비스를 결합하여 진정한 고객만족 경험 마케팅을 실행하고 있다.

〈그림 1-12〉 아마존의 대시 버튼, 대시 완드, 에코

출처: www.amazon.com

인공지능이 활용된 새로운 스마트 마케팅의 사례를 몇 가지 더 들어보겠다. 첫 번째 사례는 미국의 식품회사 크노르(Knorr)의 '오늘 저녁은 뭐 먹지' 캠페인이다. 주부가 스마트폰에 자기가 가지고 있는 식재료를 입력하면 인공지능

요리사가 적합한 요리 레시피를 제공한다. 크노르는 자사 제품을 활용한 요리 레시피를 통해 고객만족과 제품 판매라는 두 가지 성과를 모두 거뒀다.

〈그림 1-13〉 크노르 AI 활용 디지털 캠페인

출처: Media Update, "Dinner on demand uses AI to offer you culinary inspiration"

두 번째 사례는 세계적인 아웃도어 브랜드 노스페이스(Northface)의 디지털 마케팅 사례다. 노스페이스는 IBM의 인공지능 왓슨을 활용해서 고객이 원하는 용도에 적합한 제품을 추천하는 캠페인을 전개했다. 이 캠페인은 인공지능을 활용한 고객 맞춤형 마케팅의 성공 가능성을 보여주었다. 인공지능 기술은 이제 매스 마케팅이 아닌 개인화 마케팅이 가능하게 하고 있다. 마케터라면 누구나 꿈꾸는 고객들의 개인마다 다른 니즈(Needs)를 충족시킬 수 있는 새로운 마케팅 시대가 시작되고 있다.

〈그림 1-14〉 노스페이스 AI 활용 맞춤형 제품 제안

출처: Jenny Medeiros, "Here's how North face boosted conversions using AI", Modev

3장 디지털 마케팅의 이해

1절 환경, 기술, 미디어, 소비자, 마케팅의 변화

디지털로 인한 생활의 변화를 생각해보자. 사실 우리는 이미 디지털화된 세상에 살고 있기 때문에 어떤 변화가 일어났는지를 인식하기가 쉽지 않다. 그렇다면 반대로, 디지털화되지 않았던 시절의 일상생활을 돌아보는 것도 좋은 방법이 될 것이다. 1990년대, 회사에 개인용 컴퓨터(PC)가 보급되면서 본격적인 사무 혁명이 이루어졌다. PC가 보급되기 전에는 대부분 손으로 일을 했다. 문서를 기록하고 자료를 복사하고 출력물을 철해서 보관하는 업무가 많았다. 지금 같으면 노트북이나 스마트폰으로 간단히 해결될 일을 사람의 손으로 일일이 처리해야 했다. 당연히 업무 효율성은 지금과는 비교할 수가 없었다.

1990년대 후반이 되면서 사무실에 인터넷이 깔리기 시작했다. 이때부터는 신문과 자료를 복사하는 일을 하지 않아도 됐다. 야후나 다음에서 자료를 검색하면 되었다. 기획서 작업도 애플 매킨토시를 사용해서 현란하게 만들 수 있었다. 그리고 현재, 2025년의 사무실 환경은 노트북과 스마트폰으로 언제 어디서든지 자유롭게 일하는 스마트 워킹의 모습이다. 디지털 기술의 발전이 사무 환경과 일의 본질을 완전히 바꾸어놓았다.

최근에는 사무실의 지정 좌석도 없어지고 있으며, 심지어 직장의 개념도 바뀌고 있다. 2020년부터 시작된 코로나 팬데믹으로 많은 기업들이 재택근무를 하고 있다. 코로나에서 벗어나더라도 재택근무는 기업의 일하는 방식으로 정착될 것이다. 또한 대학을 졸업하고 취직하여 한 회사에서 30년간 일하고 정년퇴직하겠다고 생각하는 MZ세대는 이제 없을 것이다. 평생직장이라는 개념은 사라졌고, 이제 평생 최소 세 가지 이상의 직업을 가지고 살아야 하는 세상이 됐다. 이처럼 디지털 기술을 통해 직업과 생활환경이 급격하게 변화된 세상에서 기업의 마케팅도 급속한 변화를 보이고 있다. 전통적인 마케팅 성과 모형과 달리 디지털 마케팅 성과 모형은 비용을 투입할수록 타깃 도달률이 기하급수적으로 증가하는 J-커브 성과 모델을 보인다. 디지털 마케팅 환경에서는 자발적인 이용자 참여를 유도하므로 적은 비용으로 획기적인 마케팅 효과를 기대할 수 있다. 따라서 ROI(Return On Investment)를 중시하는 기업일수록 디지털 마케팅으로 마케팅의 축을 옮기고 있다.

한편 미디어의 변화도 주목해야 한다. 이제는 디지털 기술에 따른 디지털 미디어가 가장 큰 영향력을 갖는 미디어로 성장했다. 디지털 미디어는 '영상, 음성, 데이터 등 이질적인 형태의 정보를 단일한 디지털 신호 처리 방식에 의해 통합적으로 처리하는 멀티미디어'라고 정의할 수 있다. TV나 신문 등 기존 미디어는 인터넷이나 모바일 같은 디지털 미디어로 융합되며, 사용자들은 상호작용이나 참여와 같은 새로운 가치를 경험하게 됐다. 이런 디지털 미디어는 전통적 미디어에 비해 몇 가지 차별적 특성을 갖는다.

첫 번째 특성은 상호작용성(interactivity)이다. 상호작용성을 통해 일방향 커뮤니케이션이 양방향 커뮤니케이션으로 변화하게 됐다. 대표적 디지털 미디어인 인터넷의 검색 광고를 보면 쉽게 이해할 수 있다. 사용자가 단순히 광고에 노출되고 끝나는 것이 아니라 검색 광고를 보고 클릭이라는 행동을 하고, 광고주의 웹사이트로 이동해서 다양한 행동을 하게 된다. 디지털 기술을 통해 사용자와 광고주가 양방향 커뮤니케이션을 하도록 만든 것이다. 또한 상호작용성의 특성은 사용자의 즉각적·실시간적 반응성, 사용자의 메시지 통제, 사용자의 커뮤니케이션 과정 참여라고 할 수 있다.

두 번째 특성은 동시성(synchronicity)과 비동시성(asynchrony)이다. 정보 획득이 동시에 일어나는 특성을 가지는 반면 정해진 시간 없이 자기가 원하는 시간에 커뮤니케이션할 수 있다는 특성도 가진다.

세 번째 특성은 탈대중화다. 불특정 다수에게 메시지를 전달하는 매스 커뮤니케이션에서 일대일 커뮤니케이션으로 변화하게 됐다. 개인별로 다른 커뮤니케이션 메시지를 전달할 수 있다는 것이 디지털 미디어의 중요한 특성이다.

네 번째 특성은 멀티미디어다. 텍스트, 음성, 영상 등을 통합한 플랫폼 서비스가 가능하며 이를 통해 사용자의 콘텐츠 몰입도를 높일 수 있다.

다섯 번째 특성은 이동성과 휴대성이다. 이는 모바일의 핵심 특성이라고 할 수 있다. 언제 어디서든지 커뮤니케이션할 수 있는 모바일 커뮤니케이션의 특성은 모바일 마케팅과 광고가 급속히 발전하는 기반이 됐다.

다음으로, 소비자의 변화에도 주목해야 한다. 이제 전 세계 인구의 66% 이상이 인터넷으로 연결되며, 모바일 사용자는 71%를 넘어섰다. 소셜미디어 이용자는 전 세계 인구의 60%나 된다. 국내 디지털 상황은 더욱 놀랍다. 국내 인구의 95%가 인터넷을 사용하고 있으며, 모바일 사용자는 전체 인구를 넘어서는 115%다. 2대 이상의 모바일 기기를 사용하는 개인이 많아지고 있기 때문이다. 소셜미디어 이용자는 89%를 넘어선다. 수치에서 확인할 수 있듯이 대한민국은 세계 최고 수준의 디지털 사회인 것이다.

소비자의 위상도 급격하게 변했다. 변화의 핵심은 소비자들이 디지털 미디어를 통해 정보력을 갖게 됐다는 것이다. 이제 소비자는 능동적으로 정보를 탐색하고, 생산하고, 공유하며, 정보에 영향력을 미친다. 수동적 소비자가 능동적 소비자로 진화하며, 소셜 미디어를 통해 의견을 개진하고 공유하는 단계로 발전했다. 따라서 기업의 마케팅 활동도 디지털로 무장한 능동적 소비자에 유연하게 대응하도록 변화해야 한다.

디지털의 발전은 마케팅에 많은 변화를 가져왔다. 먼저 디지털 미디어의 발전으로 제품 관련 정보가 기하급수적으로 증가하면서 소비자는 원하는 정보를 찾기 어려워졌고, 가짜 리뷰나 조작된 정보로 인한 혼란이 가중되고 있다. 이에 따라 정보의 신뢰도가 낮아져 양질의 정보를 맞춤형으로 제공하는 큐레이션 서비스가 중요해지고 있다.

또한 다양한 디지털 미디어가 등장하면서 TV나 신문과 같은 전통적 미디어의 메시지 전달력과 미디어 영향력이 급속도로 줄어들고 있다. 1990년대에 비해 현재 TV의 영향력은 30% 이하로 저하됐다는 연구 결과가 있다. 이는 최근 마케팅 캠페인이 철저하게 디지털 미디어 중심으로 이루어지는 근거가 된다.

마지막으로, 소비자의 구매 의사결정 과정도 변화하고 있다. 과거에는 제품 정보를 검색하는 데 많은 시간과 노력이 들었다. 그러나 디지털 미디어를 통해 지금은 실시간으로 가격을 비교하고 제품 정보를 탐색할 수 있다. 제품 정보 탐색의 부담이 없어지면서 소수의 브랜드 간 상대적 비교를 하던 과거 소비자 행동이 이제는 다양한 정보 탐색을 통해 소비자 스스로 얻은 정보를 바탕으로 개인적 절대 가치를 가지고 구매하는 행동으로 변화했다. 이제 누구나 제품을 구매할 경우 최소한 스마트폰으로 가격과 리뷰를 확인하고 구매한다. 특히 IT 기기와 같은 고관여 제품의 경우 유튜브를 통한 자세한 사용기를 필수적으로 시청하고, 블로그 등 제품 리뷰도 꼼꼼하게 살펴본 후 구매를 결정한다. 더 나아가 구매 후에도 적극적으로 다양한 형태로 제품에 대한 리뷰를 공유하고 의견을 제시한다. 디지털 기술의 진화로 인해 변화한 고객 행동을 이해하지 못하면 효과적 마케팅을 할 수 없는 시대이다.

2절 전통적 마케팅 vs. 디지털 마케팅

디지털 마케팅의 개념을 명확하게 이해하기 위해서는 먼저 전통적 마케팅에 대해 이해하는 것이 선행되어야 한다. 전통적 마케팅은 고객, 파트너 그리고 사회 전반에 걸쳐 가치를 갖는 제공물(offering)을 창조하고, 커뮤니케이션하고, 전달하는 행위·제도·프로세스라고 정의할 수 있다. 이해하기 쉽게 말하자면 고객에게 가치를 제공하는 것(value offering)이라고 할 수 있다.

따라서 전통적 마케팅의 목표는 경쟁사보다 나은 시장 제공물을 개발하여 높은 고객 가치와 고객만족을 전달하고, 이를 통해 고객과 강력한 유대관계를 유지하고 강화하는 것이다. 여기서 중요한 것은 고객 가치와 고객 감동을 창조하는 것이다. 고객 가치는 고객이 지불한 비용 대비 혜택이라 할 수 있고, 고객 감동은 고객이 예상하지 못한 혜택을 제공했을 때 나타난다. 가성비가 뛰어나다는 것은 바꾸어 말하면 고객 가치가 높다는 것이다. 고객 감동은 세계 최초의 스마트폰인 아이폰이나 세계 최초의 먹는 화장품인 '로레알 이네브'와 같이 고객이 전혀 상상하지 못하는 혜택을 제공했을 때 생겨나는 것이다. 2007년 아이폰이 세상에 처음 나왔을 때 인터넷, 카메라, 음악 재생, 통화 기능이 융합된 인류 역사상 가장 혁신적 발명품이라는 점에서 많은 사람들이 놀라움을 넘어 감동하는 단계에까지 이르게 되었다. 아직도 아이폰은 IT역사에서 혁신과 고객 감동의 아이콘으로 자리 잡고 있다.

〈그림 1-15〉 로레알의 먹는 화장품 이네브

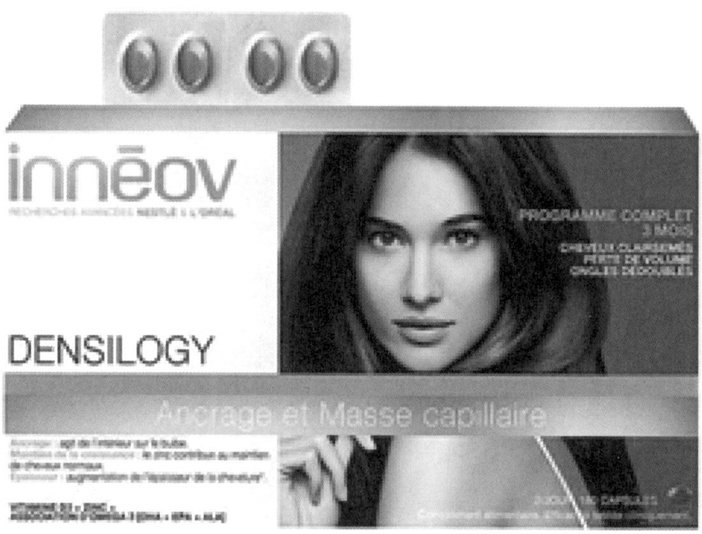

출처: www.promofarma.com

3절 디지털 마케팅의 정의와 등장 배경

디지털 마케팅은 디지털 기술을 활용하여 고객의 니즈와 욕구를 충족시키기 위한 제품과 서비스를 개발하고, 적절한 시간·가격·장소를 통해서 고객과 상호작용하여 소통하고 촉진하는 일련의 과정으로, 고객 경험을 극대화하고 고객과 지속적 관계를 유지하는 데 목적이 있다.

여기서 중요한 개념은 고객과의 상호작용, 고객 경험, 고객관계다. 디지털 기술을 통해 고객과의 양방향 상호작용이 가능해졌고, 소셜미디어를 통해 고객 경험을 만들고 고객관계를 지속적으로 유지할 수 있게 됐다.

디지털 마케팅은 과거 온라인 마케팅, 인터넷 마케팅, SNS 마케팅, 모바일 마케팅, 콘텐츠 마케팅을 모두 포함하는 광의의 개념이다. 디지털 마케팅이 등장하게 된 배경은 먼저 디지털 혁명에 따른 데이터와 연결성에 있다. 모바일과 인터넷으로 언제 어디서든 연결된 고객 집단이 등장했으며, 이런 연결성을 통해 온라인과 오프라인의 경험이 조합된 새로운 마케팅이 등장했다. 특히 디지털 활용도가 가장 높은 청년층과 여성층이 새로운 마케팅의 핵심 타깃 집단으로 부상했고, 기업과 고객 간 온라인과 오프라인의 상호작용을 통합한 마케팅 전략이 중요해졌다.

디지털 마케팅이 중요해진 또 다른 이유는 상대적으로 적은 비용으로 높은 마케팅 효과를 거둘 수 있기 때문이다. 따라서 예산이 많지 않은 중소기업이나 소상공인도 디지털 마케팅을 잘 활용하면 최소의 비용으로 최대의 마케팅 효과를 거둘 수 있고, 성과 측정도 가능한 장점도 있다.

Part 02

성공적인 디지털 마케팅 전략 수립

1장 디지털 마케팅 전략 수립

2장 STP 전략

3장 디지털 마케팅 믹스

1장 디지털 마케팅 전략 수립

1절 디지털 마케팅 전략 프레임 워크

전통적 마케팅과 디지털 마케팅의 근본적인 차이는 활용하는 매체에 있다. 전통적 마케팅은 4대 매체(TV, 라디오, 신문, 잡지)를 주요한 마케팅 채널로 사용했다. 4대 매체의 장점은 단기간에 많은 대중에게 커뮤니케이션 메시지를 전달할 수 있다는 것이다. 그러나 4대 매체를 활용하기 위해서는 많은 예산이 필수적이며, 특히 제품의 핵심 타깃이 아닌 일반 대중을 대상으로 노출하기 때문에 효율적인 마케팅이 이루어지기 어렵다. 결론적으로, 제품의 타깃이 아닌 사람들에게 마케팅 예산을 투입하는 심각한 비효율성 문제가 발생한다.

반면 디지털 마케팅은 매우 다양한 디지털 미디어를 활용한다. 홈페이지, 블로그, 검색 광고, 소셜미디어, 유튜브, 모바일 앱, 커뮤니티, 배너 광고, 이메일 등 수없이 많은 디지털 미디어가 존재하며 새로운 매체가 계속 생겨나고 있다. 이런 디지털 미디어의 세분화와 다양성은 한편으로 디지털 마케팅을 어렵게만 생각해 쉽게 활용할 수 없게 하는 원인이 되기도 한다.

이런 마케터의 실무적 어려움을 돕기 위해 '미디어렙(Media Rep)'이라는 새로운 비즈니스 모델이 등장했다. 미디어렙은 광고주를 대신해서 다양한 매체를 분석·관리하고, 매체사를 대신해서 광고 영업을 대행하는 독특한 사업구조를 가지고 있다. 물론 미디어렙은 과거 4대 매체 시대에도 존재했다. 광고 관련 일을 하거나 관심 있는 사람이라면 한 번쯤 들어봤을 'KOBACO(한국방송광고공사)'가 4대 매체 시대의 대표적인 미디어렙이다. 1981년에 설립된 KOBACO는 국영·공영 방송사를 대신해서 방송 광고 영업을 대행하는 미디어렙이다. 설립 당시 정치적 이유로 공기업으로 출발한 KOBACO는 TV의 매체 영향력이 막강했던 1980~90년대 광고계에서 대단한 위상을 점했다. 그러나 민영방송과 종편 미디어렙이 생기고 방송의 영향력이 감소하면서 KOBACO의 위상도 많이 약화됐다.

디지털 미디어 시대가 되면서 다양한 디지털 미디어렙이 등장했다. 2000년대 초반에 등장한 디지털 미디어렙은 인터넷 배너 광고의 영업 대행에 치중했다. 그러나 현재는 인터넷 광고뿐 아니라 모바일 광고, IP-TV, 디지털 사이니지 등 다양한 디지털 매체의 광고 영업을 대행하고, 광고주를 위해 다양한 디지털 매체에 대한 분석과 관리 업무를 대행하고 있다. 디지털 미디어렙의 전성시대가 도래한 가장 큰 이유는 바로 디지털 미디어의 세분화와 다양성에 있다. 수많은 디지털 미디어가 새롭게 생겨나기 때문에 광고주나 광고대행사에서 일일이 분석하고 관리하기가 어려워져 전문적으로 매체를 분석하고 관리하는 사업자가 필요해졌기 때문이다. 매체사 입장에서도 디지털 매체에 대해서는 광고 영업 조직을 별도로 운영할 만큼 규모가 안 되는 곳이 대부분이기 때문에 미디어렙을 통한 매체 영업 대행이 필요하다.

이렇듯 다양한 디지털 미디어는 크게 세 가지 유형으로 분류된다. 이를 '트리플 미디어(triple media)'라고 하는데, 디지털 미디어의 특성과 역할을 이해하기 위해서는 반드시 숙지해야 할 개념이다. 트리플 미디어는 인터넷 광고와 같이 비용을 지불하는 매체인 페이드 미디어(paid media), 홈페이지와 같이 자사가 보유하고 있는 매체인 온드 미디어(owned media), SNS와 같이 고객의 평판에 따라 획득되는 매체인 언드 미디어(earned media)로 나누어진다. 마케팅 목적에 따라 페이드 미디어, 온드 미디어, 언드 미디어를 적절하게 믹스하여 기업이 원하는 커뮤니케이션을 진행할 수 있다. 타깃 고객을 대상으로 페이드 미디어인 배너광고를 활용하여 고객 관심을 유도하고, 관심상품을 포털사이트에서 검색할 때 온드 미디어인 블로그에 상세정보를 제공해 비교·탐색할 수 있게 지원할 수 있다. 또한 고객의 의사결정에 영향을 미치는 구매후기를 언드 미디어인 체험단을 통해 공유 및 확산을 유도할 수 있다.

디지털 마케팅에서 디지털 미디어 못지않게 중요한 것이 콘텐츠 마케팅이다. 콘텐츠 마케팅은 제품이나 서비스의 가치를 나타내는 마케팅 메시지를 커뮤니케이션 채널을 통해 효과적으로 전달하는 것이다. 디지털 마케팅 시대에는 다양한 매체의 특성에 맞춰 메시지의 형식, 톤 앤 매너(tone&manner)를 달리해야 한다. 특히 디지털 마케팅에서는 메시지에 대한 고객의 반응을 실시간으로 확인할 수 있어서 콘텐츠를 고객의 니즈에 맞게 실시간으로 수정하고 개인 맞춤화할 수 있다. 트래킹(tracking)과 자동화 기술의 발전으로 고객 개인별 맞춤형 메시지를 실시간으로 제작하고 배포할 수 있게 됐다. SNS기반의 동영상 콘텐츠 마케팅을 통해 '콘텐츠 기반 브랜드 커뮤니케이션 강화'와 '커뮤니티 기반 팬덤 형성'을 할 수 있다.

마지막으로 디지털 마케팅의 차별점은 마케팅 데이터 분석에서 생성된다. 일반적으로 사용하는 무료 데이터 분석 솔루션인 구글 애널리틱스(Google Analytics) 외에도 어도비 마케팅 클라우드(Adobe Marketing Cloud)와 같은 다양한 유료 마케팅 데이터 분석 솔루션이 사용되고 있다. 온라인상의 방대한 고객 행동 데이터를 수집하고 패턴을 분석해 숨겨진 니즈를 발견함으로써 전통적 마케팅에서 하지 못한 과학적이고 효율적인 마케팅 활동을 점검하고 평가하고 개선할 수 있게 됐다. 또한 데이터 기반의 퍼포먼스 마케팅을 통해 개인화 및 타기팅을 강화할 수 있다. 이처럼 디지털 마케팅은 과거에 분리되었던 브랜드와 퍼포먼스의 영역을 통합하고, 데이터에 의한 분석과 콘텐츠를 위한 창의성을 결합시키면서 점점 진화하고 있다.

이런 디지털 마케팅의 특성과 역할에 따라 디지털 마케팅 프레임 워크를 단계적으로 정리한 것이 R.A.C.E.(Reach, Act, Convert, Engage) 모델이다.

먼저 계획(Plan) 단계에서는 새로운 온라인 가치 제안을 위한 시장세분화, 타기팅, 포지셔닝에 대한 통합적 디지털 전략을 수립한다. 브랜디드 콘텐츠(branded contents)를 어떻게 제작하고 배포할 것인가에 대한 계획을 수립하는 것이 중요하다. 다음으로 도달(Reach) 단계에서는 검색엔진, 블로그, 소셜미디어 등을 활용해서 콘텐츠를 배포하고 공유하게 한다. 이 단계의 성과지표는 순방문자(Unique Visitor), 방문당 가치(Value per Visit), 팬이나 팔로워 수 등이다. 실행(Act) 단계에서는 기업 웹사이트나 블로그 등으로 고객을 유치하고 마케팅 리드(leads)를 확보한다. 이때의 성과지표는 리드 전환율, 사이트 방문 시간, 공유, 댓글, '좋아요'의 수다. 전환(Convert) 단계에서는 온라인 커머스, 제품, 가격 전략 등을 통해 유치된 잠재 고객을 구매로 이어지게 한다.

이 단계의 성과지표는 판매, 매출/이익, 평균 주문 가치(Average Order Value)다. 마지막 관계 형성(Engage) 단계에서는 소셜 미디어 마케팅 등을 통해 고객과 장기적이고 우호적인 관계를 형성해서 충성 고객으로 발전시킨다. 이 단계의 성과지표는 반복구매, 만족도/충성도, 옹호도(advocacy)다.

디지털 마케팅 전략 수립에서 중요한 것은 목표와 고객에게 집중하는 전략을 고민해야 한다는 것이다. 첫째, 명확한 목표 설정이 중요하다. 신규 제품을 론칭할 때는 많은 사람들에게 제품을 노출시키고 브랜드의 차별성을 알리는 '브랜드 인지도 강화'가 중요한 목표가 된다. 제품 론칭 후에는 신규 고객이나 구매고객을 확보하는 '고객확보'를 목표로 해야 한다. 이후 확보된 고객을 기반으로 신규 매출을 창출하는 '매출증대'가 목표가 될 수 있다. 마지막으로 기존 고객을 기반으로 지속적인 고객의 방문을 유도하고 추가 매출을 위해 장기적으로 '고객과의 관계를 유지하고 충성도를 강화'하는 목표가 중요하다. 둘째, 목표가 설정되었다면 다음으로 고객 정의가 이루어져야 한다. 목적에 따라 고객을 잠재고객, 유입고객, 전환고객, 신규고객, 구매고객, 재구매고객, 충성고객으로 정의한 후 단계별로 고객의 특성을 파악해야 한다. 디지털 마케팅에서는 고객 특성을 분석하기 위해 고객 페르소나를 설정한다, 페르소나란 타깃 고객의 특성을 파악하기 위해 고객의 다양한 정보를 기반으로 가상의 고객 캐릭터를 설정하는 것이다.

〈그림 2-1〉 디지털 마케팅 프레임 워크

출처: Smart Insights, "Choosing effective digital marketing KPIs"

2절 상황 분석과 SWOT 전략

전통적 마케팅 전략과 유사하게 디지털 마케팅 전략을 수립할 때도 첫 번째 단계는 상황 분석이다. 구체적으로 SWOT 분석을 통해 시장의 기회를 모색하는 SWOT 전략을 수립할 수 있다. SWOT 분석은 기업의 내부 환경과 외부 환경을 분석하여 강점(Strength), 약점(Weakness), 기회(Opportunity), 위협(Threat) 요인을 파악하고 이를 토대로 전략을 수립하는 것이다. SWOT 분석은 기업의 내·외부 환경 변화를 동시에 파악할 수 있다는 장점이 있다. SWOT 분석 후 외부 환경에서 오는 기회를 살리고 위협을 회피하며, 기업의 내부 환경상 강점을 살리고 약점을 보완하는 기본적 전략을 기반으로 하는 SWOT 전략을 수립하게 된다. 구체적으로 살펴보면 SO(강점-기회) 전략은 강점을 살리고 기회를 포착하는 것이며, ST(강점-위협) 전략은 강점을 살려 위협을 회피하는 것이며, WO(약점-기회) 전략은 약점을 보완하여 기회를 포착하는 것이고, WT(약점-위협)은 약점을 보완하여 위협을 회피하는 것이다.

〈표 2-1〉 SWOT 전략 예시

	내부적 강점(S) 1. 브랜드 존재 2. 고객 기반 3. 유통채널	**내부적 약점(W)** 1. 약한 브랜드 인지도 2. 중개사용 3. 약한 기술력 4. 미약한 채널 지원
외부적 기회(O) 1. 교차판매 2. 신규시장 3. 신규서비스 4. 제휴와 공동 브랜딩	**SO 전략** 기회 극대화 위해 강점 활용 = 공격전략	**WO 전략** 기회 통해 약점에 대응 = 공격전략 위한 강점 강화
외부적 위협(T) 1. 고객선택 2. 신규 시장진입자 3. 신규 경쟁제품 4. 채널간 갈등	**ST 전략** 위협 최소화 위해 강점 활용 = 방어전략	**WT 전략** 약점과 위협 대응 = 방어전략 위한 강점 강화

〈표 2-1〉의 기업 사례를 통해 살펴보자. 내부적 장점은 브랜드, 고객, 유통채널이 존재한다는 것이며, 내부적 약점은 브랜드 인지도, 중개 사용, 기술력, 채널 지원이 미약하다는 것이다. 외부적 기회는 교차 판매, 신규 시장, 신규 서비스, 제휴와 공동 브랜딩에 있으며, 외부적 위협은 고객 선택, 신규 진입자, 신규 경쟁 제품, 채널 갈등이 있다고 분석했다.

SO 전략은 기회를 극대화하기 위해 강점을 활용하는 것이다. 기존 유통채널을 활용해서 신규 시장을 확대하는 것이 SO 전략이 될 수 있다. ST 전략은 강점을 활용해 위협을 최소화하는 것이다. 기존 브랜드를 강화해 신규 진입자를 방어하는 것이 ST 전략이 될 수 있다. WO 전략은 기회를 통해 약점에 대응하는 것이다. 예를 들어 공동 브랜딩을 통해 약한 브랜드 인지도를 보완할 수 있다. WT 전략은 약점과 위협에 대응하는 전략이다. 예를 들어 약한 브랜드 인지도와 신규 진입자에 대응하는 전략을 수립하는 것이다.

디지털 마케팅 역시 전통적 마케팅과 동일하게 세밀한 상황 분석을 통해 기업의 내·외부 환경을 분석한 후 전략과 목표를 수립하는 것이 가장 먼저 실행해야 할 과업이다.

3절 디지털 마케팅 목표 설정

목표와 성과를 측정하는 지표인 KPI(Key Performance Index, 핵심성과지표)는 사업의 유형과 목적에 따라 달라진다. 목표는 고객 서비스, 콘텐츠 서비스, 리드 확보, 온라인 커머스로 크게 나누어진다.

1. 고객 서비스 중심의 디지털 마케팅

고객 서비스를 위한 디지털 마케팅의 주요 목표는 비용 절감과 고객 경험 개선이다. 고객 서비스를 위한 고객센터를 운영하는 데는 비용이 많이 든다. 흔히 '콜센터'라고 부르는 고객센터에 대한 부정적인 고객 경험도 많다. 따라서 카카오톡 같은 메신저를 활용하거나 모바일 앱 같은 디지털 채널을 통해 기존 고객센터를 대체할 수 있다면 비용을 절감하고 고객만족도를 높일 수 있다. 최근에는 챗봇을 활용하는 기업들이 늘어나고 있다. 여기서 활용할 수 있는 KPI는 고객만족도 설문조사 결과, 온라인 고객 지원 비율이다.

2. 콘텐츠 서비스 중심의 디지털 마케팅

네이버 같은 인터넷 포털과 언론사의 디지털 채널 같은 콘텐츠 서비스에서 디지털 마케팅의 목표는 구독과 광고 매출을 높이는 데 있다. 따라서 KPI는 주로 트래픽 관련 지표가 많이 활용된다. 주당 방문자 수, 방문자당 페이지뷰, 체류 시간, 광고 클릭률 등이 대표적인 KPI다. 또한 구독 매출도 중요하기 때문에 구독자 전환율, 평균 구독 기간도 KPI로 활용할 수 있다.

3. 리드 확보 중심의 디지털 마케팅

'리드(lead)'란 연락 가능한 잠재 고객 정보를 말한다. 리드 확보는 기업의 중요한 디지털 마케팅 목표이며, 일반적으로 B2B IT 기업은 리드 확보를 가장 중요한 디지털 마케팅 목표로 삼는다. 주로 IT 전시회 참가, 콘퍼런스 개최, 백서 발행 등을 통해 마케팅 리드 확보에 주력한다. 따라서 KPI는 리드 전환, 리드의 실 고객 전환 등이 될 수 있다.

4. 온라인 커머스 중심의 디지털 마케팅

온라인 커머스 사업 중심의 디지털 마케팅 목표는 많은 잠재 고객이 사이트를 방문하고 실제 제품이나 서비스를 구매하도록 유도하는 것이다. 이때 KPI는 구매 전환율이다. 유입 채널을 통해 방문한 고객 중 최종적으로 구매한 고객의 비율이 핵심적 KPI다. 그 외에 평균 주문액, 주문당 평균 구매 수량, 오프라인 매출 영향도 등이 KPI가 될 수 있다.

정리하자면 사업 목적에 따라 디지털 마케팅의 목표가 달라지기 때문에 일방적으로 방문자 수, 페이지뷰, 팔로워 수로만 KPI를 설정하는 것은 일차원적인 접근 방식이라고 할 수 있다. 또한 사업 목적뿐 아니라 캠페인 특성에 따라서도 디지털 마케팅 목표와 KPI를 달리 설정할 수 있다. 예를 들어 고객 획득 캠페인의 경우는 잠재 고객을 최대한 유치하는 것이 목표이기 때문에 유입 고객 수, 고객 전환율 등을 KPI로 삼아야 한다.

2장 STP 전략

1절 시장 분석

디지털 마케팅에서 STP(Segmentation, Targeting, Positioning) 전략을 수립하기에 앞서 시장 분석(Market Analysis) 작업을 선행해야 한다. 먼저 시장 기회를 발견해야 하는데 여기에는 다양한 방법이 있다.

첫째, 새로운 가치 시스템에서 시장 기회를 발견하는 방법이다. 1450년 독일의 구텐베르크가 금속활자를 발명한 이후 인류 역사에서 지식과 정보는 종이책을 통해 축적되고 공유됐다. 디지털 기술의 발전으로 종이책이 주도하던 지식 정보 시장은 e-book이라는 새로운 발명품의 등장으로 급격한 변화를 겪고 있다. 휴대성과 저장의 편리성을 갖춰 침체된 독서 시장에 새로운 대안으로 부상한 e-book은 종이책과는 다른 새로운 가치를 제공하여 새로운 시장을 만들었다. 특히 e-book의 선도 주자인 '아마존 킨들'은 지속적인 혁신과 개선을 통해 오로지 책 읽기에만 집중할 수 있도록 기능적 가치를 새롭게 제공했다.

〈그림 2-2〉 아마존 킨들

출처: www.turbosquid.com/

둘째, 기존에는 제공되거나 충족되지 못했던 새로운 소비자 니즈를 발굴하는 방법이다. 소비자들도 미처 생각하지 못한 잠재된 니즈를 발굴하여 새로운 제품을 내놓음으로써 시장을 창출하는 것이다. 대표적 사례로는 스마트폰의 폼팩터(form-factor)라고 할 수 있는 '갤럭시 폴드'가 있다. 폼팩터란 전자기기의 외형적 요소를 가리킬 때 주로 쓰이는 용어다. 지금까지 사용해온 스마트폰은 1개의 디스플레이를 가진 고정된 형태였다. 그런데 갤럭시 폴드는 접는 디스플레이라는 폼팩터 혁신을 통해 대형 디스플레이와 휴대성의 동시 만족이라는, 기존에는 충족되지 못했던 새로운 소비자 니즈를 발굴했다.

또 다른 사례는 2019년 CES에서 선풍적 인기를 끈 LG전자의 '롤러블 TV'다. TV를 시청하지 않을 때는 화면이 말려 들어가는 제품으로, 공간을 다양하게 활용하고자 하는 소비자의 잠재된 니즈를 발굴한 사례다.

〈그림 2-3〉 갤럭시 폴드, LG 롤러블 TV

출처: 외신, '갤럭시 폴드' 엇갈린 반응. "새로운 혁신!" vs "너무 비싸", 이투데이
롤러블 TV 하반기 국내서 첫 출시…"4000만원대" 얘기 돌아. 중앙일보

셋째, 새롭게 발굴하거나 창조한 시장의 규모를 예상하여 시장의 성장 잠재력을 예측하는 방법이다. '직방'과 같은 온라인 부동산 중개 플랫폼 시장을 예로 들 수 있다. 이 시장은 모바일과 빅데이터 분석 기술에 의해 급속한 성장이 예상되며, 특히 오프라인 부동산 중개 시장의 규모가 크고 온라인으로 빠르게 전환될 것이 예상되기 때문에 성장 잠재력이 크다는 사실을 예측할 수 있다.

넷째, 새로운 시장 기회를 찾을 수 있는 기업의 자원과 능력을 파악하는 방법이다. 이는 기업이 갖고 있는 자원과 능력을 신규 비즈니스를 개발하는 데 활용할 수 있는가를 점검하는 것이다.

다섯째, 발견한 시장 기회의 잠재력을 구체적으로 측정하는 방법이다. 시장 규모, 성장률, 이익률, 시장 경쟁 규모를 파악해서 새로운 시장의 잠재력을 측정하는 것이다.

2절 시장세분화

일반적으로 시장 분석이 완료된 후 STP 전략을 수립한다. STP는 시장세분화(Segmentation), 표적 시장 선정(Targeting), 포지셔닝(Positioning)을 의미한다. 전체 시장을 세부 시장으로 나누고, 그중에서 가장 중요한 표적 시장을 정하고, 시장과 소비자에게 어떻게 자리매김할지를 계획하는 것이다.

먼저 시장세분화(Market Segmentation)에 대해 알아보자. 시장세분화는 비슷한 선호와 취향을 가진 소비자를 묶어 동질적 특성을 갖는 몇 개의 집단으로 나누는 것이다. 먼저 인구통계학적 변수를 사용하는 방법이 있다. 가장 많이 활용되는 방법으로 나이, 성별, 직업, 교육 수준, 수입 등 인구통계학적 변수가 활용된다. 예를 들어 '30대 커리어 우먼을 위한 온라인 의류 쇼핑몰'이라는 시장세분화는 인구통계학적 변수를 활용한 대표적인 방법이다. 최근 디지털 마케팅에서는 심리적 변수가 많이 활용되고 있다. 소비자의 가치관, 개성, 라이프 스타일을 고려해 유사한 특성을 갖는 소비자로 그루핑(grouping)하는 것이다. 인터넷상의 소비자를 심리적 변수로 묶는 것을 I-VALS(Internet Value and Lifestyle)라고 한다. 인터넷상 소비자 집단을 마니아형, 개척자형, 자아성숙 지향형, 참여 지향형, 실용 지향형, 오락 지향형, 현실 만족형, 사교 지향형, 정보 추구형, 무관심형으로 분류한다. 이 중 마니아형은 인터넷 활용에 가장 능숙하고 적극적인 계층이며, 무관심형은 인터넷 활용에 관심이 없는 계층이다. 그 나머지는 인터넷 활용의 목적성에 따라 분류한 것이다.

이 외에도 기술적 세분화에 의한 시장세분화, 소비자 행동변수에 의한 시장세분화, 지리적 변수에 따른 시장세분화, 소비자가 추구하는 편익에 따른 시장세분화 등의 방법이 있다. 일반적으로 인구통계학적 변수를 활용한 시장세분화가 가장 많이 사용되지만, 소비자 데이터 분석 기술이 발전하면서 디지털 마케팅의 목표와 전략에 따라 다양한 변수에 의한 시장세분화가 가능해졌다.

〈그림 2-4〉 I-VALS

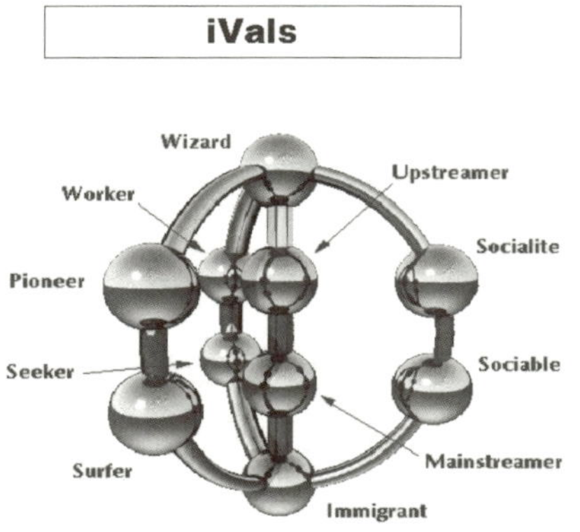

출처: "Consumer behavior trends segmentation", https://present5.com/consumer-behavior-trends-segmentation-week-3-ba/

3절 표적 시장 선정(Targeting)

표적 시장은 규모와 성장률, 시장구조의 매력도, 기업의 목표와 자원에 따라 세분화 시장을 평가하여 선정한다. 전체 시장을 세분화한 하위 시장 가운데서 규모가 되고 성장률이 높으며 매력적인 시장구조를 가진 시장을 파악하고, 이 중에서 자사의 목표와 자원에 맞는 시장을 선정하는 것이다. 여기서 중요한 것은 세분화 시장의 규모가 아무리 크고 높은 성장이 예상되더라도 기업의 목표와 가용 자원으로 대응할 수 있는 시장을 선정해야 한다는 것이다. 표적 시장을 선정할 때 기업의 자원이 제한되어 있는 경우는 하나의 시장에 집중해야 하며, 기업의 자원에 여력이 있는 경우는 여러 개의 표적 시장을 선정해서 각 표적 시장에 적합한 차별적 마케팅을 한다. 일반적으로 핵심 표적 시장, 2차 표적 시장과 같이 2개의 표적 시장을 선정하는 방법을 많이 사용한다.

4절 포지셔닝(Positioning)

포지셔닝이란 기업이 원하는 대로 자사의 제품과 서비스를 소비자에게 인식시켜 자사의 제품과 서비스가 시장에서 바람직한 위치에 자리 잡게 하는 것을 말한다. 디지털 마케팅에서는 특히 '소비자 경험 중심 포지셔닝'이 중요하다. 따라서 차별적 포지셔닝을 위해서는 고객의 여정(Customer Journey)을 이해하고 그 여정 동안 차별화된 고객 경험을 제공해야 한다. 이를 '고객 의사결정 여정 모델(Customer Decision Journey Model)'이라고 한다.

〈그림 2-5〉 고객 의사결정 여정 모델

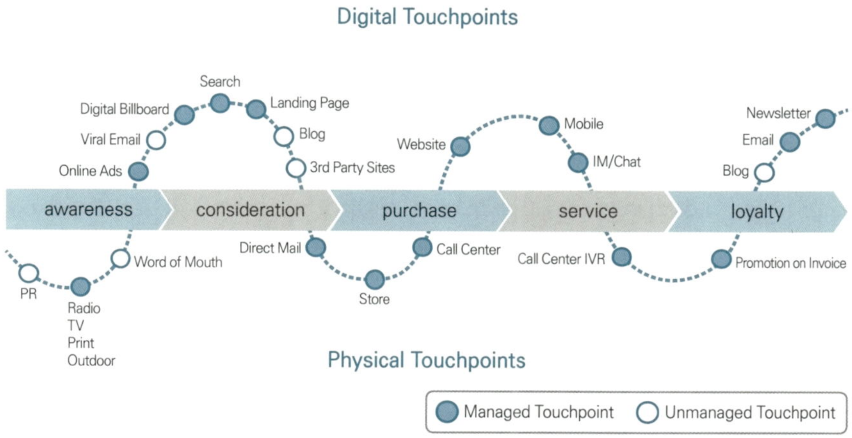

출처: Roberta Cinus, "Why you need customer journey mapping to boost engagement and conversions", https://www.robertacinus.it/en/blog/marketing/why-you-need-customer-journey-mapping-to-boost-engagement-and-conversions/

〈그림 2-5〉에서 보는 바와 같이 고객은 단계별 의사결정 여정을 보인다. 즉 '인지-고려-구매-서비스-충성도' 단계를 거치는데 단계별로 다른 마케팅 수단을 활용해야 한다. 인지 단계에서는 PR, TV, 인쇄, 옥외광고, 온라인 광고, 구전 등을 활용해 고객의 관심을 유발해야 되며, 고려 단계에서는 검색, 블로그, 랜딩 페이지, DM을 활용해 제품 구매의 핵심정보를 제공해야 한다. 구매 단계에서는 매장, 콜센터, 웹사이트를 활용해 구매혜택을 제시하며, 서비스 단계에서는 모바일과 메신저를 활용해 구매 확신과 만족을 유도해야 한다. 마지막 충성도 단계에서는 구매자 프로모션, 블로그, 이메일, 뉴스 레터를 활용해 개별 고객의 성향에 맞는 혜택 정보를 제공해야 한다. 이런 다양한 마케팅 수단을 고객 여정 단계별로 적절히 활용해야 고객에게 차별적으로 포지셔닝 할 수 있다.

5절 새로운 마케팅 성과지표

디지털 마케팅에서는 전통적 마케팅에서 주로 활용되는 브랜드 인지도, 브랜드 선호도 등의 성과지표를 발전시켜서 PAR(Purchase Action Ratio), BAR(Brand Advocate Ratio)을 마케팅 활동 평가지표로 활용한다. PAR은 브랜드 인지도를 브랜드 구매로 얼마나 잘 전환시키는가를 평가하는 것이고, BAR은 브랜드 인지도를 브랜드 옹호로 얼마나 잘 전환시키는가를 평가하는 것이다. 여기서 브랜드 옹호(brand advocater)란 브랜드 충성(brand loyalty)을 넘어 해당 브랜드를 주위에 적극적으로 추천하는 것을 말한다.

PAR과 BAR을 높이기 위해서는 콘텐츠 마케팅을 통해 고객의 호기심을 높이고, 온라인과 오프라인 모두에서 동일한 고객 경험을 할 수 있도록 옴니채널 마케팅 전략을 통해 고객의 몰입도를 높여야 한다. 또한 고객의 니즈와 라이프 스타일에 맞는 브랜드로 인식시켜 브랜드 매력도를 높여야 하며, 고객 접점을 관리하고 참여를 유도해서 친밀도를 높여야 한다.

고객 중심 서비스 마케팅을 통해 PAR, BAR을 높인 성공 사례로 세계 최대 온라인 신발 쇼핑몰인 자포스(Zappos)를 들 수 있다. 자포스는 고객센터를 가장 효과적인 마케팅 채널로 활용했는데, 자포스 고객센터는 통화 스크립트와 통화 제한 시간이 없는 것으로 유명하다. 심지어 고객이 찾는 제품이 자포스에 없을 때는 경쟁 사이트로 안내해주기까지 한다. 이런 철저한 고객 관리를 통해 고객 감동을 체험하게 하고, 실제로 75% 이상의 높은 재구매율을 달성했다.

〈그림 2-6〉 자포스 고객센터

출처: 6 professional customer experience hacks from the worlds best call center, https://comnica.com

자포스는 전사적 마케팅 역량을 고객센터에 집중해서 고객 감동을 창출했다. 온라인 비즈니스에서 가장 중요한 성공 요인이 긍정적 고객 경험을 강화해서 고객 감동을 창출하는 것이라는 사실을 입증한 사례다. 자포스는 이런 성공 사례를 잠재 고객에게 효과적으로 전달하기 위해 고객센터를 소재로 광고 캠페인을 집행했다. 광고 캠페인에서도 재미와 소통을 강조하여 긍정적 고객 경험을 하도록 유도했다.

〈그림 2-7〉 자포스 TV-CM

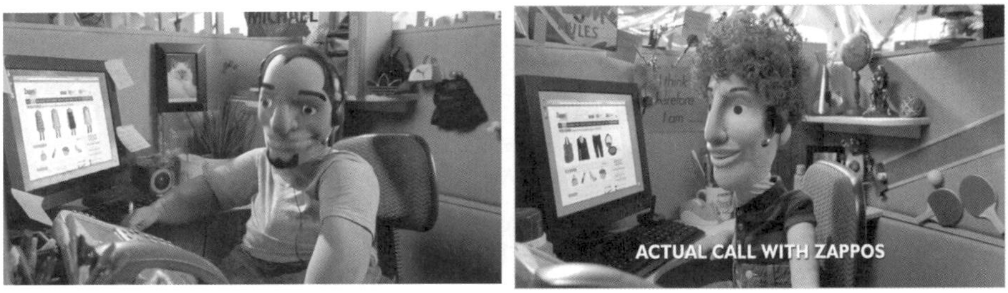

출처: Tireless Employees Get Their Tribute, Even if It's in Felt and Polyester, The Newyork Times

이외에도 고객여정의 단계에 따라 다양한 디지털 마케팅 성과지표를 설정할 수 있다. 도달단계에서는 고객을 대상으로 광고 및 콘텐츠가 얼마나 많이 노출되었는지를 분석하는 '도달율'을 지표로 활용한다. 유입단계에서는 고객들이 웹 사이트에 얼마나 유입되어 방문하고 활동했는지를 분석하는 지표로 '클릭률(CTR)', '클릭당 비용(CPC)', '유입율', '순방문자수', '체류시간'을 활용한다. 전환단계에서는 방문한 고객들이 이벤트 참여, 회원가입, 앱 설치, 구매 등 전환활동 수행여부를 분석하는 지표인 '전환율', '고객획득 비용'을 활용한다. 구매단계에서는 가입된 고객이 실질적 구매로 이어져 매출을 발생하는 것을 분석하는 '구매 전환율', '광고대비 매출 비율'을 활용한다. 공유단계에서는 전환활동 고객이 친구 초대, 소셜 미디어 상 추천 및 공유하는 활동을 분석하는 '공유율', '추천지수', '바이럴 계수'를 활용한다. 재방문단계에서는 '재방문율'을 활용하고, 충성도단계에서는 지속적인 방문 및 구매 활동을 한 고객의 충성도와 가치를 분석하는 '고객 충성도(RFM)', '고객 생애가치(CLV)'를 활용한다.

6절 새로운 마케팅 전략: 콘텐츠 마케팅, 옴니채널 마케팅, 참여 마케팅

1. 콘텐츠 마케팅

광고가 미디어를 통해서 사람들에게 메시지를 전달하는 일을 한다면 콘텐츠는 플랫폼을 통해 사람들을 모이게 하는 역할을 한다. 콘텐츠 마케팅(contents marketing)은 고객에게 흥미롭고 유용한 콘텐츠를 제작, 배포, 관리하는 마케팅 전략이다. 콘텐츠 마케팅은 브랜디드 콘텐츠부터 브랜디드 엔터테인먼트까지 타깃 소비자의 관심과 흥미를 유발하는 방향으로 진화했다. 특히 소셜 미디어의 성장으로 미디어의 영향력이 강화되면서 중요한 마케팅 전략으로 부상했다. 소셜 미디어 콘텐츠는 일반적으로 사용자에 의해서 자발적으로 생산되며, 고객의 수요가 있는 곳에 나타나고, 임의로 선택된다는 특성이 있다. 따라서 소셜 미디어 콘텐츠의 특성을 잘 이해하여 사용자의 자발적 제작과 공유를 유도하는 것이 중요하다. 블로그의 맛집이나 제품 리뷰에서 흔히 발견되는 조작적이고 일방적인 콘텐츠는 단기적 마케팅 효과를 거둘 수는 있지만, 장기적으로 긍정적 고객관계를 유지하고 강화하는 데는 부정적으로 작용할 수 있다.

일반적으로 '브랜디드 콘텐츠(branded contents)'라 불리는 광고성 콘텐츠 역시 제품에 대한 일방적 정보 제공이 아닌 고객의 니즈에 맞는 맞춤형 정보를 제공해야 한다. 브랜디드 콘텐츠 배포 채널로 많이 활용되는 페이스북 뉴스피드(news feed)의 경우, 타기팅(targeting)한 고객의 니즈에 맞는 가치 있는 정보를 제공할 때 높은 반응 효과를 거둘 수 있다.

다음으로, 콘텐츠 마케팅의 단계별 실행 방안에 대해 알아보자. 먼저 콘텐츠 마케팅의 목표를 설정하고, 타깃 고객의 니즈를 파악하고 '타깃 페르소나(target persona)'를 작성해야 한다. 타깃 페르소나란 고객들이 온라인에서 보이고 싶어 하는 자신의 모습을 말한다. 따라서 실제의 자기 모습과는 괴리가 있다. 페이스북이나 인스타그램을 통해 비치는 지인의 모습을 떠올려보자. 나만 빼고 모두 행복해 보이고 즐기며 사는 것처럼 보이지 않던가. 이런 타깃이 온라인에서 허위 의식을 충족할 수 있도록 콘텐츠를 제공해야 한다. 다음 단계에서는 콘텐츠 주제와 계획을 결정하고, 콘텐츠를 제작한다. 그런 뒤 적합한 채널에 콘텐츠를 배포하고 유통시켜야 한다. 마지막으로 콘텐츠 마케팅을 평가하고 수정하는 단계를 거친다. 이런 단계별 실행은 일회성으로 끝나는 것이 아니라 지속적으로 순환하는 구조다.

콘텐츠 마케팅에 주목해야 하는 이유는 다음과 같다. 첫째, 콘텐츠에는 소비자의 관심을 끄는 힘이 있다. 좋은 콘텐츠는 광고비를 크게 쓰지 않아도 저절로 타깃이 모이게 되며, 자발적으로 콘텐츠를 유통시킨다. 둘째, 콘텐츠는 구매에 영향을 준다. 콘텐츠 마케팅은 타 마케팅 보다 6배 높은 전환율을 보인다. 셋째, 콘텐츠는 관계를 형성한다. 콘텐츠는 사람들을 엮는 힘이 있다. 콘텐츠에 브랜드 정체성을 담게 되면 고객은 브랜드와 관계를 맺고 싶어하고 장기적으로는 브랜드의 팬이 된다. 넷째, 콘텐츠는 플랫폼 활성화의 핵심요소이다. 콘텐츠는 플랫폼에 수요자를 불러들이고, 공급자와 수요자를 연결시키는 역할을 한다. 디지털 시대에는 제품을 콘텐츠 소재로 삼아 소비자들이 즐길 수 있는 꺼리를 제공해야 한다. 이제 제품은 콘텐츠로 재창조되며 새로운 고객가치로 재해석되어야 하는 기점에 놓여 있다.

〈그림 2-8〉 콘텐츠 마케팅 사이클

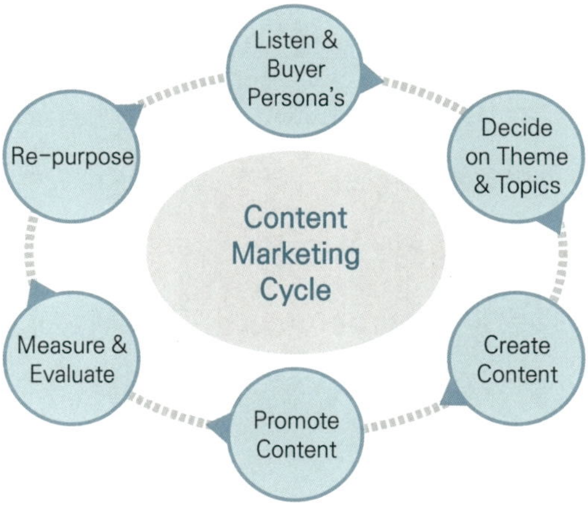

출처: "10 Surprising facts about content marketing", https://thenextscoop.com/surprising-facts-content-marketing/

2. 옴니채널 마케팅

옴니채널 마케팅(omni-channel marketing)은 온라인과 오프라인 모두에서 일관된 고객 경험을 제공하기 위해 다양한 유통채널을 통합하여 고객이 구매에 몰입하게 하는 마케팅 전략이다. 고객들이 인터넷, 모바일, 오프라인에서 자신들이 원하는 서비스와 고객경험을 끊김 없이 일관성 있게 받기를 원하면서 이에 대응하는 온·오프라인의 모든 고객접점 채널을 통합하여 전개하는 옴니채널 마케팅이 중요해졌다. 최근에는 기업들이 고객의 접근성과 거래 편의성을 우선으로 하여 모바일 중심의 옴니채널 전략을 수립하고 있다. PC에서 출발한 오픈마켓도 최근 급속하게 모바일로 이전하고 있다. 고객이 모바일을 통해 언제 어디서든 접속하고 간편하게 구매하는 것이 가장 중요한 경쟁력이 됐기 때문이다. 최근 온라인 커머스의 중심이 기존의 PC에서 모바일로 빠르게 이동한 것도 고객의 니즈가 가격과 제품 다양성에서 접근성과 거래 편의성으로 변화했음을 반영하는 것이다.

옴니채널 전략 중 웹루밍(webrooming)은 온라인에서 제품 정보와 가격을 확인한 고객이 오프라인 매장을 방문할 경우, NFC(Near Field Communication, 비접촉 근거리 통신 방식)나 비콘(Beacon) 같은 센서 기술을 활용해서 고객에게 맞춤형 상품을 제안하거나 할인 쿠폰을 발송하여 구매 성공률을 높이는 것을 말한다. 이를 통해 온라인과 오프라인 모두에서 동일한 경험을 하게 하는 것이다. 그에 비해 쇼루밍(showrooming)은 오프라인 매장에서 상품을 구경하고 구매는 온라인에서 하는 소비 행태를 말한다. 이런 경우에도 오프라인에서의 긍정적 경험이 온라인 구매로 이어진다.

쇼루밍의 대표적 사례로 홈플러스의 가상 스토어(virtual store) 캠페인을 들 수 있다. 2011년 홈플러스는 지하철 역사 내에 세계 최초의 가상 스토어를 오픈했다. 모바일을 통해 온라인과 오프라인이 결합된 새로운 유통 모델을 제시했다는 점에서 눈길을 끌었다. 지하철 선릉역 2호선 역사 내에 개찰구 기둥 7기와 승장장 스크린도어 6기로 구성된 '홈플러스 가상 스토어'는 직장인을 위한 간편식, 온라인 고객 선호 상품, 유아용품, 홈플러스에서만 취급하는 TESCO 직수입 상품을 갖추고 있었다. 고객들이 모바일 앱을 작동시켜 가상 스토어의 바코드를 읽으면 원하는 상품을 간편하게 구매할 수 있다. 또한 출근하면서 구매한 제품을 퇴근하고 집에서 배송 받을 수 있는 편의성을 제공함으로써 고객이 매장을 찾아올 때까지 기다리지 않고 고객이 있는 곳은 어디든지 직접 찾아간다는 고객 중심적 마케팅을 실현했다. 이후 지속적인 확대가 이루어지지 않고 일회성 마케팅 캠페인으로 끝났다는 점이 아쉽기는 하지만, 옴니채널 마케팅 캠페인을 세계 최초로 실행했다는 데 의의가 있다.

〈그림 2-9〉 홈플러스 가상 스토어

출처: 홈플러스, 세계 최초 가상 스토어 오픈, 연합뉴스

홈플러스 가상 스토어에 대항하기 위해서 나온 것이 이마트의 '플라잉 스토어(flying store)' 캠페인이다. 2013년 이마트는 와이파이를 이용한 옴니채널 프로모션을 실시했다. '이마트 플라잉 스토어'라는 이름으로 트럭 모양 풍선을 만들고, 그 안에 와이파이 공유기를 탑재하여 유동인구가 많은 쇼핑몰이나 지하철 내에 띄우는 프로모션을 실시했다. 이마트 브랜드 노출과 더불어 무료 와이파이를 제공하고, 접속하면 할인 쿠폰을 제공하는 방식으로 진행했다. 마트가 아닌 곳에서도 이마트 앱을 통해 쇼핑할 수 있는 옴니채널 쇼핑을 경험하게 하고, 할인 쿠폰을 통해 구매를 유도했다는 점에서 성공적인 프로모션으로 평가받았다. 프로모션 기간 중 오프라인 매출이 9.5% 증가하고, 온라인 매출은 157%나 급증했다는 점에서 옴니채널 마케팅이 매출에 기여한다는 점을 입증한 프로모션이었다. 또한 홈플러스의 가상 스토어처럼 고객이 찾아오지 않으면 고객을 직접 찾아간다는 이마트의 고객 지향적 기업 이미지를 높이는 성과도 거뒀다.

〈그림 2-10〉 이마트 플라잉 스토어

출처: 무료 와이파이를 제공하는 신기한 플라잉 스토어, 비지온

3. 참여 마케팅

참여 마케팅은 브랜드 친밀도를 높이기 위해서 모바일 앱 사용이나 CRM(Customer Relationship Management, 고객관계관리) 활용, 게임화(gamification) 도입을 통해 구매자를 브랜드 옹호자(brand advocator)로 진화시키는 고객 참여 마케팅이다. 여기서 게임화란 게임이 아닌 것에 게임적 사고와 게임 기법을 적용해 문제를 해결하고 사용자를 몰입시키는 마케팅 방법을 말한다. 게임에서 많이 활용되는, 보상을 줌으로써 참여를 촉진하는 것이 대표적인 방식이다.

보상 기법을 잘 활용한 사례로는 '나이키 플러스(Nike Plus)'가 있다. 나이키 플러스 앱은 운동량 체크에 보상 기법을 결합하여 운동의 재미를 강화했다. 나이키 플러스 센서가 달린 운동화를 신고 운동하면 운동량, 칼로리 소모량 등의 운동 데이터가 스마트폰으로 전송된다. 이렇게 수집된 데이터를 활용해서 개인 운동에 대한 통계를 내는데, 신기록을 달성했을 때는 축하 메시지와 트로피 같은 보상이 주어진다. 챌린지 모드를 통해 이용자끼리 경쟁하며 운동에 몰입할 수 있게 했다. 또한 '키넥트'라는 동작인식 기술을 활용해서 X-Box 게임기와 연동해서 다양한 스포츠 게임을 즐기면서 운동 효과를 측정할 수 있게 하는 등 다양한 기술을 통해 소비자를 참여시키고 새로운 경험을 하게 하는 디지털 마케팅 캠페인을 전개하고 있다.

〈그림 2-11〉 나이키 플러스

출처: 왜 서비스인가?…모바일 시대의 제조 2.0, 스마트컴

모바일 앱을 활용한 참여 마케팅에서는 주로 '브랜디드 앱(branded app)'을 활용한다. 브랜디드 앱은 유명 브랜드가 만든 앱을 의미한다. 국내에는 브랜디드 앱이 활성화되지 않았지만 코카콜라, 나이키, 아디다스 등 글로벌 브랜드는 브랜디드 앱에 주력하고 있다. 브랜디드 앱은 고객과 상호작용할 수 있고, 고객지향적 인터페이스로 활용할 수 있다는 특성이 있다. 또한 다양한 제품의 차별

적 기능을 체험하고 브랜드를 경험할 수 있는 체험형 서비스라는 특성이 있다.

브랜디드 앱의 대표적 성공 사례로 '코크플레이(CokePlay)'를 들 수 있다. 코카콜라의 브랜디드 앱인 코크플레이는 게임에 참여해 상금과 쿠폰을 받을 수 있고, 상품 구매나 광고 시청 등을 통해 현금을 적립할 수 있게 한 앱이다. 또한 다양한 이벤트에 참여해 혜택을 받을 수 있게 함으로써 고객 참여를 극대화하고 있다. 소셜 퀴즈 앱인 '잼라이브'와 공동 프로모션으로 1,000만 원 상금 이벤트를 진행해 높은 참여를 유도하고 화제를 불러 모았다.

〈그림 2-12〉 코크플레이

출처: 코카콜라, 모바일 앱 '코크 플레이' 출시, 중앙일보

3장

디지털 마케팅 믹스

1절 마케팅 믹스의 변화

'마케팅 믹스(marketing mix)'란 마케팅 목표의 달성을 위해 마케팅 활동에서 사용되는 여러 가지 수단과 방법을 전체적으로 조정하고 구성하는 것을 말한다. 전통적 마케팅 믹스는 흔히 '4P'라고 부른다. 제품(Product), 가격(Price), 유통(Place), 판매 촉진(Promotion) 등 네 가지 마케팅 수단을 활용하여 마케팅 믹스 전략을 수립한다. 시장 환경과 기술의 변화로 기존 4P에 인력(People)이 추가된 5P가 등장했고, 더 나아가 여기에 과정(Process)과 물리적 환경(Physical Evidence)이 추가되어 '7P'로 진화했다. 흔히 중요한 마케팅 믹스로 인식하는 광고는 PR, 세일즈 프로모션, 다이렉트 마케팅과 함께 판매 촉진 수단의 하나다.

국내 헬스 뷰티 스토어의 선두 주자인 올리브영의 사례를 통해 7P를 설명하겠다.

첫째, 제품 측면에서는 주요 타깃인 20대와 30대 여성의 라이프스타일에 맞춘 해외 제품과 PB 제품 위주로 판매하고 있다.

둘째, 가격 측면에서는 경쟁사 대비 고가 정책을 추구하고 있지만 다양한 행사를 통한 할인 정책을 병행하여 가격 저항감을 줄이고 있다.

셋째, 유통 측면에서는 완벽한 프랜차이즈 시스템이 구축되어 있다. 물류 시스템의 효율성을 높이고자 지속적으로 투자함으로써 고객과의 접점을 늘리고 고객 응대 시간을 확대했다.

넷째, 판매 촉진 측면에서는 핵심 상권에 플래그십 스토어를 오픈하여 브랜드 인지도를 높이고 있다. 또한 20대 및 30대 여성을 핵심 타깃으로 하고 남성 고객을 서브 타깃으로 한 프로모션을 전개하고 있다.

다섯째, 인력 측면에서는 내부 직원에 대한 보상과 인센티브를 통한 동기부여를 극대화하고 있다. 이를 통해 직원 충성도를 높여서 고객 충성도 제고로 연결되고 있다.

여섯째, 과정 측면에서는 마케팅 관리, 물리적 환경, 서비스, 상권, 상품력 모두 고객 경험을 긍정적으로 관리하고 우호적 관계를 형성하도록 연동되어 진행되고 있다.

마지막으로 일곱째, 물리적 환경 측면에서는 매장의 접근성을 강화하고 고객에게 편안함을 주는 매장 인테리어를 강조한다.

〈그림 2-13〉 올리브영 매장 인테리어

출처: 코카콜라, 올리브영 불황에도 승승장구 그 비결은? 뷰티타임즈

2절 제품 전략

전통적인 마케팅에서 제품 전략은 소비자의 니즈를 충족하고 경쟁사와 차별점을 갖도록 가치를 증대하는 것이다. 여기에는 신제품을 개발하고 품질을 보증하는 행위가 포함되며, 주로 생산자가 주도하는 마케팅 활동이다. 반면 디지털 마케팅의 제품 전략에서는 제품 제작에 소비자의 직접 참여가 증가하고 있다. 온라인 채널을 통해 제품 아이디어를 공모하거나 주문 제작을 통한 생산도 증가하고 있다.

성공 사례를 통해 고객 참여 제품 전략을 알아보자. 2014년 현대홈쇼핑은 업계 최초로 클라우드 소싱 방식을 통해 고객 아이디어로 만들어진 상품을 45분 만에 완판하는 기록을 세웠다. 이 상품은 평소 접시에 묻은 기름을 닦아내기 불편했던 문제를 해결하기 위해 접시에 홈을 파서 기름이 자연적으로 아래로

떨어지게 한 '블랙홀 접시'였다.

이 상품의 성공에 힘입어 현대홈쇼핑은 중소기업과 제휴하여 '아이디어 톡' 공모전을 시작했다. 소비자의 아이디어를 접수해 네티즌과 전문가 평가단의 심사를 거쳐 제품을 개발하고, 현대홈쇼핑을 통해 론칭해주는 프로젝트였다. 소비자의 아이디어를 중소기업과 연계하여 실제 제품으로 만들어 판매하고, 판매 수익을 공유하는 선순환 구조를 만든 좋은 사례다.

〈그림 2-14〉 현대홈쇼핑의 '아이디어 톡' 제품

출처: 쑥쑥 크는 t 커머스, 홈쇼핑 황금채널 꿰차다. 한국경제

3절 가격 전략

전통적 마케팅의 가격 전략은 원가(cost), 이윤(profit), 경쟁사 가격, 가치 가격(customer-value) 등을 고려해서 결정한다. 여기서 '가치 가격'은 고객 가치를 기준으로 해서 가격을 책정하는 방법이다. 일반적으로 가격 전략에는

고소득층을 대상으로 한 고가 전략과 저소득층을 겨냥한 저가 전략이 있다. 고가 전략은 높은 가격이 제품의 이미지를 돋보이게 할 때 효과적이며, 반면 저가 전략은 경쟁이 치열하고 생산 원가가 낮은 경우에 사용할 수 있다.

디지털 마케팅의 가격 전략에서는 소비자에게 인지된 가격을 기반으로 가격을 창의적으로 결정할 수 있다. 대표적 사례가 미국의 온라인 여행 예약 사이트 프라이스라인닷컴(priceline.com)이다. 이 사이트는 '당신이 원하는 가격을 제시하라.(Name Your Own Price)'라는 가격 전략으로 성공을 거뒀다. 소비자가 호텔의 이름을 모르는 채로 호텔 위치와 등급 정보를 선택하고 소비자가 원하는 가격으로 예약, 구매할 수 있다. 가격을 호텔이 아니라 소비자가 결정한다는, 가격 정책 패러다임의 변화를 볼 수 있는 사례다.

〈그림 2-15〉 프라이스라인닷컴

출처: 프라이스라인닷컴 웹사이트

4절 유통 전략

전통적 마케팅의 유통 전략은 크게 직접 유통과 중간에 유통채널이 개입하는 간접 유통으로 나누어진다. 이런 유통 경로를 결정하는 데는 유통비용, 유통통제, 시장 변화, 제품 수명 주기, 고객 욕구 변화, 기술, 자원 등의 변수가 작용한다. 반면 디지털 마케팅에서는 유통 전략이 소비자 편리성을 중심으로 하는 구조를 가진다. 철저하게 기업 측면이 아닌 소비자 측면에서 가장 편리한 유통채널을 선택하는 것이다.

대표적 성공 사례로 T-커머스(T-commerce)를 들 수 있다. 기존 홈쇼핑은 정해진 시간에만 소비자에게 일방적으로 제품 정보를 전달하는 한계가 존재했다. 하지만 T-커머스는 소비자가 언제든지 상품을 검색해서 실시간으로 살 수 있는 양방향 커머스로 소비자의 편리성을 극대화했다.

2012년 KTH에서 운영하는 K쇼핑이 론칭하면서 시작된 T-커머스 시장은 IP-TV의 확대와 양방향 쇼핑에 익숙한 젊은 소비자층이 대거 유입되면서 2022년 4.3조 원 규모로 성장했다. T-커머스는 홈쇼핑과 온라인 쇼핑의 중간 지점에 존재하면서, 현재 방송되는 제품 이외에도 온라인 쇼핑처럼 검색을 통해 원하는 제품을 구매할 수 있다는 장점이 있어 지속적 성장이 예상된다. 소비자가 원하는 시간에 원하는 제품을 구매할 수 있다는 점에서 T-커머스의 소비자 편리성 위주 유통 전략이 성공한 것이다.

〈그림 2-16〉 T-커머스

출처: 쑥쑥크는 t 커머스, 홈쇼핑 황금채널 꿰차다, 한국경제

5절 프로모션 전략

전통적 마케팅에서 판매 촉진은 제품 정보를 제공하고, 소비자들이 브랜드에 대해 호의적 태도를 갖도록 설득하여 구매하게 하는 것을 목적으로 한다. 따라서 광고, 홍보, 인적 판매, 세일즈 프로모션과 같은 수단을 효율적이고 통합적으로 활용하는 것이 중요했으며 주로 기업 중심의 일방향성 마케팅과 커뮤니케이션이 중심이었다. 하지만 이제 디지털 마케팅에서는 소비자가 참여하는 양방향성 프로모션이 중심이 되고 있다. 더 나아가, 소비자가 광고 제작 과정에 참여하고 의견을 개진하는 애드슈머(adsumer)도 생겨나고 있다.

애드슈머의 사례로는 세계적 패션회사인 베네통의 '잇츠 마이 타임(It's My

Time)' 캠페인을 들 수 있다. 베네통은 세계적으로 온라인을 통해 모델을 캐스팅하여 소비자를 베네통 광고 모델로 직접 참여시키고 커뮤니티를 구축해서 소비자 의견을 광고 캠페인에 반영했다.

〈그림 2-17〉 베네통의 소비자 모델 캐스팅

출처: It's My Time-Benetton Global On-ine Casting, Migual Paolo Celestial

6절 성공 사례: 오바마 대선 캠페인

2008년 오바마 대선 캠페인은 정치 광고의 새로운 역사를 만들었을 뿐 아니라 현대적 통합 마케팅 커뮤니케이션(IMC, Integrated Marketing Communication)을 도입한 성공적 마케팅 사례로 꼽힌다.

'미국을 위한 대통령'이라는 캠페인 콘셉트하에 카리스마 있는 정치인의 이미지를 전달하고, 미국 국민에게 희망을 주는 강력한 메시지를 소구했다. 또한 대선 캠페인 최초로 온라인 마케팅에 주력했다. 1,350만 명을 대상으로 이메일 마케팅을 전개해서 5억 달러의 후원금을 유치했다. 또한 마이 버락오바마닷컴(My.BarackObama.com)이라는 웹사이트를 구축하여 3만 5,000개의 커뮤니티를 형성했다. 그리고 유튜브, 페이스북을 활용한 다양한 콘텐츠 마케팅을 전개했다. 결과적으로 미국 선거 사상 최초로 온라인을 통해 광고, PR, 기금 마련, 조직화를 이루어낸 디지털 마케팅의 대표적 성공 사례가 됐다.

오바마 대선 캠페인의 백미는 '위대한 고행'이라는 유튜브 캠페인이다. 노인층이 주로 거주해서 절대적 열세 지역이었던 플로리다를 공략하기 위해 유튜브를 통해 손자 손녀들이 노인들을 설득하자는 캠페인이었다. 유튜브라는 새로운 디지털 미디어를 활용해서 세대 간 커뮤니케이션을 유도했고, 디지털 미디어와 기술을 활용한 창의적 선거 캠페인으로 평가받았다.

〈그림 2-18〉 마이버락오바마닷컴

출처: www.my.barackobama.com

〈그림 2-19〉 '위대한 고행' 캠페인

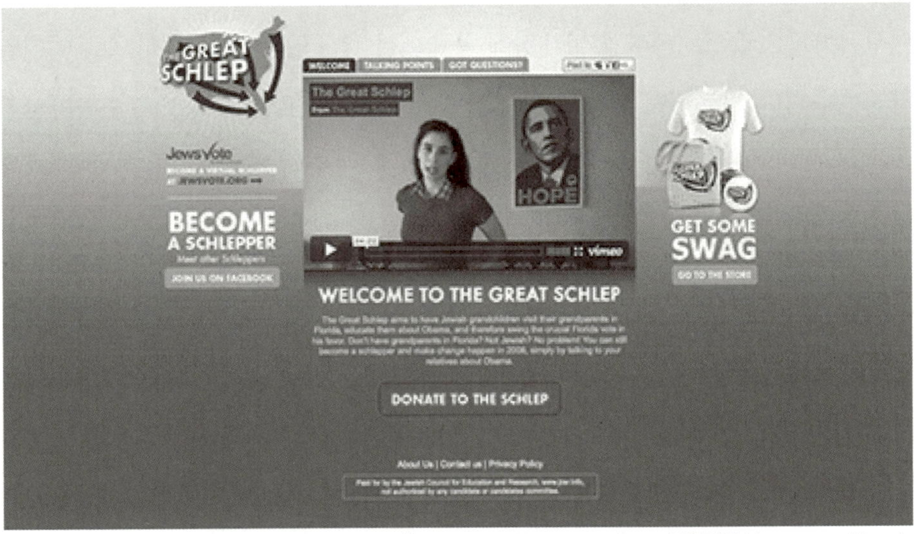

출처: The great schlep on bannerblog news, http://www.bannerblog.com.au/news/2008/10/the_great_schlep.php

Part 03

디지털 광고

1장 디지털 광고와 트리플 미디어

1절 디지털 광고의 정의

디지털 광고는 '디지털 미디어를 활용해서 제품이나 서비스를 소비자와 양방향으로 소통하는 설득 커뮤니케이션'이라고 정의할 수 있다. 전통적 광고와의 차이점은 디지털 미디어와 양방향 소통에 있다. 디지털 광고는 온라인, 모바일, 디지털 사이니지, IP-TV 등 디지털 미디어를 활용한 광고를 포괄한다. 또한 각각의 디지털 미디어 별로 다양한 유형의 디지털 광고가 존재한다. 예를 들어 미국 IAB(Interactive Advertising Bureau)는 모바일 디스플레이 광고, 모바일 동영상 광고, 오디오 광고, 모바일 활성화 광고, 브랜디드 앱 광고, 위치 기반 광고를 가장 보편적인 모바일 광고의 대표적 유형으로 제시하고 있다.

일반적으로 미디어를 구분할 때 사용하는 용어에는 ATL(Above the Line)과 BTL(Below the Line), TTL(Through the Line)이 있다. ATL에는 전통적 광고 매체인 TV, 신문, 라디오, 잡지와 옥외광고가 포함된다. BTL에는 비전통적 매체인 배너 광고, 이메일, PR, PPL, 다이렉트 마케팅 등이 포함되며 TTL에는 소셜 미디어, 온라인 마케팅, 이벤트 등이 포함된다.

〈그림 3-1〉 ATL, BTL, TTL

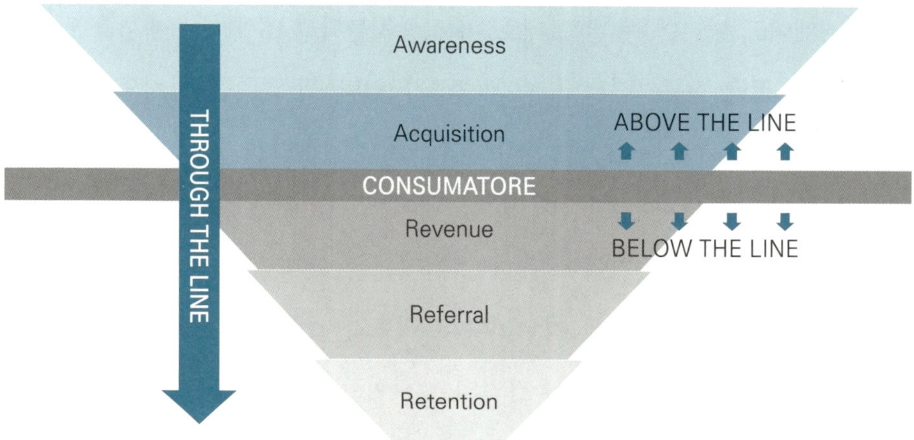

출처: "Marketing ATL, BTL, TTL", https://www.mirkomaiorano.it/marketing-above-the-line-atl-below-the-line-btl-e-through-the-line-ttl/

〈그림 3-1〉에서 볼 수 있는 것처럼 ATL은 소비자와 접촉이 없는 일방향 소통으로, 주로 인지도 제고를 위해 활용된다. 반면 BTL은 소비자와의 접촉을 통해 고객을 유지하고 매출을 일으키는 역할을 한다. TTL은 ATL과 BTL을 합친 개념이며, TV 광고와 온라인 미디어를 결합한 유튜브 광고가 TTL의 대표적인 예다.

2절 트리플 미디어

디지털 마케팅과 미디어의 발전으로 미디어의 유형에 대해서도 새로운 시각으로 접근할 필요가 있으며, 통합 마케팅 전략으로서 미디어가 서로 연계되고 믹스되어야 한다는 주장에서 나온 개념이 트리플 미디어(triple media)다. 앞서 간략히 짚었듯이, 여기에는 페이드 미디어(paid media), 온드 미디어(owned media), 언드 미디어(earned media)가 있다.

먼저 '페이드 미디어'는 말 그대로 비용을 지불하고 구매하는 매체를 말한다. 대표적으로 TV, 신문, 인터넷, 옥외광고가 있다. 광범위한 인지도를 확보할 수 있고 잠재 고객을 유입시킬 수 있으나 광고가 많아서 광고 혼잡도가 높고 메시지 신뢰도가 낮다는 단점이 있다. 페이드 미디어는 초기 인지도 강화를 위해 비용을 지불하여 기업이 원하는 타깃과 노출량을 단기간에 확보할 수 있다. '온드 미디어'는 특정 기업이나 브랜드가 보유하고 있는 다양한 고객 커뮤니케이션 접점을 의미한다. 기업의 웹사이트, 모바일 앱, 매장, 상품 패키지, 고객 커뮤니티가 바로 온드 미디어다. 비용 효율성이 높고, 고객 데이터를 활용해 구매 전환율을 높일 수 있으며, 긍정적 고객 경험과 장기적 관계 형성을 통해 고객 충성도를 높일 수 있다. 그리고 '언드 미디어'는 고객의 자발적인 참여로 공유 확산을 유도하는 역할을 하며 소비자를 통해 브랜드 평판과 신뢰를 획득할 수 있는 매체다. 블로그, 소셜 미디어, 구전, 언론기사 등이 언드 미디어에 해당한다. 높은 고객 신뢰를 쌓을 수 있으며 소비자 반응을 통해 브랜드와 커뮤니케이션할 수 있는 반면, 메시지 통제가 불가능하다는 단점도 있다.

일반적으로 페이드 미디어에서 광고를 접한 소비자는 검색 후 웹사이트나 매장을 방문한다. 이런 온드 미디어를 통해 브랜드 체험을 제공하고 장기적 관계를 구축할 수 있다. 블로그나 소셜 미디어를 통해 화제성 있는 콘텐츠가 공유되면 웹사이트 방문자가 증가한다. 언드 미디어에서는 소셜 콘텐츠가 확산되며 우호적인 고객 평판이 형성된다. 특히 트리플 미디어 전략에서는 온라인상에서 언드 미디어가 널리 형성되도록 유도하는 것이 중요하다. 언드 미디어는 효과 형성이 어렵지만, 한번 생성된 후에는 가장 효과가 크다.

또한 미디어에 따라서는 트리플 미디어의 특성을 모두 가지는 것도 있다. 대표적으로 페이스북을 들 수 있는데 유료 광고, 기업 콘텐츠, 개인 페이지를 통한 공유 등 트리플 미디어의 세 가지 특성을 모두 가지고 있다. 이런 매체를 'POE(Paid·Owned·Earned) 미디어'라고 한다.

〈그림 3-2〉 트리플 미디어

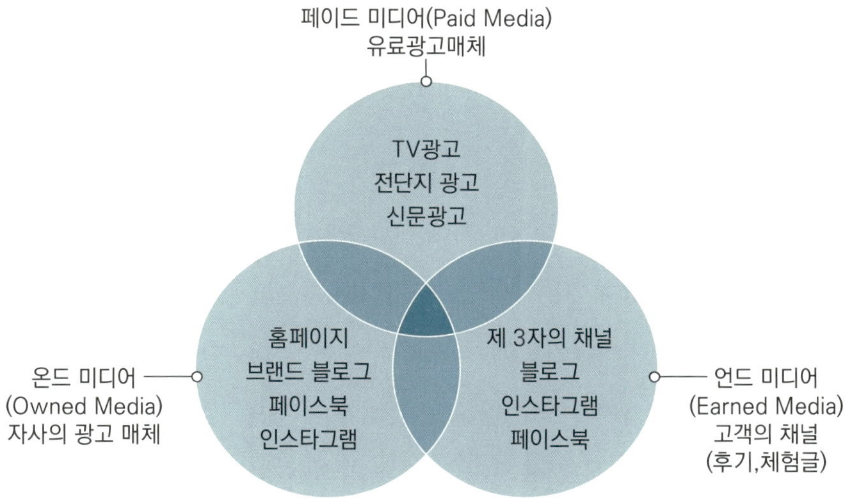

출처: 요코야마 류지, "트리플 미디어 전략"

3절 인터넷 광고의 특성

1990년대에 등장한 인터넷 광고는 배너, 검색, 이메일, 웹사이트, 블로그 등 인터넷에서 제공되는 다양한 커뮤니케이션 도구를 활용하여 비용을 지불하고 청중과 커뮤니케이션하는 것을 일컫는다. 인터넷 광고는 전통적 매체 광고와 반대의 특성을 갖는다. 인터넷 광고는 양방향적 커뮤니케이션을 하고, 선택적으로 광고를 수용할 수 있으며, 차별화된 소수만을 광고 타깃으로 할 수 있고, 정보 제공 위주의 광고 소구를 하며, 소비자가 구매 등 행동을 하도록 유도하는 효과가 있으며, 광고 비용이 상대적으로 저렴하다.

또한 인터넷 광고의 본원적 측면에서 몇 가지 차별적인 특성을 갖는다.

첫째, 소비자 행동을 추적하는 트래킹이 용이하다. 쿠키 파일을 통해 웹사이트 로그 분석을 하면 소비자의 방문 시간, 방문 횟수, 클릭한 링크, 검색어 등 다양한 정보를 알 수 있어 소비자의 행동과 광고 노출에 대해 실시간 추적이 가능하다.

둘째, 광고를 적시에 적합한 소비자에게만 적절하게 노출할 수 있는 타기팅이 가능하다. 타기팅의 유형에는 콘텐츠 타기팅(contents targeting), 지역 타기팅(local targeting), 리타기팅(re-targeting)이 있다. 먼저 콘텐츠 타기팅은 사용자가 입력한 검색어를 실시간으로 분석해서 해당 정보와 관련된 광고를 노출하는 것이다. 이 경우 사용자가 광고를 자신에게 필요한 정보로 인식하여 광고 효과가 높아진다. 다음으로 지역 타기팅은 원하는 지역에만 광고하고자 하는 광고주와 특정 지역의 정보만을 원하는 소비자를 위한 타기팅 광고다. '강남 맛집'과 같은 검색을 했을 때 노출되는 키워드 검색형 지역 광고, 소비자가 특정 지역에서 접속하면 해당 지역 광고를 노출하는 디스플레이형 지역 광고가 있다. 그리고 리타기팅은 특정 웹사이트를 방문했던 사람만을 대상으로 광고를 노출하는 방식이다. 제품이나 서비스에 관심을 보인 사용자를 중심으로 관심 상품을 다시 노출시켜 제품을 상기시키고 재방문을 유도하여 구매전환을 이끌어 내는 데 활용된다. 사용자가 특정 웹사이트를 방문할 때 자동으로 저장

되는 쿠키를 활용하여, 인터넷 서핑 시 이전 방문 사이트와 관련 있는 제품의 광고를 우선적으로 노출하는 것이다. 리타기팅은 인터넷 배너 광고의 대세로 부상할 만큼 인기를 끌고 있다. 크리테오(Creteo), 와이더플래닛(Wider Planet) 등 국내외 사업자들이 리타기팅 광고 사업에 주력하고 있다.

셋째, 인터넷 매체 특성상 시간과 공간의 제약 없이 방대한 정보를 제공할 수 있다. 특히 여타 매체와 달리 인터넷에서는 전 세계 사용자를 대상으로 실시간으로 광고를 집행할 수 있다. 광고 소재도 정보가 갱신될 때마다 바로 교체할 수 있으며, 애니메이션·비디오·VR 등 다양한 표현 기법을 활용할 수 있다.

넷째, 정보 전달의 양방향성으로 광고주와 소비자가 상호작용하고 이를 마케팅에 활용할 수 있다. 배너 광고에 노출된 소비자는 클릭을 함으로써 랜딩 페이지에 연결되는데 이곳에서 상품 정보를 검색하고, 상품을 경험하고, 구매 정보도 공유하는 등 다양한 행위를 한다.

다섯째, 광고가 노출되는 동시에 상품 구매가 가능한 구매 용이성을 보인다. 따라서 인지도 제고 위주의 전통적 광고와 달리 인터넷 광고는 인지도 제고와 직접 판매를 동시에 달성할 수 있다.

4절 디지털 광고 시장의 이해

디지털 광고는 광고와 데이터가 결합되어 애드 테크(Ad. Tech)로 진화하고 있다. 애드 테크란 광고(Advertising)와 기술(Technology)의 합성어로 온라인과 모바일 상의 이용자가 남긴 데이터를 기반으로 구매를 예측하고 최적 소비자를 선정하여 실시간으로 광고 효율을 측정하고 대응하는 기술을 의미한다. 애드 테크는 광고 인벤토리(Inventory)를 제공하는 웹 사이트와 모바일 앱이 폭발적으로 증가하고 소비자도 다양하게 분화됨에 따라 소비자가 필요로 하는 광고를 효과적으로 연결하기 위해 등장했다. 전통적인 광고 인벤토리 구매는 매체 지면을 선정하여 구매하는 것이었지만 디지털 기술이 발전하면서 구매 가능성이 큰 청중을 구매하는 오디언스 구매(Audience Buying)가 가능해졌다. 예를 들어 게임 광고주는 게임을 검색하거나 관련 콘텐츠를 본 타깃 만 구매하여 특정 매체에 한정되지 않고 광고를 노출시킬 수 있다. 여러분도 특정 상품을 검색하면 관련 웹 사이트에 방문할 때 마다 특정 제품 광고가 지속적으로 따라다니며 노출되는 경험을 했을 것이다. 이것이 애드 테크를 통한 오디언스 구매 형식의 광고이다. 따라서 애드 테크는 광고 청중을 추적하며 성과를 달성하기 위한 미디어 기술로 이해할 수 있다.

프로그래매틱 광고(Programatic Ad.)는 컴퓨터 프로그램이 자동으로 이용자의 검색경로, 검색어 등 데이터를 분석해 이용자가 필요로 하는 광고만 노출하는 광고 기법이다. 프로그래매틱 광고는 효율적인 거래 자동화를 위해 다양한 기술이 상호작용하는 독특한 시장구조로 애드 테크의 구조적 기반이 된다.

이러한 프로그래매틱 광고의 등장으로 인해 디지털 광고 시장은 독특한 시장구조를 형성하고 있다. 특히 디지털 미디어의 세분화와 기술의 발전으로 애드 네트워크(Ad Network), DSP(Demand Side Platform), SSP(Supply Side Platform), DMP(Data Management Platform) 등 다양한 사업자가 참여하여 복잡한 시장구조를 보이고 있다.

전통적 광고 시장에서는 광고주, 광고대행사, 매체사의 단순한 구조를 형성했다. 그런데 디지털 광고 시장은 광고주 외에 디지털 광고에 특화된 디지털 광고대행사와 인터넷 포털, 인터넷 언론사, 소셜 미디어, 모바일 앱 등 다양한 디지털 매체사가 중심이 된다.

또한 전통적 광고 시장과 달리 다양한 신규 사업자가 참여하고 있다. 먼저 광고주를 대신해서 온라인 매체 광고를 구매하고 집행 관리하는 미디어렙이 있다. 나스미디어, 메조미디어, 디엠씨미디어 등 국내 대표적 미디어렙은 KT, CJ, SBS와 같은 대기업에 각각 인수됐다. 해외에서도 더블클릭(Double Click), 24/7 리얼미디어(24/7 Real Media) 등 미디어렙을 구글, WPP 같은 글로벌 인터넷·광고 기업이 인수했다. 이는 미디어렙 비즈니스의 시장 잠재력과 규모의 경제에 따른 이익을 나타내는 것이다.

애드 네트워크는 광고주의 매체 구매와 매체사의 판매 니즈를 중개해주는 광고 거래 시스템으로, 매체의 수가 많은 모바일 광고에서 주로 활용된다.

디지털 광고 시장은 수집된 소비자 데이터를 기반으로, 광고 매체의 구매와 판매 과정을 시스템으로 자동화한 광고 집행 방식을 가지고 있다. 이를 '프로그래매틱 바잉(programatic buying) 시스템'이라고 한다. 이 시스템 내에는 광고주가 광고 구매 과정을 효율적으로 관리하고 적정 가격으로 구매하게 도와주는 플랫폼인 DSP, 매체사 입장에서 최고가로 광고를 팔아주는 역할을 하는 SSP, 중간에서 광고 구매 효율성을 위해 필요한 데이터를 수집하고 분석하는 DMP가 있다. 또한 다수의 DSP가 실시간 경매 방식으로 최적화된 광고를 합리적인 가격으로 구매하는 RTB(Real Time Bidding) 거래가 활용된다.

결론적으로 디지털 광고 시장은 프로그래매틱(programatic) 광고 시스템으로 운영된다. 따라서 자동화하여 운영되는 광고 시장이며, 광고 인벤토리가 실시간으로 판매되고 구매되는 RTB 방식으로 운영된다.

이러한 프로그래매틱 광고는 온라인과 모바일 뿐 아니라 전통적 미디어의 디지털화를 고려할 때 디지털 미디어 전반으로 확장되고 있다. 온라인 미디어에서 동영상 광고가 빠르게 증가하고 있다. 따라서 소셜 미디어, 스마트 TV 제조사, 스트리밍, VOD 등 다양한 사업자들이 프로그래매틱 광고를 제공할 것으로 예상되고 있다. 디지털 융합시대에 소비자 정보가 풍부해지면서 소비자 행동을 기반으로 개인 맞춤형 광고를 집행할 수 있다는 것이 프로그래매틱 광고의 가장 큰 장점이다. 개인 맞춤형 광고가 실현되면 광고성과 측정을 통한 광고비의 투명성도 보장될 수 있다. 광고주 입장에서는 원하는 소비자에게 효율적 광고예산으로 도달하게 해주는 프로그래매틱 광고 기술은 가뭄의 단비와 같은 존재일 것이다. 지금까지는 프로그래매틱 광고가 검색광고, 디스플레이 광고, 모바일 광고 위주였다면 앞으로는 TV, 옥외광고 등 기존의 전통적 미디어로 확대될 것이다.

대표적 사례로 IP-TV에서도 프로그램 타깃팅이 아닌 오디언스 타기팅이 가능한 광고 상품이 출시되고 있다. SK B tv는 시청 가구의 시청이력과 11번가, 티맵, 오케이 캐시백 등의 데이터를 결합해 타깃 오디언스 그룹을 형성하고, 시간과 요일, 선호 프로그램 장르, 지역별 속성에 기초하여 노출을 조절할 수 있는 타기팅 광고를 선보였다.

옥외광고도 데이터를 기반으로 자동화된 광고 노출이 가능한 프로그래매틱 광고 기법이 시도되고 있다. 엘리베이터 디지털 옥외광고를 집행하는 포커스 미디어는 이를 애드 네트워크로 묶어 시간, 장소에 따라 적합한 광고를 전송하고 있다. 앞으로 옥외광고의 디지털 전환에 따라 프로그래매틱 광고도 더욱 활성화될 것으로 예상된다.

〈그림 3-3〉 프로그래매틱 광고 생태계

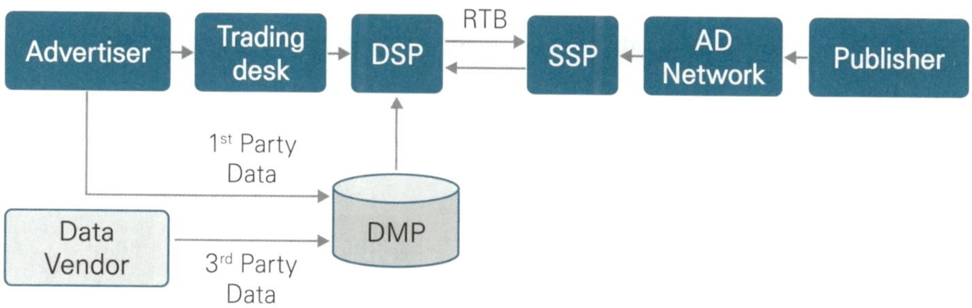

〈그림 3-4〉 국내 모바일 광고 시장 생태계

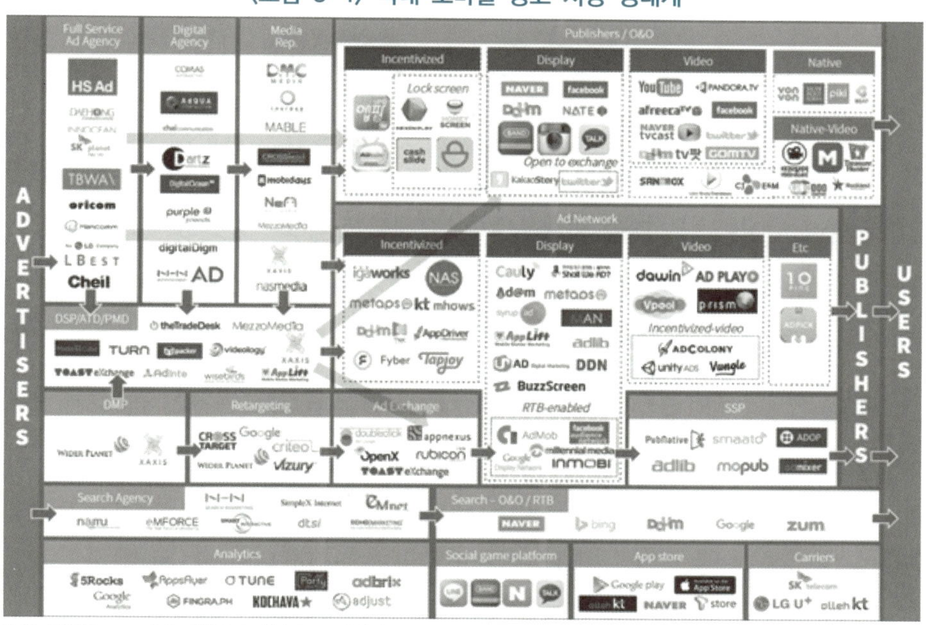

출처: BUZZscape 2.0, "한국 모바일 광고 생태계 어떻게 변화하고 있는가"

디지털 광고 시장의 가치사슬(value chain)을 살펴보자. 먼저 광고주가 광고 대행사에 광고를 의뢰하면, 광고대행사는 미디어렙에 매체 구매를 의뢰한다. 미디어렙은 매체사에 광고 상품 구성을 의뢰하거나 애드 네트워크를 통해 광고 인벤토리를 구매한다. 그리고 광고 게재가 끝나면 역순으로 매체사가 미디어렙에 광고 집행보고를 하고, 미디어렙이 광고대행사에 집행 결과를 보고한다. 이를 토대로 광고대행사는 광고주에게 전체 광고 결과를 보고한다. 이런 프로세스에 따라 각각의 사업자가 역할에 따라 일정 비율의 수수료를 받게 된다.

〈그림 3-5〉 디지털 광고 시장의 가치사슬

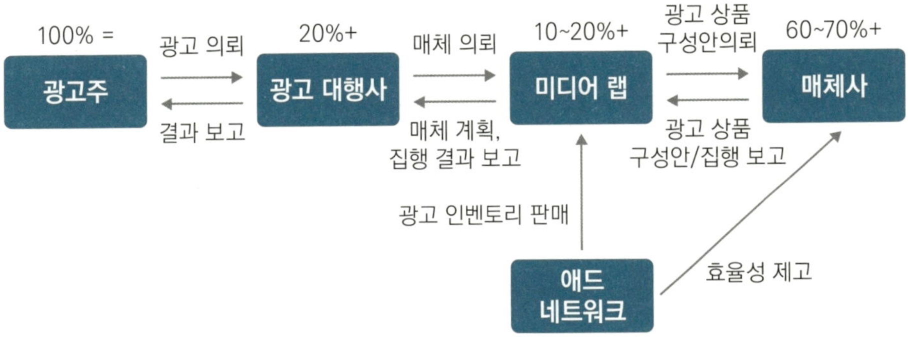

프로그래매틱 광고의 성공사례로는 2016년 할리 데이비슨의 광고 캠페인이 있다. 할리 데이비슨은 매출 증대를 위한 잠재고객 확보 수단으로 프로그래매틱 광고 캠페인을 진행했다. CRM 데이터 분석을 통해 과거 웹 사이트에 오랫동안 머문 상위 25% 구매 고객과 일반 구매 고객의 특성과 행동을 정의했다. 이후 유사한 패턴을 보이는 소비자들을 소규모 그룹으로 만들어 테스트 캠페인을 실시했다, 일련의 테스트를 통해 얻은 정보와 변수를 활용하여 헤드라인과 시각적 요소의 조합이 관심을 끌 수 있는지 예측했다. 이를 기반으로 캠페인별로 예산과 기간을 설정하면 자동으로 모든 채널을 통해 광고와 커뮤니케이션의 최적 조합에 맞는 미디어를 구매했다. 캠페인 후 6개월 만에 바이크 판매량의 40%가 프로그래매틱 광고를 통해 이루어졌다.

2장 디지털 광고 전략

1절 디지털 광고의 목적

디지털 광고의 일차적 목적은 디지털 트래픽을 생성하여 웹사이트 방문자를 증대시키는 것이다. 이를 위해 먼저 브랜드와 도메인의 이름을 같게 해서 사용자가 자발적으로 웹사이트를 방문하게 하는 것이 중요하다. '브랜드.com'의 구조로 도메인을 생성하면 브랜드만 기억해도 소비자들이 쉽게 웹사이트를 찾아올 수 있다. 예를 들어 'NIKE.com'은 글로벌 브랜드인 '나이키'를 그대로 도메인으로 사용했기 때문에 소비자들이 쉽게 웹사이트를 방문할 수 있다.

다음으로 매체 광고와 제휴 네트워크를 활용해서도 트래픽을 늘릴 수 있으며, 검색엔진 리스팅과 검색 광고를 통해서도 방문자를 증대시킬 수 있다. 검색엔진 최적화(SEO, Search Engine Optimization)는 큰 비용을 들이지 않고도 검색 결과 상위에 노출되는 결과를 얻을 수 있다. 이를 위해서는 검색엔진에 대한 기술적 알고리즘을 이해하고, 신뢰도 높은 콘텐츠를 제공하는 것이 중요하다.

또한 검색 광고를 통해서 방문자를 증가시킬 수 있다. 검색 광고는 광고 효과를 즉시 확인할 수 있고, 탄력적 운영이 가능하며, 높은 구매 연결성을 보인다는 장점이 있다.

디지털 광고는 캠페인 목적에 따라 크게 브랜딩 캠페인과 퍼포먼스 캠페인으로 구분된다. 브랜딩 캠페인의 목적은 광고 노출을 통해 인지도를 확보하고 브랜드 이미지와 메시지를 전달하는 것이다. 따라서 얼마나 많은 사람들이 광고를 봤는지를 평가하는 노출(impression), 동영상 광고에서 노출과 유사한 개념인 조회(view) 등이 주요 지표이다. 반면 퍼포먼스 캠페인은 광고에 노출된 고객의 직접적인 행동을 유도하기 위한 목적의 캠페인으로 기업이 광고를 통해 단기간에 고객을 확보하고 매출을 증대하기 위해 진행되며, 이벤트 참여(action), 제품 구매(sales), 앱 다운로드(install) 같은 지표가 사용된다. 최근에는 브랜딩과 퍼포먼스 성과를 동시에 달성할 수 있는 퍼포먼스 브랜딩 캠페인이 진행되고 있다. 동영상 광고를 통해 브랜드 인지도와 함께 바이럴 참여를 유도하여 브랜드 점유율을 높이고 동영상 광고에 반응한 타깃 고객을 대상으로 추가적인 앱 다운로드나 제품 구매를 유도하는 방식으로 진행된다.

2절 검색엔진 최적화와 검색 광고

검색엔진 최적화(SEO)는 검색 결과를 상위에 노출하기 위해 검색엔진이 순위를 매기는 방식에 맞게 웹 페이지를 구성하는 것을 일컫는다. 먼저 검색엔진이 웹 페이지를 인식하도록 만들어야 한다. 다음으로 검색 로봇이 웹사이트를 잘 찾을 수 있도록 환경을 조성해야 한다. 웹사이트 제목, 키워드, 요약 설명을 효과적으로 활용하는 것이 중요하다. 또한 웹사이트의 시각적 이미지와 콘텐츠가 균형을 갖도록 적절하게 구성해야 한다. 마지막으로 다른 외부 도메인 사이트와의 상호 링크를 강화해서 트래픽을 유입할 수 있다.

검색 광고는 키워드를 구매하기 전에 어떤 키워드를 어떤 방식으로 구매하는 것이 가장 효과적인가를 분석해야 한다. 이를 위해 먼저 로그 분석을 통해 유입된 사람들이 어떤 키워드를 사용했는지 확인해서 구매 대상 키워드를 정해야 한다. 이를 바탕으로 키워드 리스트를 확장하고, 특정 키워드가 어느 정도 효과를 나타낼지 사전 테스트를 해야 한다. 이때 클릭률, 전환율, 구매 비용을 종합적으로 고려해야 한다. 검색광고는 인지도 제고, 사이트 유입, 구매 전환 등에 다양하게 활용된다. 불특정 다수가 아닌 관련 검색어를 입력한 특정 고객을 대상으로 정확한 타기팅이 가능하기 때문에 높은 광고 효율성을 보이며 소규모 예산으로도 광고 집행이 가능하고 클릭수, 전환율 등 광고 효율에 따라 유연하게 집행할 수 있다.

마지막으로 실시간 경매 방식(RTB)을 통해 검색어를 구매한다. 이때 키워드와 웹사이트의 연관성을 나타내는 광고 품질 지수를 고려해야 한다.

3절 디스플레이 광고: 배너 광고와 동영상 광고

디스플레이 광고 중 배너 광고는 인터넷 광고의 초기 유형이며, 트래픽 발생과 온라인 브랜딩 효과를 동시에 충족시킨다. 주로 네이버 같은 포털 사이트나 주요 언론사 사이트의 광고 영역에 배너광고를 노출시켜 클릭을 통해 사이트에 유입되도록 활용된다. 배너광고는 주요 포털 사이트를 제외하고는 다양한 미디어 제휴 네트워크를 통해 특정 주제에 타기팅된 '네트워크 광고' 형태로 집행된다. 네트워크 광고는 다양한 주제, 키워드에 따라 타기팅이 가능하며, 인지도가 높고 영향력이 있는 매체에 손쉽게 광고를 노출할 수 있다는 장점이 있다. 대표적인 네트워크 광고 상품으로는 구글이 운영하는 구글 디스플레이 네트워크(GDN)이 있다.

초기의 고정화된 배너 광고에서 다양한 형태의 새로운 배너 광고로 진화하고 있다. 먼저 인터랙티브 배너(interactive banner)는 배너 자체에서 다양한 정보를 제공하고 사용자의 개인 정보를 수집하는 등 사용자와 다양한 상호작용이 가능하다. 다음으로 리치미디어 배너(rich media banner)는 동영상, 애니메이션, 사운드 등 멀티미디어를 활용해서 광고 메시지를 풍부하게 전달할 수 있다.

〈그림 3-6〉 인터랙티브 배너

출처: http://blog.whatrunswhere.com/winning-digital-ad-game-6-tactics-boost-advertising-roi/

〈그림 3-7〉 리치미디어 배너

출처: https://www.digitaland.tv/blog/5-tips-designing-mobile-rich-media-banners/

동영상 광고는 온라인 브랜딩을 목적으로 하며, 이를 통해 브랜드의 친숙도와 선호도를 높일 수 있다. 더 나아가 온라인 프로모션을 통해 브랜드 충성도를 제고할 수 있다. 2006년 미국 양방향광고협회(IAB)는 "동영상 광고란 동영상이 나오는 환경에서 스트리밍 동영상, 애니메이션, 게임, 음악 동영상 등 다양한 콘텐츠가 나오기 전, 중간, 후에 나오는 광고"라고 정의했다. 사용자들이 모바일로 동영상을 시청하는 시간이 늘어나면서 점차 동영상 광고의 비중은 증대되기 시작했다. 광고주가 선호하는 동영상 광고의 대표적인 유형은 동영상 상영 전에 나오는 동영상 프리롤(pre-roll) 광고이다. 사용자가 동영상을 소비하는 과정에서 동영상 광고를 보여줘 자연스럽게 고객의 관심을 유도할 수 있다는 장점이 있다. 최근에는 유튜브가 디지털 광고의 대세로 부상하면서 동영상 광고가 디지털 광고의 대세가 되었으며, 네이버, 다음 등 포털뿐 아니라 페이스북, 인스타그램 같은 소셜 미디어에서도 동영상 광고 비중이 증가하는 추세다.

동영상 광고가 좋은 반응을 얻는 가장 중요한 이유는 광고 효과가 검증되었기 때문이다. 동영상 광고는 디스플레이 광고에 비해 스토리를 구성하기 쉽고 TV 광고에 비해 시간 제약을 덜 받기 때문에 광고 주목도와 몰입도가 높다. 또한 영상 프로그램과 동영상 광고의 맥락을 일치시키면 높은 광고 효과를 거둘 수 있다. 따라서 동영상 광고는 기존 방송 광고를 넘어 가장 강력한 광고 매체로 부상하고 있다. 특히 세계 최대의 동영상 사이트인 유튜브는 광고시장의 절대강자로 부상했다. 그러나 원하지 않는 광고 시청에 대한 거부감은 여전히 문제점으로 남아있다. 따라서 개인 맞춤형 광고나 크리에이터와의 협업을 통한 브랜디드 콘텐츠를 통해서 극복하고자 하는 시도가 이루어지고 있다.

〈그림 3-8〉 유튜브, 페이스북 동영상 광고

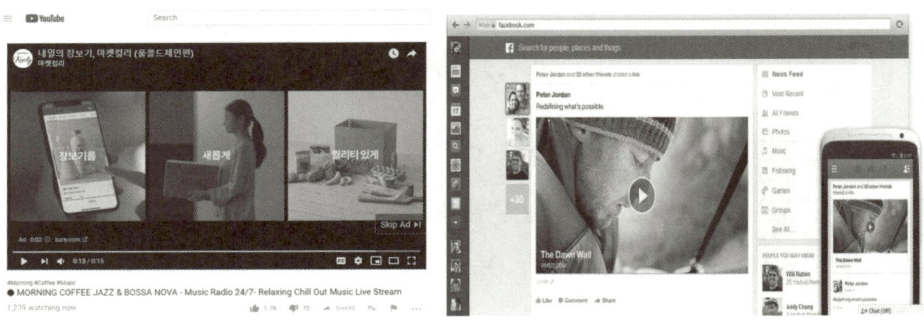

출처: 페이스북 동영상 광고 시대의 도래, VISUAL SOCIETY

4절 신유형 광고: 가상현실, 증강현실, 복합현실 광고

디지털 기술의 발전에 따라 새로운 유형의 디지털 광고가 계속적으로 등장하고 있다. 대표적인 유형으로 가상현실, 증강현실, 혼합현실 광고가 있다. 이러한 새로운 유형의 광고는 소비자가 직접 느끼고 체험할 수 있는 경험 마케팅에 폭넓게 활용되고 있다.

가상현실(Virtual Reality)은 현실이 아닌 100% 가상공간에서 콘텐츠를 소비하는 것으로 현실 세계와 차단되어 디지털 세계에서의 경험을 극대화한다. 가상현실은 오감을 자극하는 기술을 적용해 현실에 실재하지 않는 환경을 제공하거나 실제로 경험하기 어려운 상황을 체험하게 하는 기술이다. 가상현실은 물리적 시공간을 극복하는 강력한 실재감(presence)을 제공하여 소비자에게 브랜드에 대한 긍정적 경험을 하도록 한다.

소비자는 머리에 쓰고 영상을 체험하는 장치(Head Mounted Display: HMD)를 통해 가상환경을 체험하며 현실 세계에서 느낄 수 없는 새로운 경험을 할 수 있어 몰입도가 매우 높다는 장점이 있다. 페이스북의 자회사 오큘러스(Oculus)가 2020년 발매한 '퀘스트2'는 2021년 판매량 천만 대를 돌파하며 본격적인 VR 대중화를 이끌고 있다.

가상현실 광고는 컴퓨터 그래픽 기술을 통해 소비자가 실제 가상의 환경에 처한 것 같은 인공적인 환경을 만들어서 제품과 서비스를 체험할 수 있게 한다. 가상현실 광고에서는 가상현실의 특성인 몰입감과 실재감을 소비자에게 제공할 수 있다. 이를 통해 소비자들은 현실적인 생생함을 느끼고 제품과 서비스에 대한 경험에 몰입하게 된다. 이를 통해 광고 효과를 극대화하고 브랜드 경험을 높일 수 있다.

가상현실에 비해 증강현실(Augmented Reality)은 현실 세계에 가상의 콘텐츠를 겹쳐서 새로운 경험을 하게 하는 것이다. 실제 환경과 완전히 분리된 가상현실과 달리, 증강현실은 현실에 존재하는 실제를 기반으로 전달하고자 하는 정보와 형상을 추가해서 제공할 수 있다. 증강현실 광고는 가상현실에 비해 몰입감은 낮지만 HMD와 같은 별도의 장비가 필요하지 않고 매체에 삽입된 기술을 통해 영상, 사진, 메시지가 나타나게 할 수 있다. 특히 모바일 광고에 많이 활용되고 있다. 증강현실 기술을 활용해 모바일 광고를 구현하면 소비자와 활발한 상호작용을 할 수 있다. 또한 해외에서는 옥외광고에 증강현실 기술을 도입해서 즐거움과 놀라움을 주는 광고 캠페인을 전개하고 있다.

혼합현실(Mixed Reality)은 가상현실의 몰입감과 증강현실의 현실감을 동시에 구현할 수 있는 기술이다. 현실과 가상이 자연스럽게 혼합된 환경을 제공하여 사용자가 현실과 가상세계를 번갈아 체험할 수 있다. 혼합현실은 가상현실의 이질감과 증강현실의 낮은 몰입도를 개선할 수 있어서 소비자가 가상의 이미지를 실제 환경으로 느끼게 하여 활발한 상호작용을 이룰 수 있는 기술이다. 5G 통신 네트워크가 상용화되면서 소비자가 몰입 경험을 할 수 있는 혼합현실 콘텐츠와 광고가 확대되고 있다. 이케아(IKEA)는 혼합현실 기술을 활용한 모바일 앱을 통해 가구의 느낌을 미리 체험해보고 쇼핑할 수 있게 하였다. 이케아 매장에 가지 않더라도 혼합현실 기술이 구현된 앱을 통해 이케아의 제품을 자기 집 분위기에 맞게 미리 배치해 볼 수 있다.

〈그림 3-9〉 오큘러스 퀘스트 2

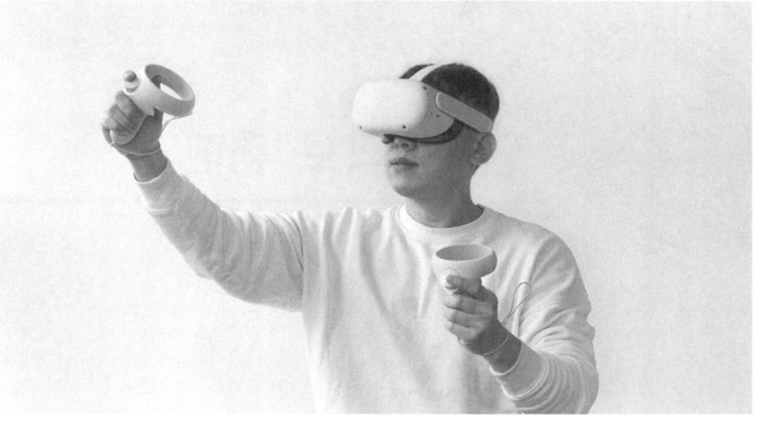

출처: VR 할 맛나네- 오큘러스 2 제품 리뷰, SK텔레콤 뉴스룸

〈그림 3-10〉 이케아 혼합현실 앱

출처: 이케아 혼합현실 앱 출시, 테크니들

3장 인터랙티브 캠페인

1절 상호작용성의 이해

상호작용성은 전통적 마케팅과 디지털 마케팅을 구별하는 핵심적 키워드로, 메시지 송신자와 수신자가 교환하고자 하는 메시지의 형태와 내용을 결정하는 것을 말한다. 또한 소통 과정에서 통제력을 가지며, 송신자와 수신자가 실시간으로 서로 역할을 교환할 수 있게 한다. 결과적으로 양방향으로 대화하는 일련의 커뮤니케이션 과정이다.

상호작용성은 보는 관점에 따라서 다르게 정의될 수 있다. 첫째, 커뮤니케이션 프로세스적 관점에서는 상호작용성을 커뮤니케이션 프로세스상 교환과 그에 대한 응답의 과정으로 본다. 둘째, 기능적 관점에서는 상호작용성의 사용자 통제와 양방향 커뮤니케이션이라는 매체 특성에 주목한다. 셋째, 인지적 관점에서는 수용자가 실제로 상호작용성을 얼마나 느꼈는가를 기준으로 수용자의 주관적 판단에 초점을 맞춘다.

상호작용성의 차원에서 보면 먼저 사용자와 메시지 간의 상호작용성이 있다. 여기서 사용자는 자신의 선호에 따라 메시지를 변형할 수 있다. 웹사이트 방문

시 사용자가 특정 정보만 탐색하고, 획득한 정보에 대해서만 편집하여 메시지를 변형하는 것을 예로 들 수 있다. 다음으로 사용자와 사용자 간의 상호작용성이 있다. 웹사이트에 회원 가입을 하고, 쿠폰을 다운받고, 후기를 작성하고, Q&A를 통해 정보를 요구하고, 기업의 즉각적 피드백을 요구하기도 한다. 이에 따라 브랜드와 관련된 온라인 커뮤니티의 중요성이 커지고 있다.

상호작용성에 영향을 미치는 요인을 함수로 설명한 이론도 있다. 이를 '상호작용성 함수'라고 한다. 이를 공식으로 나타내면 'I = f(N, C, F, SI, CI, T, CT, SY, M)'이 된다. 여기서 N은 관여된 개체의 수, C는 연관성, F는 교환의 빈도, SI는 감각의 관여 정도, CI는 인지적 관여 정도, T는 관여된 그룹의 유형, CT는 교환된 콘텐츠, SY는 동시성의 정도, M은 관여된 매체의 유형을 나타낸다. 요약하자면 많은 개체가 참여하고, 연관성이 높으며, 교환이 빈번하고, 감각 관여가 높고, 인지 관여가 높으며, 다양한 그룹이 상호작용하고, 다양한 콘텐츠가 교환되고, 동시성이 높으며, 여러 매체가 관여되어 있을 때 상호작용성의 효과가 더 높게 나타난다.

상호작용성은 다양한 효과를 나타낸다. 첫째, 소비자와 제품 간 상호작용성이 높아지면 제품에 대한 호의적 태도가 생기고 구매 의도가 높아진다. 둘째, 상호작용성은 소비자의 광고 태도와 구전 의도, 광고 참여 의도에 긍정적 영향을 미친다. 셋째, 상호작용성은 '텔레프레즌스(telepresence)'의 선행 요인으로 작용한다. 텔레프레즌스란 가상의 상황이나 사물을 존재하는 현실로 실제로 느끼게 하는 것을 말한다. 예를 들어 전자 도서관에서 실제 도서관과 같은 독서 경험을 하고, 온라인 쇼핑몰에서 실제 매장에서 옷을 구매한 것과 동일한 경험을 하게 하는 것이다. 과거에는 옷을 구매하기 위해서는 옷가게가 있는 곳까지

가야 했다. 그러나 텔레프레즌스 시대에는 자신이 원할 때 가상의 온라인 옷가게에 들어가 구매하면 된다. 이런 텔레프레즌스는 '플로(flow, 몰입 상태)'에 긍정적 영향을 미쳐서 높은 구매 의도로 연결된다. 넷째, 상호작용성은 소비자가 더 많은 브랜드 지식을 획득하게 하고, 긍정적 브랜드 태도를 형성하고, 높은 구매 의도를 갖게 하는 긍정적 마케팅 효과를 유발한다.

2절 인터랙티브 미디어의 이해

인터랙티브 미디어(interactive media)란 인터넷 네트워크 기반의 미디어로 텍스트, 이미지, 동영상 등이 통합되어 있는 멀티미디어를 말한다. 따라서 사용자와 미디어 간에 다양한 상호작용이 가능하다. 인터랙티브 미디어의 특징으로는 통합성, 탈중심성, 네트워크성, 상호작용성을 꼽을 수 있다. 여기서 통합성은 텍스트, 이미지, 동영상이 통합된 콘텐츠 형식을 의미한다. 탈중심성은 미디어와 사용자 간에 일방적 커뮤니케이션이 아닌 양방향적 커뮤니케이션이 이뤄짐을 의미한다. 네트워크성은 인터넷 네트워크를 통해 커뮤니케이션 활동이 이루어지는 것이며, 이는 미디어와 사용자가 상호작용하는 미디어 특성을 갖는다.

이런 특성을 갖는 전형적인 인터랙티브 미디어의 유형에는 네트워크를 통해 즉각적 상호작용이 일어나는 인터넷, 사용자 간 인터랙티브 소통이 일어나는 소셜 미디어, 전통적 옥외광고 매체에 디지털 기술을 접목해서 상호작용성을 높인 디지털 사이니지(digital signage)가 있다.

3절 인터랙티브 캠페인의 특성

인터랙티브 광고는 소비자와 기업 간 상호작용을 통해서 제품이나 서비스에 대해 커뮤니케이션하고 프로모션하는 것이다. 초기의 인터랙티브 광고는 TV, 신문과 같은 전통적 매체와 연동해서 상호작용적 커뮤니케이션을 했다. 예를 들면 신문광고에 홈페이지 주소를 노출해서 제품 정보를 더 알고자 하는 소비자들이 홈페이지를 방문하게 하거나, TV 광고에 검색창 자막을 삽입해서 포털 검색을 유도하는 크로스 미디어(cross media) 광고가 유행했다. 최근에는 인터랙티브 미디어인 IP-TV와 스마트폰을 결합한 크로스 미디어 광고가 등장했다. TV 광고를 시청 중인 소비자의 스마트폰에 고주파를 송출해서 광고 제품의 할인 쿠폰을 다운받거나 다양한 이벤트에 참여할 수 있게 하는 방식이다.

〈그림 3-11〉 크로스 미디어 광고

출처: 크로스 미디어를 통한 미디어 마케팅의 확장, 한국콘텐츠진흥원

인터랙티브 캠페인은 인터랙티브 광고를 포함한 통합적 디지털 마케팅 캠페인을 의미하며, 소비자와 기업 간 상호작용을 통해 기업의 메시지를 효과적으로 전달하기 위한 다양한 형태의 마케팅 캠페인이다. 인터랙티브 캠페인의 주요 요소에는 소비자와의 양방향 커뮤니케이션, 실시간 반응성, 사용자의 커뮤니케이션 통제를 통한 상호작용성 강화가 있다.

성공 사례를 통해 인터랙티브 캠페인을 이해해보자.

첫 번째 사례는 맥도날드의 'Our Food, Your Question' 캠페인이다. 맥도날드는 건강에 좋지 않은 인스턴트 음식이라는 부정적 이미지를 개선하려는 목적으로 캠페인을 기획했다. 먼저 캠페인 웹사이트에 소비자가 질문을 올리면 전문 상담사가 동영상 등 다양한 멀티미디어를 활용해서 즉각 답변을 올렸다. 이 캠페인을 통해 1년간 200만 명이 웹사이트를 방문했고, 2만 개가 넘는 Q&A가 생성됐으며, 기업 신뢰도가 46% 높아지는 성과를 거뒀다. 소비자와 브랜드 간 양방향 커뮤니케이션을 통해 질문에 실시간으로 답변하고, 소비자가 통제할 수 있는 내비게이션 도구와 링크 등을 제공해서 자신에게 적합한 방식으로 정보를 이용하게 한 결과다. 결론적으로 인터랙티브 캠페인의 주요 요소인 양방향 커뮤니케이션, 실시간 반응성, 사용자의 커뮤니케이션 통제를 잘 활용하여 높은 캠페인 성과를 거둔 사례다.

〈그림 3-12〉 맥도날드의 인터랙티브 캠페인

출처: https://www.youtube.com/watch?v=vRcCG9tczNA

두 번째 성공 사례는 문구회사 빅(Bic)의 수정테이프 '티펙스(Tipp-Ex)' 인터랙티브 캠페인이다. 수정테이프로 지운 빈칸에 소비자가 채워 넣는 말에 따라 50가지의 다른 결말을 보여주어 소비자의 호기심을 자극하고 브랜드와 독특한 소통을 하는 경험을 제공했다. 또한 유튜브 광고 하단에 페이스북, 트위터 링크를 달아서 지인과 광고를 공유하는 바이럴 효과도 거뒀다. 캠페인 결과 유튜브 조회 수 2,000만 건, 실시간 댓글 1,200개의 성과를 거뒀다. 소비자 참여와 재미있는 콘텐츠 공유의 특성을 잘 활용한 성공적 인터랙티브 캠페인 사례다.

〈그림 3-13〉 빅의 인터랙티브 캠페인

출처: https://www.bicworld.com

세 번째 성공 사례는 하기스 유아 기저귀 제품의 '옹알이 통역기' 캠페인이다. 아기들의 옹알이 장면을 촬영해서 보내주면, 하기스 웹사이트에서 통역해서 내용을 알려주는 캠페인이었다. 이 캠페인을 통해 브랜드 호감도가 향상됐고, 평균 21회 이상 동영상을 공유하여 브랜드 인지도를 높이는 효과를 거뒀다. 소비자들이 자발적으로 동영상을 촬영하고, 자발적으로 웹사이트를 방문하도록 유도하여 소비자 참여성을 높인 사례다.

〈그림 3-14〉 하기스 인터랙티브 캠페인

출처: 하기스 옹알이 통역기, POSTVISUAL

이런 성공 사례에서 볼 수 있듯이 인터랙티브 캠페인은 기존 캠페인 대비 높은 투자 효용성을 보이며, 온라인 구전을 통해 소비자를 상품 판매자(salesumer)로 변화시킬 수 있고, 소비자 구매 행동을 추적해서 캠페인 효과를 과학적으로 측정할 수 있다는 장점이 있다.

4절 인터랙티브 캠페인의 유형

1. 소비자 주목형 인터랙티브 캠페인

소비자 주목형 인터랙티브 캠페인은 지나가는 사람들의 관심을 끌어 콘텐츠에 주목하게 하는 것이다.

첫 번째 사례는 스웨덴의 뷰티 제품 회사 아포텍(Apotek)의 디지털 사이니지를 활용한 인터랙티브 캠페인이다. 지하철 역사 내에 센서를 부착한 디지털 사이니지를 설치하고 지하철이 도착하면 센서가 감지해서 광고 영상이 작동한다. 새로운 헤어 제품의 부드러운 모발 케어 기능을 광고 메시지로 표현한 것으로, 공간과 표현 방식에 의외성을 주어서 사람들의 이목을 끈 성공적 캠페인 사례다.

〈그림 3-15〉 아포텍의 인터랙티브 캠페인

출처: https://www.youtube.com/watch?v=gt_BeYyioKQ

두 번째 사례는 영국의 과자 브랜드 워커스(Walkers)의 옥외광고를 활용한 인터랙티브 캠페인이다. 버스 정류장에 트위터 계정과 연동한 워커스의 자판기 형태 옥외광고를 설치하고, 실제 사람이 자판기 안에 들어가 있는 듯한 착각을 일으키는 영상을 노출해서 소비자와 소통을 시도하고, 소비자가 트위터를 통해 트윗하도록 유도했다. 기발한 크리에이티브 아이디어로 소비자의 주목을 끌고, 트위터(현재 X로 변경)라는 디지털 미디어를 활용해서 전파하고 공유하게 한 소비자 주목형 인터랙티브 캠페인의 성공 사례다.

〈그림 3-16〉 워커스의 인터랙티브 캠페인

출처: http://www.feeldesain.com/walkers-crisps-tweet-to-eat-vending-machine.html

세 번째 사례는 프랑스의 란제리 브랜드 앙프렝뜨(Empreinte)의 3D 홀로그램을 활용한 옥외광고 캠페인이다. 란제리 매장이 문을 닫는 심야 시간, 쇼윈도에 홀로그램 쇼룸을 설치하여 3D 홀로그램을 통해 마치 실제 란제리 모델이 움직이는 듯한 영상을 노출했다. 지나가는 사람들에게 놀라운 볼거리를 제공해서 사람들이 촬영하고 SNS를 통해 지인과 공유하는 바이럴 효과를 유도했다. 3D 홀로그램이라는 첨단 디지털 기술을 통해 놀라움을 선사하고, 자연스럽게 주목을 끌어 SNS를 통해 확산시키게 한 성공적 인터랙티브 사례다.

〈그림 3-17〉 앙프렝뜨 인터랙티브 캠페인

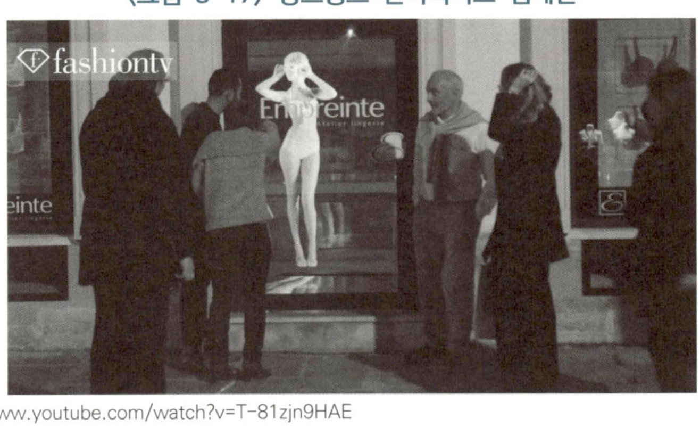

출처: https://www.youtube.com/watch?v=T-81zjn9HAE

2. 소비자 참여형 인터랙티브 캠페인

소비자 참여형 인터랙티브 캠페인은 소비자의 참여를 유도하고 콘텐츠 소비를 높이는 것을 목적으로 한다.

첫 번째 사례는 버거킹의 '복종하는 닭(Subservient Chicken)' 캠페인이다. 미국적 B급 코미디 코드를 담은 캠페인으로 우리 정서에서 보면 다소 유치하고 단순해 보인다. 그러나 미국에서는 선풍적인 인기를 끌어 개설 3주 만에 캠페인 사이트 방문자 1억 5,000만 명이라는 놀라운 성과를 거뒀다. 먼저 캠페인 사이트를 개설한 후 캠페인 메시지인 '당신이 원하는 대로 드세요'를 기발한 방식으로 소비자에게 전달했다. 소비자가 입력한 임의의 단어에 따라 복종하는 닭의 다양한 행동을 동영상 광고로 제작했다. 단순한 소비자 참여 콘텐츠를 통해 화제성과 캠페인 성과라는 두 마리 토끼를 모두 잡은 대표적 성공 사례다.

〈그림 3-18〉 버거킹의 인터랙티브 캠페인

출처: 광고계에 센세이션을 불러왔던 버거킹의 복종하는 닭이 다시 돌아왔다. 네이버 블로그-스투시의 Marketing & Ad Factory

두 번째 사례는 맥도날드의 퍼즐 옥외광고 캠페인이다. 맥도날드는 디지털 옥외광고를 활용해서 소비자가 광고 콘텐츠 제작에 적극적으로 참여하게 하여 브랜드를 친숙하게 만드는 캠페인을 진행했다. 이 캠페인은 모델의 사진을 24개의 조각 퍼즐로 만들어서 사람들이 직접 퍼즐을 맞추어 옥외광고를 완성하게 하는 방식으로 소비자 참여를 유도했다.

〈그림 3-19〉 맥도날드의 퍼즐 옥외광고

출처: http://www.sptoday.com/bbs/print_view.php?wr_id=53794&p=1&bo_table=articl

세 번째 사례는 노키아(Nokia)의 인터랙티브 옥외광고 캠페인이다. 이 캠페인은 소비자가 옥외광고 광고판에서 직접 즉석 사진을 찍을 수 있게 한다는 단순한 아이디어를 구현한 것이다. 옥외광고 특성상 단순한 형태의 소비자 참여를 유도하는 것이 더 좋은 성과를 거둔다. 따라서 소비자가 광고를 만드는 과정에 참여하면서 브랜드와 자연스러운 교감을 하도록 유도하는 것이 소비자 참여형 인터랙티브 캠페인의 핵심이다.

<그림 3-20> 노키아의 인터랙티브 옥외광고

출처: http://www.wp7connect.com/2012/03/13/giant-interactive-nokia-lumia-800%E2%80%99s-planted-all-over-sydney-australia/

다음으로는 고객 맞춤형 인터랙티브 캠페인인 '미니쿠퍼의 말하는 옥외광고'다. 옥외광고에 센서를 부착해서 미니쿠퍼가 옥외광고 앞을 지나가면 운전자를 인식해서 운전자 개인과 관련된 구체적 정보를 바탕으로 한 광고 문구를 노출한다. 예를 들어 '케이트'라는 미니쿠퍼 운전자가 옥외광고 앞을 지나가면 '안녕 케이트, 즐거운 하루 보내요'라는 광고 문구가 노출된다. 디지털 기술을 활용해서 개인 맞춤형 광고를 만들었으며, 고객에게 놀라움을 선사하여 브랜드에 대한 충성도를 높인 성공 사례다.

〈그림 3-21〉 미니쿠퍼의 인터랙티브 옥외광고

출처: https://www.infowars.com/minority-report-ad-billboards-to-address-consumers-by-name/

3. 인터랙티브 콘텐츠

인터랙티브 콘텐츠는 재미와 오락성이 성공의 핵심이다. 재미는 소비자의 특정 콘텐츠에 대한 긍정적 경험을 유도하고, 상호작용을 높이는 강력한 요인이 된다. 따라서 소비자가 자발적으로 콘텐츠에 참여하고 그에 따라 재미를 보상으로 주는 캠페인을 만드는 것이 중요하다. 또한 콘텐츠의 오락성은 사용자와 브랜드 간 긍정적 상호작용에 영향을 미친다.

재미와 오락성을 활용한 인터랙티브 콘텐츠의 대표적 사례로 폭스바겐(Volkswagen)의 '재미 이론' 캠페인이 있다. 폭스바겐의 친환경 차량 블루모션의 프로모션을 위한 캠페인으로, 재미 요소를 활용해서 사람들의 행동을 변화시킬 수 있는 아이디어를 공모해 실제로 시행한 것이다. 예를 들어, 지하철역 계단을 피아노 건반 형태로 만들어서 사람들에게 재미있는 연주 경험을 하게 하면 사람들이 에스컬레이터 대신 계단을 이용한다는 것이다. 재미를 통해 사람들의 일상적 행동도 변화시킬 수 있다는 아이디어다.

〈그림 3-22〉 폭스바겐의 재미 이론 캠페인

출처: https://mindeulre25.tistory.com/373

5절 인터랙티브 캠페인 성공 사례: 지멘스, 펩시, 칼스버그, 코카콜라

1. 인터랙티브 인쇄 광고

독일의 글로벌 기업 지멘스(Siemens)는 증강현실(AR)을 활용한 제품 카탈로그를 제작했다. 지멘스의 모바일 앱을 구동한 후 제품 카탈로그에 대면, 제품의 증강된 이미지가 3차원 입체 영상으로 나타난다. 이를 통해 고객들은 제품의 기능과 특성을 쉽게 이해할 수 있으며, 더욱 풍부한 제품 정보도 얻을 수 있다. 이런 방식은 신문이나 잡지 광고에도 적용할 수 있다. 이를 통해 상세한 제품 정보를 제공하며, 고객과의 상호작용을 통해 제품 관여도를 높일 수 있다.

〈그림 3-23〉 지멘스의 AR 카탈로그

출처: https://www.augment.com/blog/5-companies-using-augmented-reality-print-campaigns-brochures/

2. 인터랙티브 옥외광고

옥외광고에 디지털 기술을 접목하면 놀라운 소비자 경험을 제공할 수 있다. 성공적인 인터랙티브 옥외광고가 되기 위해서는 먼저 소비자 감성을 자극하는 아이디어가 있어야 하며, 소비자의 흥미와 관심을 끌 수 있는 콘텐츠를 제공해야 한다. 또한 소비자 참여를 유도하는 아이디어를 활용해야 한다.

대표적 성공 사례로 펩시의 '언빌리버블(Unbelievable)' 캠페인이 있다. 이 캠페인은 증강현실(AR) 기술을 옥외광고에 접목하여 놀라운 소비자 경험을 제공했다. 버스 정류장 옥외광고 광고판에 AR 시스템을 설치해서 괴물, 외계인 등 깜짝 놀랄 만한 콘텐츠가 노출되게 했다. 사람들은 예상하지 못한 놀라움을 경험했고, 이를 촬영해서 SNS를 통해 공유하는 자발적 구전이 일어났다.

〈그림 3-24〉 펩시의 AR 옥외광고

출처: http://www.pentabreed.com/sub/view/?idx=347

디지털 기술이 아니라 지극히 아날로그적 접근으로 소비자의 참여를 이루어 낸 칼스버그(Carlsberg)의 인터랙티브 옥외광고 사례도 있다. 이 캠페인은 옥외광고 광고판 아래 맥주 서버를 설치해서 거리를 지나는 소비자들이 칼스버그 맥주를 마음껏 마시고 즐길 수 있도록 했다. 칼스버그는 이 캠페인을 통해 소비자의 호기심을 자극하고, 아날로그적 감성에 소구하여 브랜드 친밀도를 높이는 성과를 거뒀다.

〈그림 3-25〉 칼스버그의 인터랙티브 옥외광고

출처: 옥외광고에 인터랙션을 더해라, 월간 아이엠

3. 인터랙티브 프로모션

소비자 참여와 화제성을 통한 바이럴을 목적으로 하는 인터랙티브 프로모션의 대표적 성공 사례로 코카콜라 홍콩의 '촉(CHOK)' 프로모션이 있다. 재미있는 의성어인 '촉'을 활용한 모바일 앱을 제작하여, 코카콜라 TV 광고를 내보낼 때 소비자들이 모바일 앱을 작동해서 게임에 참여하도록 유도했다. 참여한 소비자들을 대상으로 추첨을 통해 선물을 줌으로써 화제성을 유발했으며, '촉'이라는 소리를 내며 스마트폰을 흔드는 행동이 사회적으로 유행이 됐다. 언론에서도 이슈화되어 호의적 구전 효과를 거뒀다.

〈그림 3-26〉 코카콜라 인터랙티브 프로모션

출처: http://www.kitchen-digital.com/?tag=cocacola

Part 04

소셜 미디어 마케팅

1장 소셜 미디어의 이해

2장 소셜 미디어 마케팅의 이해

1장 소셜 미디어의 이해

1절 소셜 미디어 개요

소셜 미디어란 사회적 교류에 이용될 수 있는 매체라고 할 수 있다. 즉 '사람들이 의견, 생각, 경험, 관점들을 공유하기 위해 사용하는 온라인 매체'라고 정의할 수 있다. 소셜 미디어는 사회적 관계 개념을 인터넷 공간으로 가져온 것으로 사람과 사람 간의 관계 맺기를 통해 네트워크 형성을 지원한다. 개인을 중심으로 형성된 다양한 사회적 네트워킹을 통해 서로의 관심사, 의견, 경험 등을 공유하는 쌍방향 커뮤니케이션이 가능하다. 블로그, 페이스북, 인스타그램, 엑스, 유튜브, 틱톡 등 개인화된 플랫폼을 기반으로 친구를 맺고 정보를 공유하며 항시 연결된 상태에서 지속적인 커뮤니케이션이 가능해진다. 소셜 미디어의 유형에는 웹에 기록한 일지를 의미하는 블로그, 개인이 웹 페이지를 구축하고 사람들과 연결하여 콘텐츠를 공유하고 상호작용하는 소셜 네트워크 서비스, 콘텐츠를 공유하고 특정 주제나 관심사를 토론하는 커뮤니티, 인터넷 라디오라고 할 수 있는 팟캐스트 등이 있다.

소셜 미디어의 주요 기능에는 콘텐츠를 획득·교환·분배하는 '공유', 타인과 의사소통하는 '대화', 상황의 현실감을 확보하고 시각적 단서를 제공하는 '현존감', 자아표현과 프라이버시를 보여주는 '정체성', 공동체를 형성하는 '집단', 사용자들의 관계 구조를 관리하는 '관계', 타인의 사회적 위치를 인지하는 '평판'이 있다.

따라서 소셜 미디어 마케팅은 개방화되고 서로 연결되어 있는 다양한 소셜 미디어의 고객접점을 기반으로 관심사 및 정보의 공유를 통해 고객의 니즈를 파악하는 한편 고객과 열린 대화로 지속적인 관계를 형성하는 마케팅 커뮤니케이션 활동이다. 소셜 미디어 마케팅의 특징은 '자발성', '실시간성', '연결성'을 들 수 있으며, 일반적 마케팅과 달리 기업이 아닌 고객이 주체가 된다. 이들은 자발적으로 소셜 미디어를 활용해 기업의 제품이나 서비스에 대한 아이디어를 활용해 상품의 개선에 적극 관여한다. 또한 다양한 링크를 통해 연결된 고객과 지속적으로 관계를 유지하는 것이 중요하다. 기업의 입장에서는 신뢰할 수 있는 정보를 제공하는 '인플루언서' 그룹을 기업의 바이럴 채널로 활용해 마케팅 커뮤니케이션을 강화할 수 있다.

성공적인 소셜 미디어 마케팅을 위해서는 주요 소셜 미디어에 대한 분석이 필요하다. 특정 소셜 미디어의 사용자, 사용 의도, 사용 이유, 사용 방법에 대한 분석을 통해 소셜 미디어를 이해해야 한다. 이를 기반으로 타깃 소비자, 매체, 활용 방안, 목표를 결정해야 한다.

2절 소셜 미디어 현황

소셜 미디어는 전통적 마케팅에서 볼 수 없는 디지털 마케팅의 메시지 공유 채널이다. 또한 소셜 미디어는 메시지가 개인의 네트워크를 타고 다른 사람에게 퍼져나가게 하는 것이다. 따라서 메시지 배포의 주체가 기업이 아닌 개인이 된다. 기업에서 정보를 제공하면, 그것이 아무리 가치 있는 것이라 해도 소비자는 광고로 인식하게 된다. 그런데 사람들은 동질감을 느낄 수 있는 다른 사용자가 전달하는 정보에 대해서는 기업의 정보보다 더 신뢰하는 경향이 있다. 사람들은 온라인 리뷰를 보고, 제품을 구매하거나 식당을 방문한다. 더욱이 이것을 유용한 정보라고 생각하면 주저하지 않고 다른 사람에게 퍼트리고, 이 과정이 반복되면서 메시지는 기하급수적으로 퍼져나가게 된다.

기업들이 디지털 마케팅에서 소셜 미디어를 가장 중요한 채널로 여기는 이유는 바로 사람들의 신뢰를 얻고 자발적으로 콘텐츠를 생산하고 공유하는 최적의 공유 채널이기 때문이다. 현재 마케팅적으로 가장 영향력이 큰 소셜 미디어는 유튜브, 페이스북, 인스타그램, 블로그다. 그래서 기업들은 이들을 디지털 마케팅의 중심 채널로 활용하고 있다.

소셜 미디어의 이용 현황을 살펴보자. 2024년 기준 전 세계 소셜 미디어 사용자는 52억 명이며, 이는 전 세계 인구의 64%에 해당된다. 국내 소셜 미디어 이용자는 3,500만 명이며, 전체 68%를 넘는 이용률을 보인다. 주로 사용하는 소셜 미디어는 인스타그램(48%), 페이스북(17%), 카카오스토리(13%), 밴드(10%)의 순이다.

연령별로는 60대를 제외한 전 연령에서 인스타그램이 가장 높게 나타나며, 10대에서는 틱톡의 이용이 활발하다. 또한 콘텐츠 유형은 유튜브와 인스타그램의 인기로 사진이나 짧은 영상처럼 가볍고 빠르게 소비할 수 있는 스낵 컬처(snack culture) 콘텐츠를 선호하는 추세다.

소셜 미디어도 다양한 방향으로 진화하고 있다. 첫째, 커머스 기능이 결합한 소셜 미디어가 등장하고 있다. 인스타그램이 '인앱 결제(In-App Purchases) 기능'을 추가하면서 소셜 미디어 플랫폼 내 커머스 기능이 강화되는 추세다. 최근에는 커머스와 소셜 미디어를 결합하여 콘텐츠를 생산하고, 이용자들의 소통 기능을 추가한 소셜 미디어형 커머스 서비스도 인기를 끌고 있다. 대표적인 예로 네이버 '셀렉티브(Selective)'가 있다. 인플루언서의 스타일 정보를 상품 태그와 함께 소셜 미디어 형태로 게시하고, 계정 구독과 상품 정보 확인, 구매까지 가능하도록 했다.

〈그림 4-1〉 네이버 셀렉티브

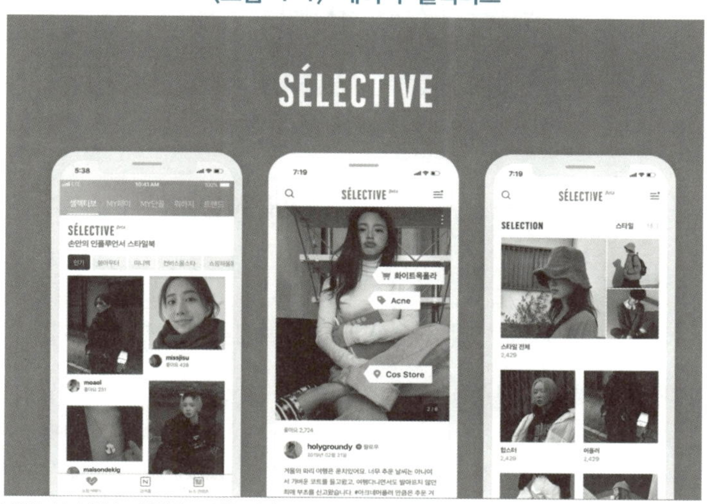

출처: 네이버 스타일 북 서비스, 셀렉티브 3월 시작. Bloter.net

둘째, 틱톡·콰이·스냅챗 등 쇼트 비디오 기반의 새로운 소셜 미디어가 세계적으로 인기를 얻고 있다. 이들은 다양한 이모지, 음악, 영상 편집 기능을 통해 간편한 이용을 돕고 재미를 더하여 스낵 컬처의 중심 플랫폼으로 급부상하고 있다. 대표적인 예가 세계적으로 10대들에게 선풍적 인기를 끌고 있는 '틱톡'이다. 15초짜리 짧은 동영상 중심으로 음악, 필터, 립싱크 등 다양한 특수효과를 제공하여 중독성 높은 스낵 콘텐츠를 생산한다. 최근에는 다수의 크리에이터가 틱톡에서 활동하면서 인스타그램과 유튜브를 위협하고 있다.

〈그림 4-2〉 틱톡

출처: 1020 인싸템 틱톡은 어떻게 인스타그램을 제쳤나, DOOR CREATIVE

셋째, 새로운 관계를 형성하기 위한 네트워킹 활동에 대한 니즈가 다양해지면서, 취미 모임이나 데이팅 앱 같은 모바일 앱 기반의 네트워킹 소셜 미디어가 관계 형성 채널로 부상하고 있다. 대표적인 예로 국내에서 인기를 끈 데이팅 앱인 '아만다'는 철저한 인증 절차를 통해 가입을 허가하고 이상형 기준으로 맞춤형 서비스를 운영한다. 또한 글로벌 소셜 디스커버리 앱인 '틴더'는 연애 이외에 친구 찾기 등 관계 형성에 중점을 두고 있다. 틴더는 간편한 매칭과 채팅 기능을 통해 가입자 이용률을 높이고 있다.

〈그림 4-3〉 아만다, 틴더

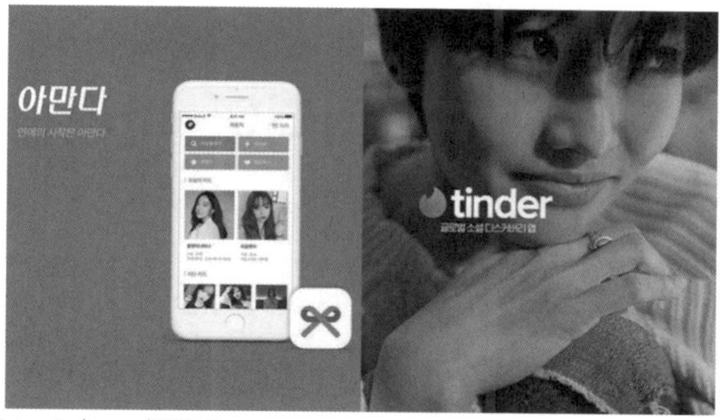

출처: https://m.insight.co.kr/news/209210

2장 소셜 미디어 마케팅의 이해

1절 블로그 마케팅

1990년대에 등장한 블로그는 개인의 일상이나 뉴스 스크랩을 제공하는 것으로 시작됐으며 요리, 애완동물, 육아 등의 콘텐츠가 주를 이뤘다. 이후 전문적 정보를 제공하는 1인 미디어로 발전하여 리뷰, 칼럼, 비평 같은 내용의 비중이 커졌다. 블로그는 일반인이 자신의 관심사에 따라 일기, 칼럼, 기사 등을 자유롭게 올리며 개인출판, 개인방송, 커뮤니티 등 다양한 형태를 가지는 1인 미디어다. 블로그는 댓글이나 의견 교환과 같은 소통 기능이 강화되면서 파워 블로거를 중심으로 한 막강한 콘텐츠 영향력을 갖게 됐다. 최근에는 미디어 환경의 변화로 파워 블로거의 영향력이 감소하고, 대신 인스타그램이나 유튜브 크리에이터의 영향력이 커지는 추세다.

한편 기업 블로그는 기업의 브랜드 스토리 및 검색엔진 최적화 대응을 위한 목적으로 주로 활용된다. 또한 블로그 활성화, 검색 노출 강화를 위해 체험단을 활용한 리뷰 및 포스팅 공유하기 등의 바이럴 마케팅을 주로 활용한다. 성공적인 기업 블로그가 되기 위해서는 먼저 고객과 친근하고 자연스러운 소통을 해야 한다. 소비자에게 친숙한 블로그 네이밍을 만들어야 하고, 전문 용어가 아닌 고객 중심의 용어를 사용해야 하며, 블로그를 제품 홍보의 장이 아닌 고객들의 의견을 수렴하고 소통하는 통로로 활용해야 한다. 또한 기업의 고유한 색깔이 묻어나는 차별화된 스토리를 제공해야 한다. 자사 상품과 서비스의 특징을 반영한 독창적 내용의 콘텐츠와 고객의 성향과 반응을 파악해서 흥미와 관심을 끌 수 있는 콘텐츠로 구성해야 한다. 다음으로 자사와 관련 있는 파워 블로거와 호의적 관계를 구축해서 우호적 소셜 여론을 형성해야 한다. 대표적인 예로 '파워 블로거 초청 신제품 발표회' 같은 폐쇄형 이벤트가 있다. 마지막으로 사내 공모 등을 통해 직원들을 자발적인 블로거로 발탁하여 기업 블로그 활동을 장려할 수 있다.

〈그림 4-4〉 농심의 기업 블로그 '이심전심'

출처: 농심 기업 블로그

2절 페이스북 마케팅

영화 〈소셜 네트워크〉를 보면 페이스북의 창업자 마크 저커버그가 우여곡절을 겪으며 페이스북을 창업하고 세계적 소셜 미디어로 성장시키는 생생한 기업 성공 스토리를 볼 수 있다. 페이스북은 현재 명실상부한 세계 최대의 소셜 미디어다. 여기에 인스타그램과 왓츠앱을 인수하고 메타로 사명을 변경하며 구글과 경쟁할 수 있는 유일한 온라인 기업으로 성장했다.

페이스북은 2023년 기준으로 전 세계에서 매달 30억 명이 이용하는 세계 최대 소셜 미디어다. 국내에서는 월간 이용자 수 991만 명으로 인스타그램에 비해 감소세를 보이지만 여전히 미디어 영향력 측면에서는 중요한 소셜 미디어다. 페이스북은 국내 기업들이 고객관계 강화 및 브랜드 인지도 증대를 목적으로 활용하고 있다. 콘텐츠는 주로 기업홍보성 내용과 고객들에게 유용한 정보, 트렌드에 맞는 공감 콘텐츠 중심으로 구성된다. 또한 인지도 강화와 잠재고객 확보를 목적으로 페이스북 광고를 집행하고 공유 이벤트를 통해 바이럴 유도와 댓글 이벤트를 통한 고객 참여 유도를 주로 진행한다.

페이스북 마케팅이 중요한 이유는 몇 가지로 정리할 수 있다. 첫째, 콘텐츠가 자동으로 무제한 노출되고 확산되는 유일한 채널이다. 따라서 콘텐츠 확산을 중요한 디지털 마케팅 목표로 삼는 기업에는 최적의 마케팅 채널이다. 둘째, 세상에서 하나뿐인 나만의 뉴스피드를 제공하는 개인화 미디어이다. 따라서 기업 입장에서는 개인화 마케팅을 할 수 있는 유일한 마케팅 채널이다. 셋째, 이용자의 성별·나이·지역별 인구통계학적 정보와 소비자 행동을 기반으로 한 정교한 타기팅을 제공한다. 예를 들어 맞춤 타기팅의 경우 제품 상세보기를 한 사람, 회원으로 가입한 사람, 장바구니에 물건을 담은 사람, 결제를 시도한 사람, 구매를 완료한 사람으로 분류하여 각기 다른 맞춤형 타기팅을 할 수 있다. 넷째, 페이스북은 미디어 최적화가 잘되어 있는 매체이다. 페이스북은 목적별로 반응할 만한 사람에게 우선 도달시키고, 지면별로 최적화되어 있고, 콘텐츠 단위별로 전달을 최적화할 수 있다.

페이스북 마케팅을 할 때는 고객 단계와 목적에 따라 각기 다른 캠페인을 진행할 수 있다. 먼저 인지 단계에서는 동영상과 브랜드 메시지 위주로 브랜딩 캠페인을 할 수 있다. 고객 유입 단계에서는 대규모 타기팅을 통해 모바일 앱이나 웹사이트 유입 캠페인을 할 수 있다. 초기 구매 단계에서는 다이내믹 광고와 대규모 타기팅을 통해 제품 상세보기 캠페인을 할 수 있으며, 정기 구매 단계에서는 다이내믹 광고와 일반 타기팅을 통해 구매 유도 캠페인을 할 수 있다. 마지막으로 충성 고객 단계에서는 구매 극대화를 위한 단골 고객 캠페인을 할 수 있다. 여기서 다이내믹 광고란 광고주의 제품이나 서비스에 관심을 보인 사람들에게 자동으로 노출하는 광고를 말한다.

〈그림 4-5〉 페이스북 다이내믹 광고

출처: 페이스북 다이내믹 광고란? 네이버 블로그- 마케팅쟁이

페이스북 마케팅의 주요 평가 방법으로는 'Shares, Comments, Likes, Clicks'가 있다. 즉 게시물이 얻은 반응(공유, 댓글, 좋아요)과 게시물 클릭

수를 확인하여 성과를 측정할 수 있다. 또한 페이지 인사이트의 게시물 섹션에서 게시물 성과에 대한 정보를 확인할 수 있다. 이런 인사이트는 앞으로 올릴 게시물을 결정하는 데 활용할 수 있다. 예를 들어 동영상이 포함된 게시물이 이미지가 포함된 게시물보다 더 많은 참여를 유도한다는 것을 알 수 있다. 그리고 사람 섹션에서는 게시물에 반응을 보인 사람이 누구인지 확인할 수 있다. 페이지에 '좋아요'를 누른 사람들의 인구통계학적 정보(연령, 성별, 위치, 언어)를 볼 수 있는데, 이런 지표를 사용하면 페이지와 게시물이 어떤 유형의 사람들에게 관심을 끄는지 파악할 수 있다.

〈그림 4-6〉 페이스북 인사이트

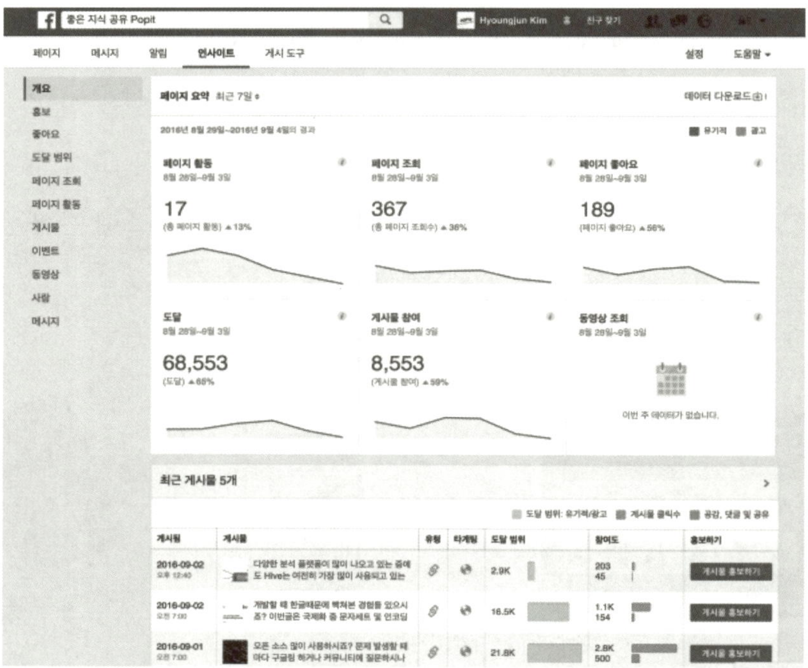

출처: https://www.popit.kr/facebook-page-post-insight/

마지막으로, 페이스북 마케팅의 성공 비결을 정리하면 다음과 같다. 첫째, 고객에게 재미와 즐거움을 주어야 한다. 재미없는 콘텐츠는 '구독'이나 '좋아요' 같은 고객 반응을 유도할 수 없다. 둘째, 고객이 참여할 수 있도록 행동 유발 캠페인을 만들어야 한다. 페이스북에서는 일방적인 메시지 전달보다 고객이 참여하고 공유하는 이벤트 형식이 더 효과적이다. 셋째, 고객과 지속적으로 연결하여 끈끈한 고객관계를 유지해야 한다. 특히 '구독'을 통해 친구 맺기가 되어 있는 고객들을 지속적으로 관리하고, 보상과 혜택을 제공하는 것이 브랜드 옹호자로 육성하는 기반이 된다.

3절 인스타그램 마케팅

2010년 창업한 인스타그램은 '세상의 순간을 포착하고 공유한다'라는 서비스 철학을 가지고 있다. 2012년 페이스북에 인수된 후 개인 사생활을 노출하기 싫어하는 페이스북 사용자들을 유입시키는 효과로 전 세계 20억 명이 이용하는 글로벌 소셜 미디어로 급성장했다. 국내에서는 특히 10대, 20대, 30대 여성층에 인기를 끌면서 이들을 타깃으로 하는 브랜드의 마케팅 채널로 각광받고 있다. 특히 이미지와 동영상 위주의 게시물 특성으로 패션, 화장품, 인테리어 등 시각적 효과가 높은 브랜드에 적합한 매체다. 인스타그램 특성상 고객들의 눈길을 사로잡고 구매 욕구를 자극할 수 있는 화려하고 감각적인 사진과 이미지를 중심으로 콘텐츠를 구성하고 있다. 인스타그램 마케팅은 바이럴 확산을 유도하고 브랜드 및 제품이 쉽게 검색될 수 있도록 해시태그 활용과 공유 이벤트를 주로 진행한다. 더불어 구매후기로 직접 올린 콘텐츠를 활용하여 고객의 참여와 공감을 유도하는 방법을 많이 활용한다.

인스타그램의 장점을 꼽자면, 노출 알고리즘이 해시태그와 인기 게시물, 최신 순 결과이기 때문에 상대적으로 평등한 SNS라는 것이다. 또한 이미지와 동영상 위주의 소통으로 젊은 층의 콘텐츠 선호 트렌드에 적합하며, 쌍방향 소통과 라이브 영상을 통한 실시간 콘텐츠라는 장점이 있다.

인스타그램 마케팅의 운영 방법은 크게 공식계정 운영, 인플루언서 협찬 마케팅, 해시태그를 이용한 마케팅이 있다. 여기서 해시태그는 모두가 사용하는 범용적 키워드인 범용 해시태그, 사업과 관련된 간접적 키워드인 간접 해시태그, 회사명이나 매장 이름 등 직접적 키워드인 직접 해시태그로 나누어진다. 인스타그램을 통해 프로필을 설정한 후에는 해시태그 작성, 팔로워와 팔로잉 지정, 사진과 동영상 설정, 광고와 커머스 설정을 해야 한다.

인스타그램 마케팅에서 가장 중요한 것은 팔로워를 늘리는 것이다. 팔로워를 늘리기 위해서는 먼저 자사의 상품이나 서비스의 고객이 될 수 있는 잠재 타깃을 정하고, 잠재 타깃이 주로 사용하는 해시태그를 찾아서 타깃의 니즈를 파악해야 한다. 또한 해시태그 서핑을 통해 최근 게시물 위주로 괜찮은 계정들을 확인해서 지속적으로 '선팔'과 '좋아요'를 진행한다. 요약하자면 내 사업의 해시태그를 분석하고, 계정을 꾸준히 운영하며, 먼저 팔로우 신청을 하고 '좋아요' 활동을 하는 것이 중요하다.

인스타그램 콘텐츠를 쉽게 제작하기 위해서 다양한 관련 앱을 활용해보는 것이 좋다. 먼저 리포스트(Repost)는 타 계정의 게시물을 공유하는 앱이다. 이를 통해 타 계정의 이미지나 동영상을 손쉽게 재게시하여 게시물을 풍성하게 할 수 있다. 이 외에도 사진 분할 앱인 인스타그리드(InstaGrid), 이미지 여백 효과를 만드는 인스타사이즈(Instasize), PC에서 인스타그램을 사용하게 해주는 그램블러(Gramblr)를 활용할 수 있다.

〈그림 4-7〉 인스타그램 리포스트

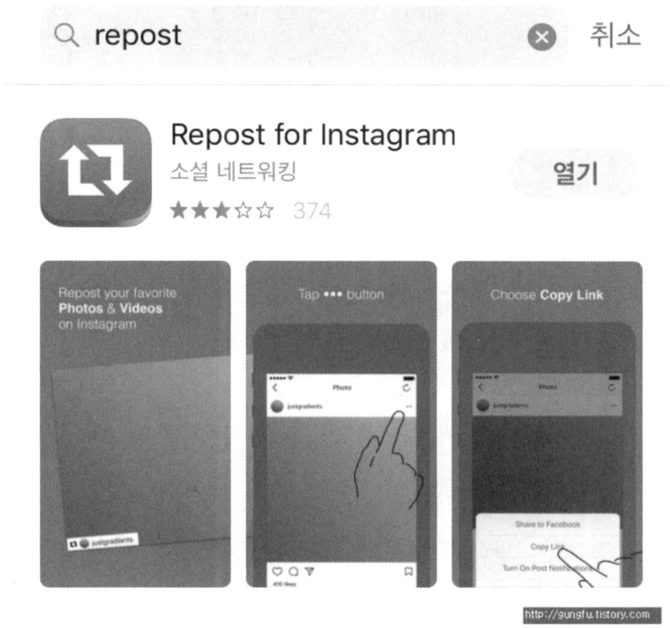

출처: http://gungfu.tistory.com

인스타그램에는 마케팅 효과를 높이기 위한 '광고하기'와 '유료 자동화 툴'이 있다. 먼저 인스타그램 광고는 이미지 광고와 동영상 광고뿐 아니라 스토리 광고, 슬라이드 광고, 탐색 탭 광고 등 다양한 형태가 있다. 이는 브랜드와 캠페인의 목적에 따라 선택할 수 있다. 예를 들어 가구 온라인 쇼핑몰이라면 시각적 영감을 주고 타깃이 제품을 둘러볼 수 있는 컬렉션 광고가 적합하다.

〈그림 4-8〉 인스타그램의 컬렉션 광고

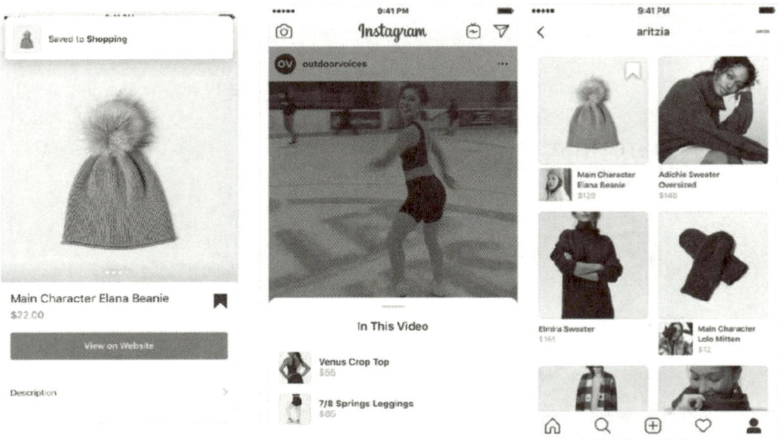

출처: 인스타그램, 쇼핑 컬렉션 기능 3가지 추가, 아이보스

또한 인스타그램 비즈니스 계정으로 전환하면 게시물에 대한 '좋아요'·댓글·공유 같은 참여율과 제품 판매 등 성과를 확인할 수 있고, 방문자의 반응도 쉽게 파악할 수 있으며, 매장 정보나 전화번호 등 다양한 비즈니스 정보를 추가할 수 있다.

결론적으로 인스타그램 마케팅의 성공 비결은 선팔로 양방향 소통을 하고, 스토리가 있는 사진과 동영상으로 콘텐츠를 제작하고, 고객과 함께하며 구매 행동을 이끌 커머스를 연계하는 것이다.

4절 유튜브 마케팅

2005년 설립된 유튜브는 2007년 구글에 인수되면서 막강한 기술과 자원을 지원받아 매달 38억 명이 사용하는 세계 최대의 동영상 플랫폼으로 급성장했다. 특히 TV를 대체하는 동영상 매체의 대표 플랫폼이 되면서 최고의 온라인 광고 매체로 자리 잡고 있다. 국내에서도 네이버, 다음에 이어 3위의 순방문자 순위를 보일 만큼 강력한 매체력을 가지고 있다. 동영상 시청 뿐 아니라 검색 서비스로서도 네이버와 함께 가장 많이 이용되고 있다.

유튜브의 성장으로 이제는 방송이 아니라 유튜브에서 스타가 탄생하고 있다. 국내만 해도 수백만의 구독자를 거느린 스타 유튜버는 연간 수십억 원대의 수입을 올리며 연예인을 능가하는 인기를 누린다. 또한 초등학생부터 노년층까지 유튜버를 희망하는 사람들이 급증하면서 콘텐츠뿐 아니라 비즈니스와 산업 영역에서도 유튜브 생태계가 구축되고 있다. 이와 함께 유튜브는 기업의 핵심 마케팅 채널로서 영향력이 계속 커지고 있다. 유튜브는 기업들이 동영상을 기반으로 브랜드 스토리텔링을 통한 인지도 강화 및 제품홍보를 위한 목적으로 활용된다. 콘텐츠는 기업의 홍보영상과 브랜드 인지도 제고를 위한 바이럴 영상, 제품체험 및 구매를 위한 리뷰 영상 등을 중심으로 활용되고 있다. 동영상 공유 확산을 위해 유튜브 광고, 인플루언서 공유 이벤트, UGC 콘텐스트 등 고객 참여를 유도하는 다양한 방법을 활용하고 있다.

유튜브는 전 연령층에 걸쳐 67%의 압도적 동영상 시청 점유율을 가지고 있다. 특히 음악 콘텐츠와 다양한 유튜버 방송 콘텐츠의 소비 비중이 높으며, 동영상 검색 비중도 갈수록 높아지고 있다. 특히 10대는 검색을 할 때 유튜브 이용률이 29%로, 유튜브는 네이버에 이어 2위의 검색 매체로 성장했다. 이런 동영상 검색은 주로 게임, 엔터테인먼트, 뷰티, 여행 등 유튜버 방송과 관련된 것이 많다.

따라서 유튜브 광고에 대해서는 기존 TV 광고와는 다른 접근이 필요하다. 유튜브 광고는 브랜디드 콘텐츠로 접근해야 한다. 즉 브랜드 홍보영상으로 제작됐더라도 시청자들이 엔터테인먼트로도 충분히 즐길 수 있는 영상이어야 한다. 그래서 크리에이터와 브랜드가 협업하여 제작하는 유튜브 영상이 증가하고 있다.

오늘날 유튜브 광고가 성공을 거둔 비결은 역설적으로 광고를 스킵(skip)할 수 있는 트루 뷰(True View) 광고 덕이다. 광고를 보지 않으면 과금되지 않아서 실제 광고를 시청한 타깃만을 대상으로 광고비를 지불하고, 광고 성과도 확인할 수 있다. 구글이 광고 시장에서 대성공을 거뒀던 검색 광고 CPC 모델을 그대로 다시 적용한 것이다. 트루 뷰 광고는 가장 대표적인 광고 상품으로 영상 시청 전이나 중간에 '5초 건너뛰기' 버튼과 함께 노출된다. 영상 옆이나 하단에 배너와 같이 노출하여 소비자 행동을 유도할 수 있다. 맞춤 설정이 자유롭고 도달 범위가 넓다는 것이 트루 뷰 광고의 장점이다.

최근 가장 인기 있는 광고 상품은 범퍼(bumper) 광고다. 스킵이 안 되는 짧은 광고가 6초 동안 노출되며, 짧은 시청 시간이기에 거부감이 적고, 제작하기 쉽고, 같은 광고비로 더 많은 광고를 노출할 수 있는 장점이 있다. 원작 광고를 6초로 재편집하거나 티저 광고같은 형태로 활용하면 높은 광고 효과를 거둘 수 있다. 특히 비용 대비 많은 광고 노출량을 확보할 수 있다. 또한 유튜브 메인 화면에 24시간 동안 노출되는 마스터 헤드(master head) 광고도 있다.

유튜브 광고는 키워드, 주제, 게재 위치 등 콘텐츠 기반의 타기팅을 할 수 있고 인구통계, 잠재 고객 등 사용자 기반 타기팅도 할 수 있다. 그리고 유튜브 계정과 구글 애즈(Google Ads) 계정을 연동하고 유형별로 다양한 리마케팅 목록을 생성해서 유튜브 리마케팅 광고를 집행할 수 있다.

다음으로 유튜브 마케팅의 성공 비결에 대해 알아보자. 유튜브는 이용자의 행동을 유도하는 다른 소셜 미디어에 비해 인지도와 선호도를 높이는 브랜딩 효과가 더 크다. 따라서 크리에이티브 아이디어가 중요하다. 크리에이티브 아이디어가 돋보이는 스토리 있는 브랜디드 콘텐츠를 제작하는 것이 성공의 첫째 비결이다. 최근 유튜브 광고의 트렌드로는 짧은 광고, 개인화된 광고, 웹 드라마 형식, B급 광고, 유튜버와의 협업을 들 수 있다. 이를 염두에 둔 콘텐츠 제작도 중요하다. 마지막으로 브랜딩 효과가 중심이지만 고객의 참여를 유도할 캠페인을 기획해서 바이럴을 통한 콘텐츠 확산을 이루어야 한다.

덴마크의 세계적 완구 기업 레고(LEGO)는 유튜브 마케팅의 대표적 성공 사례라고 할 수 있다. 레고는 2015년 〈레고 무비〉라는 영화를 개봉하면서 대중적으로 레고에 대한 브랜드 인지도를 높이고, 제작 과정을 담은 동영상 콘텐츠를 유튜브를 통해 배포했다. 이 동영상은 세계 각지에서 참여한 창의적 레고 조립가의 작품을 다큐멘터리로 제작해서 레고에 대한 긍정적 브랜드 이미지를 만들고, 레고 조립 팁을 공유해서 브랜드 친밀도를 높이게 했다. 이를 통해 100만 명이 넘는 구독자를 확보하는 성과를 거뒀다.

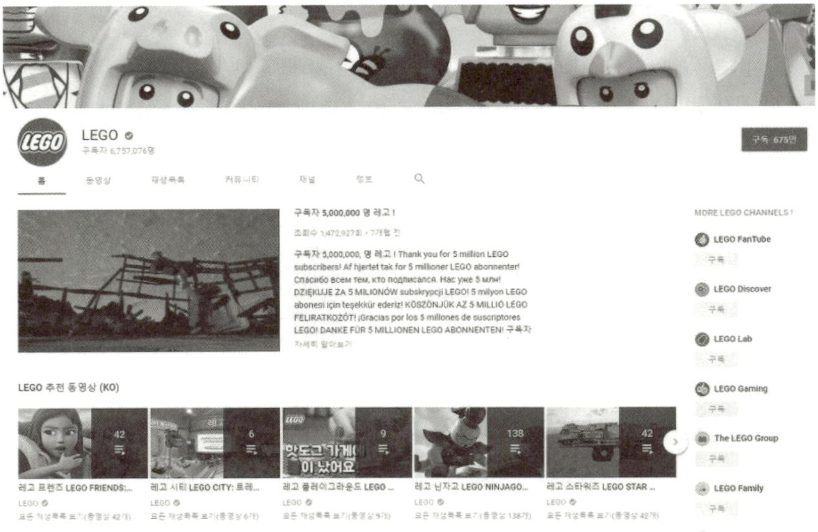

〈그림 4-9〉 레고의 유튜브 마케팅

출처: 나이키, 레고의 유튜브 마케팅 성공 비결, 위즈앤비즈

세계적 에너지 음료 브랜드 레드불(Redbull)은 유튜브를 통한 콘텐츠 마케팅의 대표적 성공사례이다. 유튜브 구독자 수 940만 명, 최고 조회 수 1.3억 회로 기업 유튜브 채널로서는 최고의 성과를 거두었다. 레드불은 산하에 '레드불 미디어 하우스'라는 자사 마케팅 회사를 통해 글로벌 미디어 네트워크를 구축하고 있다. 매출의 30%를 마케팅 비용으로 쓰고 그중 70%를 콘텐츠 제작, 관리 비용으로 쓸 만큼 콘텐츠 마케팅에 집중하고 있다. 레드불의 콘텐츠 마케팅 전략은 크게 3가지로 나눌 수 있다.

첫째 구체적인 타깃 소비자에게만 집중한다. 콘텐츠를 익스트림 스포츠에 집중하여 익스트림 스포츠 팬 들에게 집중 소구하였다. 특히 유튜브 알고리즘을 활용해서 익스트림 스포츠 팬 들에게 영상을 추천해준다. 이러한 영상은 바이럴 마케팅을 통해 타깃층에게 확산된다.

둘째, 역대 최고의 허브 콘텐츠를 히트시켜서 지속적으로 구독자를 유입시켰다. 대표적인 허브 콘텐츠 사례는 2012년 '성층권 스카이다이빙' 프로젝트이다. 지구 대기 밖 성층권에서 맨몸으로 초음속 낙하에 도전한 이 프로젝트는 당시 유튜브 역대 최고 기록인 800만 명 실시간 스트리밍 시청자를 기록할 만큼 화제를 끌었다. 이 콘텐츠는 하이라이트, 인터뷰 등 다양한 방식으로 재가공되고 다양한 자유낙하 관련 콘텐츠를 업로드하여 지속적인 관심을 끌고 있다.

셋째, 전문가가 아닌 아마추어가 만든 영상 콘텐츠를 통해 친근한 브랜드 이미지를 구축하고 있다. 이들은 사이클 선수일 수도 있고 프로게이머일 수도 있다. 레드불의 브랜드 이미지와 잘 부합되면 된다. 따라서 시청자들은 기업 유튜브 채널이 아닌 개인 유튜버를 구독하는 느낌을 받게 되어 더욱 레드불에 대해 친밀한 이미지를 갖게 된다.

〈그림 4-10〉 레드불의 유튜브 마케팅

출처: 레드불 유튜브 채널

유튜브가 TV를 대체하는 영상 매체가 되면서 국내에서도 많은 기업과 관공서들이 앞다투어 유튜브 채널을 개설하고 홍보 콘텐츠를 제작하고 있다. 심지어는 마케팅 부서의 KPI(Key Performance Index)를 유튜브 구독자 수로 설정하는 기업들도 나타나고 있다. 그러나 국내 주요 대기업의 유튜브 채널을 보면 크게 활성화된 경우는 흔하지 않다. 대부분 TV 광고나 홍보영상을 그대로 유튜브에 업로드한 경우가 많다. 그러나 삼양식품은 유튜브를 활용한 입소문 마케팅을 통해 '불닭볶음면'을 대박 상품으로 성공시켰다. 별다른 광고 없이 유튜브를 통한 입소문만으로 해외 유튜버 사이에서 라면을 넘어 K-food의 아이콘으로 성장한 '불닭볶음면'의 성공 비결을 알아보자. '불닭볶음면'은 출시 초부터 대중적 인기보다는 소수 매니아들이 찾는 매운맛의 대명사로 유튜브를 통해 매운맛 도전의 아이콘이 되면서 폭발적 인기를 끌기 시작했다. 유명 유튜버 스타인 '영국 남자' 조쉬가 '불닭볶음면' 먹기에 도전하는 영상이 조회수 1,000만 회가 넘는 레전드 영상으로 히트하였다. 이를 본 먹방 유튜버, 해외 유튜버들이 앞다투어 불닭볶음면 도전 영상을 올리면서 'fire noodle challenge'라는 키워드로 검색되는 관련 영상이 20만 건에 이를 만큼 전 세계 유튜브 시청자들이 '불닭볶음면'에 열광하게 된 것이다. 이렇게 유튜브를 통한 자발적 입소문에 의해 글로벌 대박 상품이 된 '불닭볶음면'의 성공 비결은 바로 제품이 아닌 소비자를 주인공으로 만들어 주었기 때문이다. 그동안 제품이 주인공이었던 기존 라면 광고를 넘어서 불닭볶음면은 매운 맛에 도전하는 일반 소비자들이 콘텐츠의 주인공이 되면서 자신이 주인공이 되길 원하는 밀레니얼 세대의 감성과 트렌드에 잘 맞는 콘텐츠로 성공한 것이다.

이후 삼양식품은 철저하게 소비자들이 참여하는 게임형 이벤트를 통해 고객 경험을 강화하는 마케팅에 집중하였다. 대표적 사례로 전국 중·고등학교를 돌면서 불닭볶음면에 도전하는 '고 투 스쿨(Go to school) 이벤트를 개최했다.

불닭볶음면이 유튜브 마케팅에 성공한 또 다른 이유는 유튜버들이 선호하는 콘텐츠 형태인 '일반인이 등장해서 매운 맛에 도전하고 매워하는 모습을 사실적으로 보여줘서 재미를 주는 콘텐츠'에 최적화된 제품이라는 데 있다. 특히 해외의 많은 유튜버들이 익숙하지 않은 매운 맛에 도전하는 콘텐츠는 충분히 화제와 재미를 가져올 수 있기 때문이다.

〈그림 4-11〉 불닭 TV 유튜브 채널

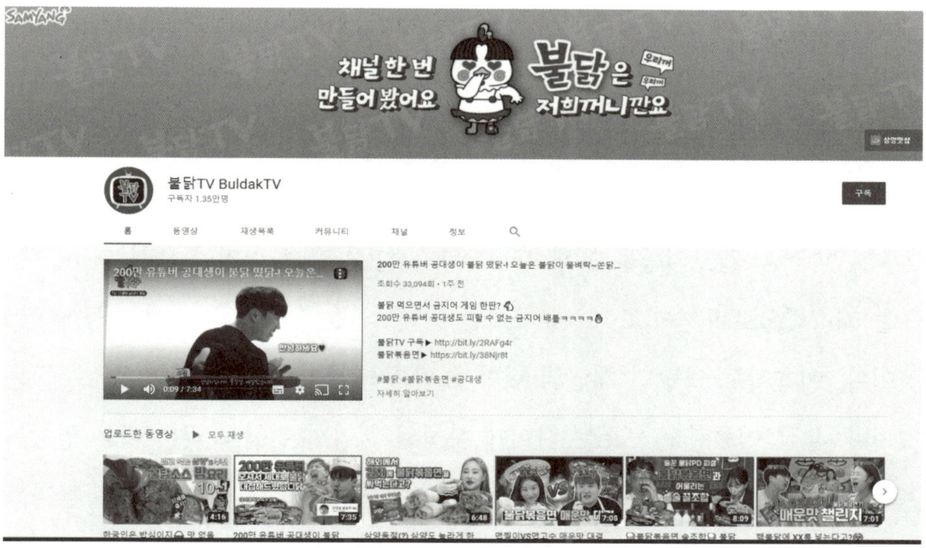

출처: 불닭 TV 유튜브 채널

5절 틱톡 마케팅

2016년 중국에서 시작된 1분 이내 짧은 동영상 공유 SNS 서비스인 틱톡은 2018년 세계에서 가장 많이 다운로드 된 앱으로 기록될 만큼 선풍적인 인기를 끌고 있다. 틱톡은 사용하기 쉬운 비디오 캡쳐와 편집 툴을 활용해서 영상을 쉽고 다양하게 제작하게 하고 크리에이터와 팬을 즉각적으로 연결되게 하는 특징이 있다. 직관적이고 쉬운 방식으로 누구나 쉽게 영상 제작을 할 수 있으며 특히 인공지능 기반의 기술을 도입해서 특수효과, 각종 제작 도구, 스티커, 편집 도구를 개인의 니즈 (Needs)에 맞게 제공해주며, 포 유 피드(For-You-Feed) 기능을 통해 사용자별 맞춤 동영상을 추천해준다,

틱톡의 모기업은 2012년 창업한 바이트 댄스라는 중국의 인터넷 기업이다. 바이트 댄스는 틱톡을 개발하기 전에 인공지능을 활용한 개인 맞춤형 뉴스 서비스로 유명했다. 인공지능기술을 활용해 이용자의 관심사와 행태를 분석해서 뉴스를 추천해주는 방식이었다. 따라서 틱톡의 인공지능 활용 개인 맞춤형 동영상 추천 기능도 이러한 바이트 댄스의 인공지능 기술이 진화한 것이라고 할 수 있다. AI 알고리즘을 통해 사용자가 “좋아요”를 눌렀거나 오래 머문 콘텐츠를 지속적으로 학습하고, 그와 유사한 콘텐츠들을 추천 페이지에 제공해주는 것이다. 이용자도 몰랐던 개인의 취향을 틱톡의 추천 영상을 통해 알 수 있는 것이다. 결국 이용자도 모르는 사이에 분석된 개인의 취향에 맞는 짧은 영상이 계속 보여지게 되어 틱톡에 한번 들어가면 몇 시간씩 이용하게 되는 결과를 가져왔다.

2017년 바이트댄스는 다른 짧은 음악 영상 앱인 뮤지컬리를 인수했다. 어린 아이를 둔 부모들에게는 꽤 친숙한 앱인데 이로 인해 3천만 명의 사용자들이 틱톡에 추가됐다. 틱톡은 현재 5억 명이 넘는 실질 사용자를 거느리고 있으며 이 중 40%는 중국 바깥의 사용자다. 틱톡의 선풍적 인기 비결은 간단하게 전문가 수준의 영상을 제작할 수 있게 만들어서 동영상 콘텐츠 제작의 진입장벽을

획기적으로 낮춘데 있다. 일반인이 유튜브 영상을 만들기 위해서는 동영상 편집이나 배경음악, 자막 등 배워야 할 것이 너무나 많다. 그러나 틱톡은 스마트폰과 틱톡 앱만 있으면 누구나 쉽게 동영상을 제작해서 올릴 수 있다. 이러한 틱톡의 단순하고 쉬운 편집 기능의 성공의 숨은 배경이다.

틱톡과 유사한 짧은 동영상을 공유하는 SNS는 이미 2013년에 트위터가 런칭한 바인(Vine)이라는 서비스가 있었다. 초기에는 선풍적인 인기를 끌었지만 이용자 수가 급감하면서 2016년 10월 서비스를 종료했다. 결국 짧은 동영상 공유라는 것만으로 롱런 할 수 없다는 것을 보여 준 것이다. 바인과 달리 틱톡이 성공할 수 있었던 배경은 무엇인가? 먼저 틱톡이 청소년층을 집중적으로 공략할 것이 성공의 첫 번째 요인이다. 글자보다 영상에 더 친숙한 요즘 청소년의 심리와 트렌드를 틱톡이 제대로 공략한 것이다. 2019년 틱톡 사용자의 41%가 16~24세라는 사실을 보더라도 틱톡의 전략이 청소년층에 제대로 통했다는 것을 알 수 있다. 청소년들이 틱톡에 매료될 수 있었던 건 손쉬운 편집 기능과 풍부한 영상 소스 덕분이다. 유튜브에선 영상을 보는 건 쉬워도 올리기는 어렵다. 전문적인 영상 편집 프로그램을 다루지 못하면 고품질의 영상을 만들기 힘들기 때문이다. 이에 반해 틱톡에선 터치 몇 번으로 손쉽게 영상을 편집할 수 있다. 수많은 이모티콘과 배경 음악들도 무료로 제공되어 영상을 더욱 풍성하게 꾸밀 수 있다. 틱톡은 직접 콘텐츠를 만들어 다른 사람들과 소통하고자 하는 요즘 10대의 감성을 제대로 자극한 것이며 하나에서 열까지 직접 영상을 편집해야 하는 유튜브와 달리 간편하게 편집하고 풍부한 영상 소스를 제공하기 때문에 젊은 층에서 더 선호하는 것이다. 결국 유튜브가 영상 전문가인 유튜버가 올린 콘텐츠를 보는데 중점을 둔다면, 틱톡은 누구나 자기만의 영상을 쉽게 올릴 수 있는데 강점이 있는 것이다. 어찌 보면 유치하기도 한 15초짜리 춤추는 동영상이 대부분이지만 10대 층은 자신이 직접 만든 동영상이 공유되는데 더 열광하는 심리를 가지고 있다.

틱톡의 간판 콘텐츠인 '립싱크 영상'이 대표적인 성공사례이다. 틱톡은 2017년 11월 영상제작 앱 '뮤지컬리'를 10억 달러에 인수, 틱톡에 립싱크 기능을 추가했다. 이 기능을 쓰면 손쉽게 유명 가수의 노래를 립싱크한 영상을 만들 수 있다. 이미 유명한 노래에 이용자들의 재미있는 행동이 더해지니 시너지 효과가 클 수밖에 없는 것이다. 대중매체에 민감한 10~20대 이용자들이 적극적으로 립싱크 영상을 만들었고, 이를 재미있게 본 사람들이 온라인 이곳저곳에 영상을 공유하기 시작했다. 결국 립싱크 영상은 틱톡에 어마어마한 입소문 효과를 가져다주었다.

또한 틱톡은 모바일에서 보기 편하도록 세로 영상을 기본적으로 지원한다. 모바일 네이티브 세대인 1020 세대는 TV나 PC에서 영상을 시청하는 것이 아니라 모바일 환경에서 영상을 시청하는 것이 익숙한 세대이다. 따라서 유튜브가 PC 시대에 태어난 영상 서비스라고 한다면, 틱톡은 모바일 시대에 태어난 영상 서비스라고 볼 수 있다.

틱톡의 성공에 위기의식을 느꼈는지 페이스북은 2018년 11월 동영상 공유 플랫폼 '라쏘(Lasso)'를 조용히 출시했다. 연예인의 춤을 따라 추거나 립싱크를 하는 등의 짧은 영상을 제작할 수 있는 앱인데, 틱톡과 다를 게 없다는 지적을 받으며 큰 인기를 끌지는 못하고 있다.

이제 틱톡은 월평균 이용자(MAU)가 17억 명에 달한다. 또한 이용자들이 하루 평균 8번 이상 앱을 켜고, 약 45분간 사용한다고 한다. 킬링타임용 가벼운

영상 플랫폼에 45분이나 머문다는 것은 비즈니스적으로 매우 의미있는 수치라고 할 수 있다. 이제 틱톡은 비즈니스 모델이 없는 동영상 공유 플랫폼이 아닌 거대한 비즈니스 생태계가 구축되는 단계로 진화하고 있다. 첫 번째 비즈니스 모델은 '라이브 커머스'시장이다. 최근 코로나 사태 이후 '라이브 커머스' 시장은 폭발적으로 성장할 것으로 전망되고 있다. 라이브 커머스는 '생방송 스트리밍'과 '커머스'의 합성어로 모바일이나 인터넷으로 실시간으로 중계하며 제품을 판매하는 것이다. TV 홈쇼핑과 유사하지만 판매자가 시청자와 실시간 채팅을 통해 자유로운 양방향 소통이 가능하며 쉽게 제작할 수 있다는 강점을 가지고 있다. 중국에서는 2018년부터 틱톡 사용자 계정 프로필에 쇼핑몰 기능을 연동시키는 서비스를 실시했다. 초기에는 100만 명 이상 팔로워를 보유한 크리에이터(Creater)에만 해당 기능을 오픈했다. 얼마 지나지 않아 틱톡의 막대한 유저 수와 생생한 영상 콘텐츠가 인스타그램이나 페이스북 등 다른 플랫폼보다 더 큰 소비 효과를 불러온 것이다. 자연스럽게 유명 인플루언서(Influencer)들이 틱톡 중심으로 라이브 커머스 마켓을 열게 되었다.

두 번째는 브랜드 마케팅 모델이다. 최근 국내에서도 많은 유명 연예인들이 틱톡 계정을 오픈하면서 지코의 '아무 노래 챌린지'와 같은 형식의 동영상들이 선풍적 인기를 끌고 있다. 틱톡에서 챌린지 해쉬태그를 검색한 뒤 해당 페이지에서 카메라 버튼만 누르면 필요한 음원과 효과가 바로 촬영화면에 적용되고 촬영 후 업로드 버튼만 누르면 누구나 쉽게 참여할 수 있다. 이용자들은 누군가가 시작한 챌린지를 따라 하며 재미를 느끼기도 하고, 이를 넘어 사회적 공감을 이끌어 내기도 한다. 중국 틱톡에는 다양한 연예인 계정뿐 아니라 다수의 기업 브랜드 계정도 개설되어 있다. 최근에는 외식 프랜차이즈 같은 오프라인 매장도 틱톡을 활용하고 있다. 이들은 틱톡을 통해 매장 홍보뿐 아니라 고객들에게 쿠폰을 제공하기도 한다. 인스타그램이 사진을 통해 음식의 비주얼로 마케팅했다면, 틱톡은 영상을 통해 새로운 외식업계 마케팅 채널이 되고 있다. 국내에서도 틱톡은 2019년 7월 다이아TV, 샌드박스 네트워크 등 유명 크리에이터들과 파트너십을 맺은 유명 MCN과 업무협약을 체결했다. 크리에이터의 영상에 노출된 광고에 대한 수익을 틱톡과 나눠 갖는 방식인데, 이는 페이스북과 유튜브의 대표 수입원이다. 틱톡이 유튜브와 인스타그램이 양분하고 있는 동영상 광고 시장에 본격적으로 뛰어든 것이다.

세 번째는 라이브 방송을 통한 수익 창출이다. 중국의 온라인 콘텐츠 시장에서는 온라인 팁 문화라고 하는 '다샹문화'가 활성화되어 있다. 마치 국내 아프리카TV의 별풍선 같은 개념이다. 아프리카TV에서 많은 인지 VJ를 배출했듯이 모바일 기반의 틱톡을 통해서도 일반인들이 팬들과 소통하며 수익을 창출하는 시대가 열리고 있다.

마지막으로 광고 플랫폼 '틱톡 포 비즈니스(Tiktok for Business)'는 주요 광고 수익 모델이다. 틱톡은 이미 국내에서도 다양한 브랜드와 협업 챌린지를 중심으로 광고 플랫폼 역할을 해왔다. 먼저 '해시태그 챌린지 캠페인'은 특정 해시태그를 활용해 틱톡 커뮤니티의 브랜드 캠페인 참여를 독려한다. '해시태그 챌린지 플러스 캠페인'은 사용자가 제품 검색, 인 앱 쇼핑 등 브랜드의 제품을 손쉽게 확인하고 구매할 수 있는 상품이다. 'Top View&In-Feed 광고'는 틱톡의 실감 나는 숏폼(short-form) 비디오 스타일을 사용하는 기본 형식이자, 앱의 첫 화면을 광고로 활용할 수 있다. 또한 중소기업을 위한 광고 비즈니스에도 적극적으로 나섰다. 비즈니스 카테고리나 규모에 관계없이 틱톡의 광고 플랫폼을 자유롭게 활용하며, 원활한 광고 집행을 돕고자 광고 크레딧(credit)도

함께 제공하고 있다. 최근에는 'TikTok Creator Marketplace(TCM)' 서비스를 게시하며 세계 각국의 틱톡 크리에이터와 브랜드 간의 효율적인 협력을 위한 매칭 작업도 이루어진다. 역량 있는 크리에이터 육성과 콘텐츠 저변 확대를 위한 서비스로, '틱톡 포 비즈니스'에 시너지를 더할 것으로 기대된다.

틱톡 광고 플랫폼 모델의 첫 번째 장점은 기업들이 글로벌 커뮤니티를 통해 언어와 시간에 구애받지 않고 전 세계 사용자와 실시간으로 소통하고 새로운 경험을 제공할 수 있다는 데 있다. 또한 다양한 콘텐츠 크리에이터 들과의 협업을 통한 자연스러운 브랜드 마케팅을 제공하여 소비자들의 호감을 이끌어 내고 브랜드와의 관계를 형성할 수 있다는 장점이 있다.

최근 틱톡은 기존의 숏폼 동영상 형식에서 진화한 다양한 동영상 콘텐츠를 선보이고 있다. 틱톡을 통해 자선 활동도 할 수 있고, 랜선 여행도 지원하며, 음악 콘서트도 선보이고 있다. 이러한 다양한 동영상 콘텐츠의 등장은 이제 틱톡이 더 이상 춤과 노래 따라하기 정도의 킬링타임용 동영상 플랫폼이 아니라 유튜브와 본격적으로 경쟁할 만한 글로벌 동영상 SNS 플랫폼으로 성장했다는 것을 보여주는 것이다.

〈그림 4-12〉 틱톡 콘텐츠

출처: 틱톡 웹사이트

6절 성공 사례: 스타벅스

1971년 시애틀에서 처음 문을 연 스타벅스는 전 세계에 1만 8,000개가 넘는 매장을 보유한 세계 최대의 커피 기업이다. 스타벅스는 2008년 금융위기로 수익에 위협을 받자 전통적 광고 캠페인 대신 SNS 마케팅에 주력했다. 광고 비용을 매장에 투자해서 매장을 방문한 고객들이 소셜 미디어를 통해 입소문을 내게 하는 것이 가장 효과적인 마케팅이라고 판단한 것이다.

스타벅스는 SNS 마케팅 전담 팀을 신설하고 11개의 SNS 채널을 통해 본격적인 SNS 마케팅을 전개했다. 특히 20만 명의 팬을 보유하고 있는 개인 페이스북 계정을 인수해서 지속적인 페이스북 마케팅을 전개했다. 현재 스타벅스 페이스북 페이지는 3,800만 명의 팬을 보유하고 있으며, 10만 건 이상의 '좋아요'를 확보한 다수의 콘텐츠를 가지고 있다.

스타벅스의 대표적인 성공 사례는 2016년에 실시한 '레드 컵(Red Cup)' 캠페인이다. 연말 홀리데이 시즌을 맞아 출시한 빨간색 종이컵을 소재로, 고객들이 자신이 직접 장식한 컵 사진을 인스타그램(#redcup)에 게시하도록 유도했다. 그리고 전 세계 고객들이 게시한 디자인 중에서 최종적으로 13개를 선택했다. 브랜드 이미지에 적합한 소셜 미디어를 창의적으로 활용해서 고객 참여를 유도하고 언론의 관심을 불러일으킨 성공 캠페인이라고 할 수 있다.

〈그림 4-13〉 스타벅스의 레드 컵 캠페인

출처: https://www.bigcommerce.com/blog/starbucks-red-cups-holiday-campaign/

디지털 마케팅 전략과 실전사례

Part 05

모바일 마케팅

1장 모바일 광고의 이해

2장 모바일 마케팅의 이해

1장 모바일 광고의 이해

1절 모바일 환경

모바일이 ICT 생태계를 넘어 기업과 사람들의 일상에서 중심으로 부상한 지도 13년이 넘었다. 2007년 6월 29일, 혁신적 운영체계와 터치스크린(Touch Screen)이 탑재된 새로운 차원의 스마트폰인 '아이폰'이 출시되면서 인류는 새로운 모바일 혁명을 경험하게 되었다. 인류 역사상 가장 혁신적인 발명품의 하나로 꼽을 수 있는 아이폰은 스티브 잡스(Steve Jobs)가 강조했던 '혁명과 혁신의 디자인'을 앞세워 지금까지도 성공 신화를 이어가고 있다. 아이폰으로 인해 촉발된 모바일 혁명은 짧은 기간 동안 인류의 생활을 크게 변화시키고 있다. 소비자들은 이제 자연스럽게 PC를 떠나 모바일을 통해 정보를 검색하고, 게임과 동영상을 즐기고, 쇼핑하고, 금융 거래를 한다. 또한 모바일이 모든 매체의 중심이 되고 있다. 2020년을 기점으로 국내에서는 모바일이 TV를 제치고 1등 광고매체가 되었다. 그만큼 대다수 사람들이 하루 대부분의 시간을 모바일을 통해 소비한다는 것을 보여주는 결과이다. 이제 모바일은 기업에 있어서 생존과 성장을 위한 필수적 매체이자 디바이스(Device)가 되었다. 소비자를 대상으로 한 모바일 커머스나 모바일 마케팅은 선택이 아닌 필수적 기업 활동이 되었다.

모바일 분석 업체 '앱 애니'에 따르면 2024년 한국인의 스마트폰 일 평균 이용 시간은 5시간에 이른다. 또한 20억 건의 앱을 다운로드 하고 5.8조원을 모바일에서 지출했다. 이제 스마트폰의 매체 영향력은 PC나 TV를 넘어섰고 그만큼 비즈니스에서 영향력도 점점 커지고 있다. 또한 스마트폰은 24시간 켜져 있는 온에어 미디어이며, 항상 휴대하고 언제 어디서나 실시간으로 커뮤니케이션할 수 있는 실시간 미디어다. 더 나아가 전통적 미디어와 달리 개인화 미디어로써 개인 맞춤형 서비스를 할 수 있다는 차별점이 있다. 이러한 모바일 시대에서 기업들이 성공하기 위해서는 모바일 마케팅과 커머스가 선택이 아닌 필수가 되어가고 있다. 이제 모바일 마케팅의 과제는 단순히 고객이 앱을 다운로드 받게 하는 것이 아니라 정기적으로 사용하고 구매하게 만드는 것이다. 따라서 모바일을 통한 고객 관계 관리(Customer Relationship Management, CRM)가 모바일 마케팅의 과제가 되고 있다. CRM은 기업이 고객에게 친근한 존재가 되며, 고객의 사회적 가치를 만족시켜 지속적 관계를 형성하고 유지하는 마케팅 전략이다. CRM 측면에서 고객은 '잠재고객 단계 - 고객 관계 - 옹호자 단계- 파트너 단계'가 있으며 각기 다른 특성을 보인다. 따라서 모바일 마케팅은 고객 단계별로 각기 다른 전략을 구사해야 한다. 예를 들어 보상의 제공은 앱 설치를 통한 잠재 고객 단계에선 효과적이지만 옹호자 단계로 전환하기 위해서는 고객에게 심리적 가치를 제공하는 것이 더 효과적이다. 모바일 마케팅을 통해서 구매 전 고객뿐 아니라 구매 후 고객도 지속적으로 관리하고 고객과의 지속적 관계도 만들 수 있다. 또한 개별화된 고객의 요구에 맞추어 마케팅 전략을 시행할 경우 더 큰 효과를 얻을 수 있다.

또한 모바일 커머스는 매년 30% 이상의 급속한 성장을 하고 있다. 모바일 커머스의 성장 동력은 구매 절차의 간소화에 따른 소비자 편의성 제고와 모바일 결제에 대한 불안감 해소에 있다. 그러나 더 큰 원인은 소비 트렌드의 변화에 있다. 밀레니얼 세대는 바쁜 일상 속에서 더 이상 오프라인 매장에서 쇼핑하지 않으며 모바일로 모든 것을 해결하고 있다. 따라서 모바일 커머스는 오프라인 유통 채널뿐 아니라 모든 기업의 필수가 되었으며, 소비자의 니즈(Needs)를 빠르게 파악하고 모바일 커머스에 선제적인 투자와 과감한 결정으로 변화를 선도하는 기업만이 새로운 유통시대의 기회를 잡을 수 있을 것이다.

모바일은 우리 생활에 가장 밀접한 IT 기기다. 특히 위치 기반 서비스(LBS, Location Based Service)가 마케팅에 활용되면서 가장 강력한 마케팅 수단으로 활용되고 있다. 이제 고객들이 언제 어느 곳에 있던지 모바일을 통해 마케팅 커뮤니케이션 메시지를 전달받을 수 있게 됐다. 이런 모바일의 이동성과 휴대성은 마케팅 측면에서 즉시성과 효율성을 가져왔다.

스마트폰은 화면이 대형화되면서 동영상 광고에도 적합한 광고 매체로 성장했으며, 지불 거래와 모바일 커머스가 보편화되면서 고객 데이터 마케팅을 위한 최적의 매체로 발전했다. 더 나아가 5G 시대가 개막되면 게임이나 영상과 같은 콘텐츠가 대부분 모바일을 통해 소비될 전망이며, 이에 따라 이런 콘텐츠를 활용한 마케팅에도 최적의 매체가 될 것으로 예상된다. 5G 시대에는 스마트 기기가 전 세계에 보급되며 사물인터넷과 인공지능의 상용화를 촉진할 것이다. 5G를 중심으로 빅데이터 시대가 열리면서 모바일은 데이터 마케팅의 중심으로 비약적인 발전을 이뤄갈 것이다.

〈그림 5-1〉 5G 에코 시스템

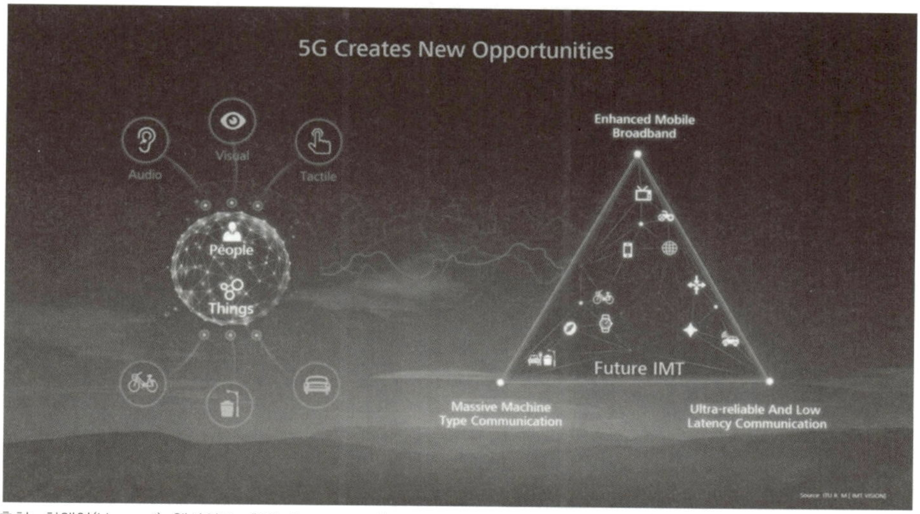

출처: 화웨이(Huawei) 웹사이트, "5G Ecosystem"

모바일 마케팅이란 소비자에게 정보를 제공하기 위해 모바일 기기를 통해 상호작용적 방법으로 다양한 채널을 이용해 커뮤니케이션하고 프로모션하는 마케팅 프로그램을 의미한다. 전 세계 모바일 마케팅 시장은 2023년 기준 1,020억 달러의 규모로 커졌으며, 연 평균 22%의 급속한 성장을 보인다. 2023년 기준 전 세계 인구의 75%가 모바일 기기를 소유하게 되고, 그에 따라 엄청난 규모의 모바일 마케팅 시장이 형성되고 있다. 모바일 마케팅 시장에는 모바일 웹, 위치 기반 마케팅, 인앱 광고, 푸시 광고, QR 코드, MMS, 모바일 SNS등 다양한 마케팅 수단이 포함된다.

<〈그림 5-2〉 전 세계 모바일 마케팅 시장 규모

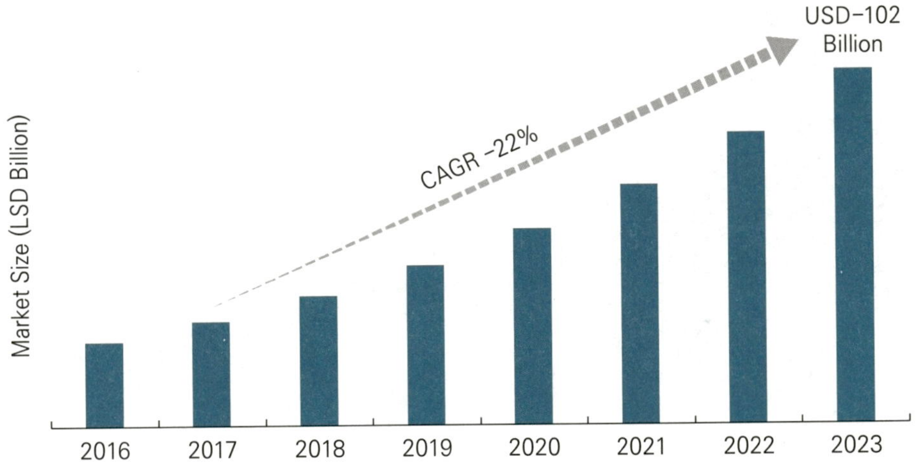

출처: "Mobile marketing market research report-Global forecast 2030", https://www.marketresearchfuture.com/reports/mobile-marketing-market-3074

모바일 시장은 모바일을 중심으로 한 소비자와 공급자 사이를 중개하는 양면 플랫폼 구조를 가진다. 단순 중개를 통한 수수료 모델, 광고 수익 모델, 무료 서비스를 통한 가입자 확보 후 유료로 전환하는 모델 등 다양한 비즈니스 모델이 있다.

모바일 마케팅에는 다양한 마케팅 수단이 활용된다. 먼저 모바일 생태계의 중심인 다양한 모바일 앱이 있다. 모바일 앱은 핵심 광고 매체이며, 더 나아가 모바일 마케팅의 핵심 채널로 활용된다. 반면 전통적인 모바일 마케팅 수단은 SMS와 MMS로 대표되는 문자 메시지다. 문자 메시지는 모바일 메신저의 급속한 확산으로 영향력이 감소했지만, 고객 리드를 통한 데이터 마케팅에 치중하는 일부 업종에서는 아직도 중요한 모바일 마케팅 수단으로 활용되고 있다.

모바일 기술이 발전하면서 다양한 모바일 마케팅 수단이 등장하고 있다. 먼저 'LBS'라고 하는 위치 기반 서비스가 각광받고 있다. 이 외에도 근거리 정보통신 기술인 NFC, 스캔하면 연관된 정보를 제공하는 QR 코드, 블루투스 등이 새로운 모바일 마케팅 수단으로 주목받고 있다. 특히 위치기반 서비스를 활용한 마케팅을 '프로시미티 마케팅(Proximity Marketing)'이라고 한다. 프로시미티 마케팅은 기업의 마케팅 채널에 근접한 고객의 위치정보를 파악할 수 있는 NFC, 비콘, 와이파이 같은 위치정보 기술을 활용한다. 특히 NFC를 활용하여 오프라인 매장의 구매 지원을 할 수 있다. 매장 진열대에 NFC를 접목하여 스마트폰 터치만으로 제품 정보뿐 아니라 주문 결제도 원스톱으로 할 수 있도록 확대되고 있다. 마케팅에서도 고객에게 차별된 경험을 제공하기 위한 방안으로 NFC를 활용하고 있다. 카누의 '나만의 작은 카페 만들기'는 대표적 성공사례이다. 스틱 커피인 카누의 커피박스에 NFC 태그를 부착해서 커피를 마시는 순간 커피와 잘 어울리는 음악이 나오면서 나만을 위한 작은 카페같은 공간으로 느끼게 하여 차별적 브랜드 경험을 선사한다.

국내 모바일 시장의 변화 상황을 살펴보면, 소비자 지출 측면에서는 카카오와 리니지 등 모바일 게임이 성장을 주도하고 있다. 게임은 전체 앱 스토어 매출의 74%를 차지하는 중요한 모바일 시장이다. 다음으로 모바일 커머스가 급속하게 성장하고 있다. 매년 23% 이상 성장하면서 전체 커머스 시장의 60%에 가까운 점유율을 차지하고 있다. 모바일 커머스가 급성장한 배경에는 모바일 화면의 대형화, 지불 방법의 편리성, 최적화된 온라인 쇼핑 UI(user interface, 사용자 인터페이스) 및 UX(user experience, 사용자 경험) 등이 있다.

또한 모바일 결제 시장도 급격히 확대되고 있다. 삼성페이 같은 스마트폰 제조사, 네이버페이와 카카오페이 등 온라인 사업자, 토스와 같은 핀테크 사업자 모두 소비자가 쉽고 빠르게 결제할 수 있는 모바일 결제 시스템을 선보였다.

마지막으로 모바일 SNS도 지속적으로 성장하고 있다. 카카오톡·인스타그램·페이스북이 주도하고 있는데, 특이한 점은 국가별로 주로 사용하는 SNS가 다르다는 것이다. 예를 들어 일본은 라인, 중국은 위챗, 미국은 페이스북 메신저가 1위 모바일 SNS다.

〈그림 5-3〉 모바일 결제 시장 현황

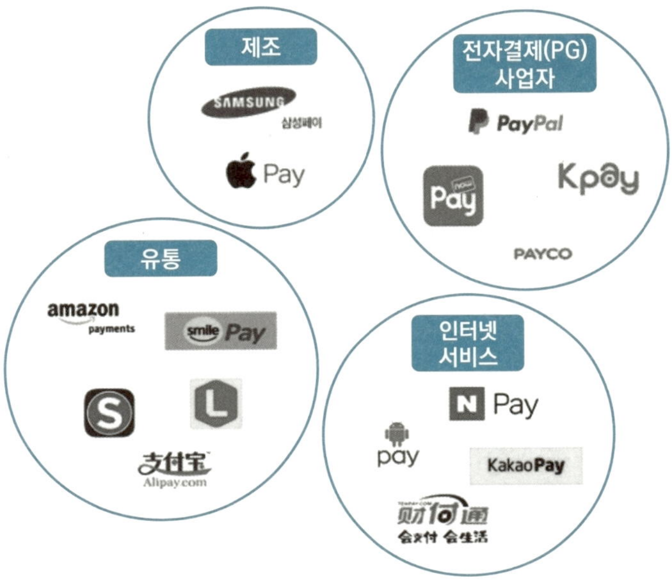

출처: BNK금융경영연구소, "모바일 결제의 발전이 신용카드업에 미치는 영향"

2절 모바일 광고의 특성

모바일은 여타 매체와 차별적인 특성을 갖는다.

첫째, 세밀한 사용자 DB를 활용해서 타기팅 광고가 가능하다. 따라서 기존 광고 매체와 달리 개인에 대한 차별적 광고를 할 수 있다. 둘째, 사용자가 24시간 휴대하므로 원하는 시간과 장소에 광고를 전달할 수 있고, 고객 스스로 접속해서 상품에 대한 자세한 정보를 얻을 수 있는 양방향성을 가지고 있다. 셋째, 오디오·비디오·텍스트 등 멀티미디어를 통한 소비자 행동 유도가 가능하며 고객과의 밀착성이 매우 높다. 넷째, 다른 매체에 비해 상대적으로 저렴한 비용으로 광고 효과를 거둘 수 있다. 또한 광고 효과를 즉각적으로 측정할 수 있으며, 옴니채널 마케팅과 온·오프라인을 연동한 마케팅을 할 수 있다.

즉, 모바일 광고의 특성을 나타내는 키워드를 '개인화, 위치 기반, 경제성, 상호작용'으로 요약할 수 있다.

3절 모바일 광고 기획과 제작

모바일 광고 기획은 '모바일 환경을 활용해 광고주와 소비자의 커뮤니케이션 전략을 수립하는 것'이다. 따라서 모바일 디바이스 환경에 대한 이해가 바탕이 되어야 한다. 즉, 모바일 소비자 행태와 모바일 앱 기술에 대한 이해가 있어야 한다는 것이다. 그래야만 모바일 매체 환경에 맞는 광고 메시지를 제작할 수 있다.

먼저 모바일 디바이스의 특성을 살펴보자. 현대인은 24시간 스마트폰과 함께 생활한다. '티맵'을 보고 운전하고, '배달의 민족' 앱을 열어 음식을 주문하고, '배틀그라운드' 게임을 한다. 모바일 앱 사용 데이터를 보면 개인의 위치정보와 취향을 완벽하게 파악할 수 있다. 또한 모바일은 철저하게 개인화된 미디어다. 따라서 개인의 성향과 관심사 데이터를 활용해 개인별 타기팅을 할 수 있다.

모바일 광고 기획에서 가장 먼저 결정해야 할 것은 광고의 목표다. 광고 목표는 구체성과 적절성을 가지고 있어야 한다. 따라서 구체적으로 수치화된 목표뿐 아니라 현 상황에서 보유한 자원으로 달성 가능한 목표여야 한다.

광고 목표를 설정한 후에는 경쟁사의 모바일 활동을 분석해야 한다. 경쟁사가 어느 시점에 어느 정도의 광고 예산으로 어떤 앱에 주로 광고를 했는가를 파악해야 한다는 뜻이다. 네이버 광고관리 시스템을 활용하면 제품, 브랜드 관련 키워드 검색을 통해 소비자의 검색량 추이와 경쟁 상황을 파악할 수 있다.

〈그림 5-4〉 네이버 광고관리 시스템

출처: 네이버 광고상품 한 곳에서 통합관리, 전자신문

다음으로 모바일 환경에서의 소비자 분석을 해야 한다. 나스미디어, 디엠씨미디어의 리포트 자료를 이용해 소비자의 모바일 활용 빈도, 주 이용 목적, 사용 현황 등 모바일 활용 트렌드를 분석할 수 있다. 또한 모바일 앱이나 웹의 이용 행태와 소비자 반응을 분석해야 한다.

모바일은 개인화된 미디어이기 때문에 타기팅에 강점이 있다. 개인의 쇼핑, 검색 등 모바일 행태와 앱 이용 행태를 기반으로 타기팅 광고를 노출할 수 있다. 또한 판매 페이지 연결, 홈페이지 연결, '좋아요'와 팔로우 맺기 등 다양한 목적에 맞게 광고 방식을 선택할 수 있다.

환경 분석이 끝나면 광고 KPI(핵심성과지표)를 설정한다. KPI는 정량지표, 정성지표 두 가지 차원에서 설정할 수 있다. 정량지표는 광고를 집행했을 때 얻을 수 있는 예상 성과다. 예를 들어 앱 다운로드가 목적인 광고는 '앱 다운로드 10만 건'과 같이 정량지표를 설정할 수 있다. 그에 비해 정성지표는 브랜드 인지도, 선호도 등 광고를 통해 얻을 수 있는 속성에 대한 것이며, 주로 광고 종료 후 소비자 온라인 조사 등을 통해 파악할 수 있다. 최근에는 정량지표 중 온라인 커머스를 중심으로 ROAS(Return on Advertising Spend)에 대한 요구가 많다. ROAS는 '광고비 대비 매출액'으로, 광고의 투자수익률(ROI)이 어느 정도인지를 나타낸다.

모바일 광고를 제작할 때 가장 중요한 것은 직관적이고 주목도가 높은 랜딩 페이지를 구축하는 것이다. 모바일에 최적화된 UI·UX, 목적에 맞는 버튼 위치와 크기, 복잡하지 않은 레이아웃, 주목도 높은 웹 카피 등으로 랜딩 페이지를 제작해야 한다. 〈그림 5-5〉는 차량 공유 브랜드 우버(Uber)의 앱 랜딩 페이지다. 이를 보면 단순한 레이아웃, 주목도 높은 브랜드 슬로건, 모바일에 최적화된 UI·UX, 등록이라는 목적에 맞는 버튼 위치와 크기가 잘 고려되어 있음을 알 수 있다.

〈그림 5-5〉 우버의 모바일 랜딩 페이지

출처: 우버 홈페이지

4절 모바일 광고 운영과 주요 상품

1. 모바일 광고 운영

모바일 광고 운영의 프로세스는 모바일 광고 목표 설정, 목표에 적합한 광고 상품 선정, 미디어의 특성과 가이드를 고려한 크리에이티브 제작, 광고 집행과 모니터링, 광고 집행 결과 보고 순으로 이루어진다.

먼저 광고 목표 설정 단계에서는 타기팅이 중요하다. 모바일은 기기 특성상 인구통계학적, 개인 관심사, 설치 앱, 검색 키워드, 위치 기반 타기팅이 가능하다. 예를 들어 '서울 소재 사이버 대학의 신·편입생 모집 광고'의 타기팅을 보자. 인구통계학적 특성은 20~60세, 전문대, 자격증, 재교육 관심자, 서울·수도권 지역 등 광고 타깃의 특성을 고려해 타기팅할 수 있다. 목표에 적합한 광고 상품을 선정하기 위해서는 목표를 기반으로 다양한 광고 상품을 믹스해야 한다. 예를 들어 '3,000만 원의 광고 예산으로 앱 설치 1만 건 달성'이 목표라면 CPI(Cost Per Installation, 앱 설치당 과금) 광고 상품에 2,000만 원, CPC(Cost Per Click, 클릭당 과금) 광고 상품에 1,000만 원을 집행하는 것이 CPI 광고 상품에 3,000만 원을 모두 집행하는 것보다 50% 이상 높은 집행 결과를 보인다.

〈그림 5-6〉 세종사이버대의 모바일 광고

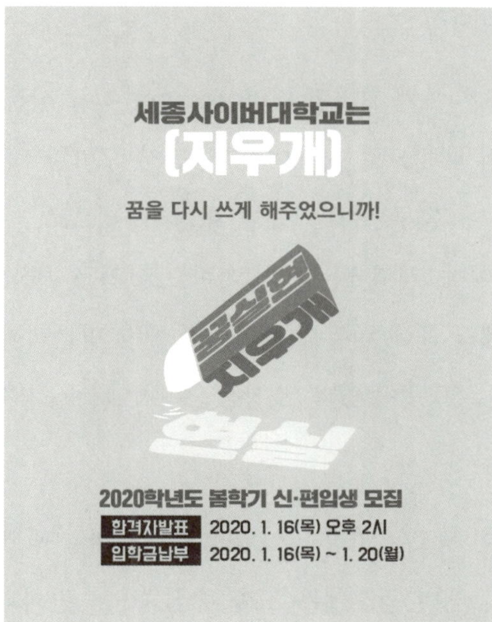

출처: 세종사이버대 홈페이지

모바일 광고를 제작할 때는 매체별로 제공하는 제작 가이드라인에 맞추어야 한다. 특히 의약품, 술, 담배, 미성년 불가 제품에 대해서는 별도 규정과 검수가 있기 때문에 유의해야 한다.

광고를 집행하고 모니터링 하는 단계에서는 광고 노출 게재 보고, 목표 대비 진행률 등 캠페인 기간의 진행 상황을 체크해 광고주와 현황을 공유하고 이슈가 발생했을 때 효과적으로 대응할 수 있도록 해야 한다.

광고가 종료되면 진행 스케줄, 소재, 이슈 등 캠페인 전반에 대한 운영 내용을 비롯하여 광고 노출, 광고에 대한 반응률, 목표 도달 등 목표 달성 상황을 정리한다. 그리고 향후 방향성에 대해서도 제안한다.

2. 모바일 광고 상품

모바일 광고 상품은 크게 모바일 디바이스 기능 활용 상품, 모바일 디스플레이 광고, 모바일 검색 광고로 나누어진다. 먼저 모바일 디바이스 기능 활용 상품은 주로 GPS나 블루투스 기능을 활용한 것으로, SK텔레콤의 '시럽(Syrup)'이 대표적이다. 시럽에는 위치 기반으로 인근 매장의 할인 혜택 등을 고지하는 방법과 매장 내에 비콘을 설치해서 매장 방문객이나 인근 고객에게 혜택 메시지를 보내는 방법이 있다. 소상공인이나 매장을 가지고 있는 업종에서 많이 활용되고 있다.

모바일 디스플레이 광고는 가장 많이 활용되는 모바일 광고 상품으로, 다양한 유형이 있다. 첫째, 배너 광고에는 노출 중심 CPM 방식과 클릭 중심 CPC 방식이 있다. 배너 광고는 제작이 편리하고 다양한 매체에 적용할 수 있다는 장점이 있으나, 광고 혼잡도가 높아서 효과는 높지 않다.

둘째, 리워드 광고는 모바일의 개인화 특성을 활용한 것으로 직접적인 개인 보상을 통해 소비자의 활발한 참여를 유도할 수 있다. 그래서 광고의 정량적 목표 달성도가 높은데, 개인 보상을 획득한 후 이탈하는 비율이 높다는 문제가 있다.

셋째, 동영상 광고는 브랜딩에 효과적이며 최근 유튜브의 인기로 광고 상품의 영향력도 크다. 특히 다른 광고 형태 대비 거부감이 적다는 장점이 있지만, 광고 단가와 제작비용이 상대적으로 높다는 단점이 있다.

넷째, 모바일 네트워크 광고는 구글·카울리 등 애드 네트워크 사업자가 주도하여 다수의 앱을 네트워크로 묶어서 매체력을 상승시키고 타기팅 솔루션을 기반으로 하는 효율성 높은 광고 상품이다. 모바일 네트워크 광고는 정교한 타기팅이 가능하고 소액으로 광고를 집행할 수 있다는 장점이 있지만, 앱의 노출 위치에 따라 광고 혼잡도가 높고 노출 대비 반응이 낮다는 단점이 있다.

다섯째, 콘텐츠형 광고는 주로 SNS 콘텐츠 형식으로 구성된 광고로 '네이티브 애드(native ad)'라고 불린다. 콘텐츠형 광고에서는 정보 중심의 메시지가 주요하며, 일반 광고보다 사용자 거부감이 적다. 반면 콘텐츠 신뢰도에 문제가 생기면 사용자 거부감이 증대되는 문제가 있다.

국내 모바일 검색 광고는 네이버 중심으로 형성되어 있다. 모바일 검색 광고를 집행하기 전에, 우선 PC와 모바일은 경쟁 단가와 노출 순위가 다르다는 특성을 인지하고 광고 상품을 결정해야 한다. 예를 들어 신제품이라면 네이버 모바일 광고 상품 중 '신제품 소개 광고', 기존 제품은 '네이버 쇼핑 광고'에 진행하는 것이 효과가 높다. 동네 매장이라면 '플레이스 업체 등록' 후 플레이스 카테고리 상위에 노출하는 것이 효과적이다. 그리고 브랜드 광고라면 브랜드 검색에 광고를 노출하는 것이 효과적이다. 왜냐하면 브랜드 검색은 브랜드 키워드를 활용하여 다양한 메시지와 경로 확장 차원에서 운영하기 때문이다.

〈그림 5-7〉 네이버의 모바일 광고 상품: 신제품 소개, 브랜드 검색

출처: http://edgerank.co.kr/naver-brand-search/

2장 모바일 마케팅의 이해

1절 모바일 웹과 모바일 앱

모바일 웹은 글자 폰트와 이미지, 아이콘 등 데스크톱 브라우저에서 실행되는 기능을 스마트폰이나 태플릿 등 모바일 기기에서도 구현하도록 개발한 것을 말한다. 특히 작은 화면에서도 콘텐츠가 효율적으로 보이게 하는 것이 중요하다. 모바일 웹은 웹 기술로 개발되어 모바일 브라우저에서 실행되는 개념이며, 웹 브라우저에서 실행되므로 앱과 달리 설치가 필요하지 않다. 모바일 디바이스 특성상 페이지 이동 시 속도가 느려지고 사용성이 떨어지므로, 정보 구성이 단순하고 접근과 사용이 용이해야 한다.

모바일 앱은 스마트폰, 태블릿 등 모바일 디바이스에서 실행되는 응용 소프트웨어다. 이용자가 원하는 앱을 앱 스토어에서 구입하거나 다운로드하여 원하는 모바일 환경을 구성한다. 모바일 앱은 크게 네이티브 앱(native app), 웹 앱(web app), 하이브리드 앱(hybrid app)으로 구분된다.

첫째, 네이티브 앱은 특정 모바일 기기와 플랫폼에 최적화된 언어로 개발된 앱이다. 대표적인 예로 '카카오톡'이 있다. 모바일에 저장된 파일 같은 고유 정보를 변경할 수 있을 뿐 아니라 카메라 등 장치 제어가 가능하고, 실행 속도가 빠르다는 특성이 있다. 그러나 모든 앱을 안드로이드와 애플의 운영체제별로 별도로 개발하고 유지 보수하는 개발비용 부담이 있다.

둘째, 웹 앱은 모바일 웹과 네이티브 앱의 특징을 모두 가지고 있다. 웹 앱은 모바일 웹의 특징인 HTML5를 사용하고, 브라우저를 통해 접속한다. 반면 네이티브 앱과 같이 단일 페이지 형식으로 제공되어 페이지 이동 속도가 빠르다. 대표적인 예로 '서울시청 앱'이 있다.

셋째, 하이브리드 앱은 웹 앱의 단점을 보완한 것으로 웹 앱을 개발한 후에 네이티브 앱으로 변환해 배포하여 웹 앱을 네이티브 앱처럼 보이게 하는 것이다. 대표적인 예로 '네이버 앱'이 있다.

2절 모바일 앱 마케팅

모바일 앱 마케팅은 앱 인스톨 증대, 유저 유입, 재방문 증대 등 모바일 앱과 관련한 특정 목표를 달성하기 위한 마케팅 활동이다. 모바일 앱 마케팅 프로세스는 인지, 설치 페이지 유입, 앱 설치, 앱 설치 유지, 앱 실행, 앱을 통한 구매 순으로 이뤄진다.

먼저 모바일 앱의 설치를 유도하기 위해서는 앱 스토어의 설치 페이지를 반드시 거쳐야 한다. 설치 페이지로 고객을 유입하기 위해 앱 스토어의 해당 카테고리 순위를 올리거나 앱 스토어 내부 광고를 진행하기도 한다. 그러나 신규 앱들 간의 치열한 경쟁을 고려할 때 앱 스토어 내부 마케팅만으로는 한계가 있다. 따라서 유저 정보나 콘텐츠 정보 중심 타기팅 광고 집행과 같은 외부 마케팅 활동이 필수적이다.

모바일 앱 광고를 진행할 때는 먼저 광고 소재와 키워드, 노출 매체, 랜딩 페이지, 앱 마켓 상세 페이지, 광고주 사이트 등이 적절하게 배치됐는지 체크해야 한다. 또한 고객이 어떤 정보를 보고 유입됐는지, 고객이 유실되는 단계는 어디인지, 고객이 구매 전환을 했는지, 유입 채널별 유저의 행동 특성은 무엇인지와 함께 채널별 CPI·ROAS지표를 확인해야 한다.

마지막으로 모바일 앱 사용자 데이터를 분석하기 위해서는 앱 마케팅 트래킹 솔루션을 사용해야 한다. 트래킹 솔루션을 활용하면 고객 ID와 매칭하여 정확한 기여도를 파악할 수 있을 뿐 아니라 유입 경로를 파악하고 다양한 행동 데이터를 분석할 수 있다.

3절 모바일 마케팅과 커머스 동향

모바일은 이제 마케터가 가진 가장 중요한 채널로 떠오르고 있다. 오늘날 모바일이 제공하는 기회 뿐 아니라 향후의 잠재력을 보아도 모바일은 대체 불가한 마케팅 채널이자 커머스 채널이 되었다. 모바일 마케팅의 주요 목표는 고객 참여와 만족도를 높이는 것이다. 사람들이 모바일을 일상생활의 다양한 활동에 활용하면서 모바일은 지속적으로 '디지털 허브(Digital Hub)로 발전하고 있다. 따라서 모바일 마케팅을 통해 고객을 유치하고 고객의 만족도를 높이며 혁신적 이미지를 높이고 충성도를 구축해야 한다.

이를 위해 먼저 고려해야 할 모바일 마케팅은 '브랜드 앱(Branded App.)'이다. '브랜드 앱'이란 기업이 자사 브랜드와 제품의 홍보를 위해 제작하여 배포하는 모바일 앱을 말한다. 이러한 '브랜드 앱'은 상품에 관한 정보 제공뿐만 아니라 고객들이 제품을 직접 체험하고 브랜드를 인지할 수 있는 장점을 가지고 있다. 브랜드 앱 마케팅은 서비스 및 제품이 가지고 있는 다양한 기능과 브랜드 속성을 고객들이 손쉽게 인지할 수 있으며, 센서나 위치 기반 등의 스마트폰만의 경험 기반 기술을 활용하여 고객 오감을 자극하여 실제 제품을 직접 체감하게 할 수 있다.

미국의 식품 회사 크래프트(Kraft)는 7,000여 개의 조리법이 담긴 앱을 출시했는데, 여기에는 동영상, 사진 등 다양한 형태의 조리법과 함께 요리 재료가 되는 제품의 쿠폰, 매장 정보를 전달해서 브랜드 마케팅뿐 아니라 실제 매출에도 큰 성과를 거두었다.

〈그림 5-8〉 크래프트 브랜드 앱

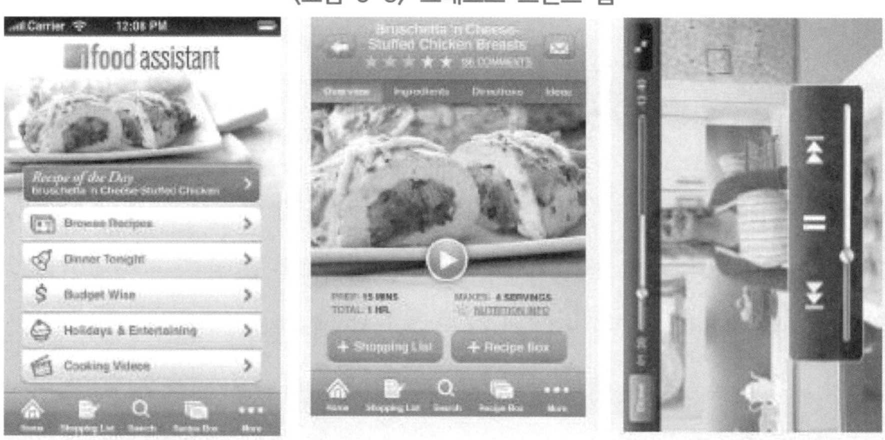

출처: 크래프트 모바일 앱

지포 라이터에서는 소비자의 호기심을 자극하는 재미있는 '브랜드 앱'을 출시했다. 이 '브랜드 앱'은 지포 라이터의 특징인 라이터 뚜껑을 열고 켜는 느낌과 소리를 그대로 재현했다. 특히 젊은 층의 폭발적 인기를 누렸는데 스마트폰을 흔들 때마다 불이 따라 움직이기 때문에 공연장에서 효과적으로 활용되었다. 지포 라이터는 28개의 라이터 디자인을 무료로 제공하고, 다른 디자인은 0.99달러에 판매해서 마케팅과 매출의 일거양득 효과를 거두었다.

〈그림 5-9〉 지포라이터 브랜드 앱

출처: 지포라이터 모바일 앱

해외에서의 성공과 달리 국내에서는 '브랜드 앱'이 큰 성공을 거둔 사례가 많지 않으나 스타벅스나 버거킹, 맥도널드 같은 식음료 업체의 경우 브랜드 앱을 통해 쿠폰 제공, 포인트 적립 등 고객 유치와 고객 관리 도구로 효율적으로 활용하고 있다. 향후 스마트폰 이용자들이 다양한 앱을 다운로드 받고 활용하는 트렌드를 보이므로 고객 유치와 관리 채널로 '브랜드 앱'의 파급 효과는 더욱 커질 것으로 예상된다.

세계적 화장품 체인 기업 세포라(Sepora)는 '브랜드 앱'을 넘어서 다각적인 모바일 마케팅 전략으로 유명하다. 세포라는 고객에게 멋진 모바일 경험을 선사하는 것을 매출 증가 보다 우선으로 한다. 이를 통해 고객의 모바일 경험을 높이고, 오프라인 매장과 모바일 쇼핑 경험을 오가는 옴니 채널의 연결성에 주목했다. 세포라는 매장과 온라인에서 컬러와 스킨케어 퀴즈를 통해 고객이 자신의 피부색과 피부 특성에 맞는 최적의 제품을 선택할 수 있도록 제안해준다. 또한 모바일을 통해 증강현실(AR) 기술이 적용된 특별한 메이크업 경험을 제공하며. 챗봇(Chatbot)를 활용해 미용에 대한 실시간 조언을 해주고 있다. 더 나아가 세포라는 '뷰티 인사이더 커뮤니티 페이지'를 개설하여 고객들이 전문가의 조언을 받으며, 다른 고객과 의견을 나누고 경험을 공유할 수 있게 하였다. 세포라는 모바일을 통해 콘텐츠 마케팅, 커뮤니티 마케팅, 옴니채널 마케팅을 다각적으로 성공시킨 사례로 높게 평가받고 있다.

〈그림 5-10〉 세포라 브랜드 앱

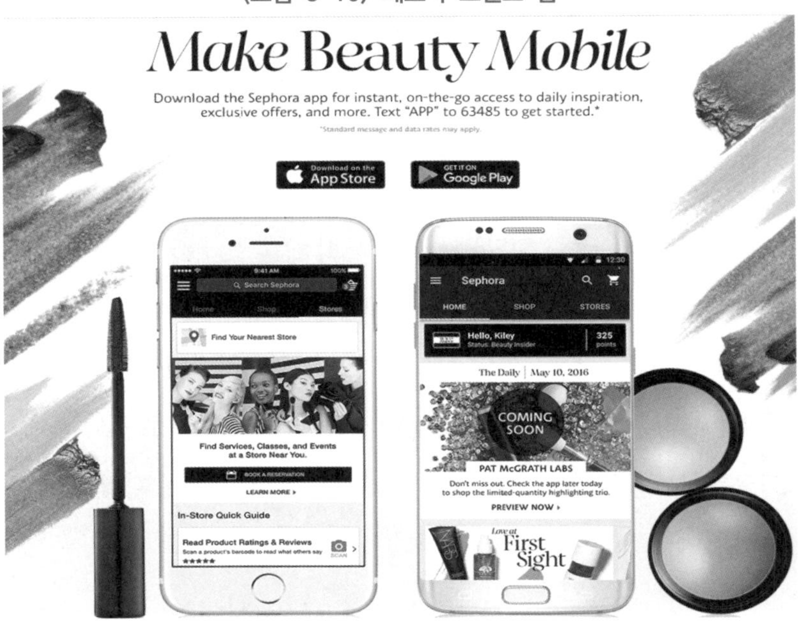

출처: 세포라 모바일 앱

다음으로 모바일 메신저를 활용한 마케팅과 커머스가 새로운 대세로 부상하고 있다. 특히 카카오톡 채널은 누구나 무료로 만들고 운영할 수 있는 국민 메신저 카카오톡의 비즈니스 홈이다. 카카오톡 채널을 통해 기업들은 카카오톡이라는 거대한 플랫폼에서 쉽고 편리하게 모바일 마케팅이 가능하며, 기업, 브랜드, 단체, 소상공인 등 누구나 자유롭게 채널을 개설하여 고객과 소통할 수 있다. 특히 고객의 행동을 유도하는 다양한 액션 버튼을 통해 구매 전 상담하기 같은 맞춤 서비스를 제공할 수 있다. 또한 사진, 동영상 등 다양한 포스트를 발행하고 실시간으로 '댓글, 좋아요'를 통해 고객 반응을 확인할 수 있으며, 이벤트나 할인 쿠폰을 발송할 수도 있다. 더 나아가 실시간 일대일 채팅을 통한 고객 응대로 높은 만족도를 이끌어 낼 수 있다. 한 마디로 카톡 하나로 모바일 마케팅과 커머스의 대부분을 해결할 수 있는 것이다. 이러한 카카오톡 채널은 홈쇼핑의 대항마로 효율성 높은 판매 채널로 부상하고 있다. 예를 들어 여행상품의 경우 카카오톡 채널은 홈쇼핑의 10% 비용으로 유사한 매출 실적을 보이고 있다. 따라서 카카오톡 채널은 홈쇼핑에 드는 비용을 줄이고 이를 고객에게 더 많은 혜택으로 돌릴 수 있는 획기적인 판매 채널이 되고 있다. 따라서 대기업 뿐 아니라 중소기업도 커머스 채널로서 카카오톡 채널의 가능성에 대한 검토가 필요한 시점이다.

페이스북도 단순한 메신저 서비스를 넘어 카카오톡, 위챗과 같은 커머스, O2O, 결제를 제공하는 종합 모바일 플랫폼으로 진화할 것이라고 밝혔다. 따라서 전 세계 9.3억 명이 사용하는 페이스북 메신저와 20억 명이 사용하는 인스타그램 DM, 왓츠앱 등 메신저 서비스를 통합하고 상담, 주문, 결제를 쉽게 할 수 있는 메신저 쇼핑몰 플랫폼을 구축하겠다고 하였다. 이미 위챗을 통해 검증된 메신저 쇼핑몰의 성과는 세계 최대의 소셜 미디어인 페이스북의 참여로 커머스의 미래이자 대세로 급성장이 예상된다.

4절 카카오, 위챗, 라인 마케팅

2010년 3월 시장에 출시된 카카오톡은 14년 만에 국내에서만 4,500만 명이 이용하는 국민 메신저로 성장하였다. 모바일 시대에는 커뮤니케이션 중심의 시장이 될 것으로 예상하고 개발된 카카오톡은 아이폰 국내 출시로 촉발된 스마트 모바일 혁명의 핵심 서비스가 되었다. 출시 1년 8개월 만에 가입자 3,000만 명을 넘어 폭발적 성장을 기록하였다. 카카오톡은 현재 전 세계 230개국 16개 언어로 서비스된다. 그러나 국내를 제외한 이용자 수는 500만 명 남짓으로 글로벌화에 성공하지 못한 아쉬움이 있다.

그러나 국내에서 카카오톡은 국내 모바일 시장과 소비자 행동에 엄청난 변화를 가져왔다. 카카오톡과 연계한 다양한 마케팅 기술과 툴(Tool)이 등장한 것이다. 첫 번째 성공사례는 '이모티콘'이다. 전 세계적으로 선풍적 인기를 불러일으킨 '이모티콘'은 카카오톡에서 시작된 것이다. 카카오톡은 고유의 '이모티콘'뿐 아니라 웹툰 작가나 아티스트의 다양한 '이모티콘'을 판매하였다. 이를 통해 소비자들이 다양한 개성을 표현할 수 있게 되었고 기업들은 '브랜드 이모티콘'을 제작하여 다양한 마케팅 활동을 전개하였다. 특히 '브랜드 이모티콘'은 초기 고객 유입에 큰 도움이 되었다. 단순해 보이는 '이모티콘'을 통해 창작과 마케팅의 생태계가 만들어진 세계적인 성공사례이다.

두 번째는 최근 '채널'이라는 이름으로 바뀐 '플러스 친구'이다. '플러스 친구' 기능은 별도의 가입 없이도 특정 기업이나 브랜드에 관심 있는 고객들이 지속적으로 정보와 혜택을 받을 수 있다. 또한 기업 입장에서는 큰 비용 부담 없이 고객 관리부터 커머스까지 할 수 있는 원스톱 마케팅 플랫폼(One-stop Marketing Platform)을 구축할 수 있게 되었다. 소비자의 일상 속에 파고들 수 있는 최적의 플랫폼이 '플러스 친구'인 것이다. 또한 비용 부담으로 디지털 마케팅을 하지 못했던 소상공인과 중소기업들에게 '플러스 친구'는 가뭄의 단비와 같은 존재가 되었다.

카카오톡을 철저히 벤치마킹해서 2011년에 출시한 위챗은 현재 12.6억 명이 이용하는 세계 2위의 메신저로 성장하였다. 위챗의 강점은 단순한 채팅을 넘어 각종 앱의 기능을 한데 모아놨다는 데 있다. 위챗에 없는 서비스라면 중국에 없는 서비스라는 말이 나올 정도다. 예를 들어 회사 인트라넷과 연동해 휴가계를 내거나 항공편을 찾아 구매하는 것이 위챗 안에서 가능하다. 이처럼 위챗이 모바일 포탈(Mobile Portal)의 성격을 갖게 된 것은 중국의 열악한 인프라로 발전한 모바일 교통 서비스와 온라인 결제 기능 때문이다. 중국은 일찍이 열악한 교통 인프라 때문에 택시 호출 서비스가 발전했고, 은행 시스템도 낙후되었기 때문에 모바일 결제가 급속하게 발전하였다. 위챗은 여기서 기회를 발견하고 위챗 안에서 모든 걸 다 해결할 수 있도록 하였다. 단순한 QR 코드에서 출발한 위챗 페이를 통해 어디서든 오프라인 결제가 가능하게 하였다. 또한 중국 사회의 고질적인 문제인 '신뢰'의 문제를 모바일을 통해 해결했다. 가짜 식자재 공포를 경험한 중국인들은 믿고 먹을 수 있는 음식에 대한 관심이 많다. 중국인들은 위챗을 통해 방문한 식당, 주문한 배달 음식에 대해 평점과 리뷰를 남긴다. 이를 통해 얼마나 안전하게 음식을 만드는지에 대한 정보를 생산하고 공유하는 것이다.

위챗은 단순한 메신저 서비스를 넘어 중국 사회를 변화시키는 주역으로 발전하고 있다. 음식을 주문하고, 게임을 하고, 택시를 부르는 일상을 넘어서 중국인들은 위챗을 통해 제품 정보를 탐색하고 구매한다. 이는 중국 시장에 진출하고자 하는 국내 중소기업 들에게 좋은 기회를 제공한다. 국내 중소기업도 쉽게 활용할 수 있는 성공사례를 하나 소개해 보도록 하겠다. 중국 중소기업인 '리펑궈'는 위챗 그룹 대화방을 이용해서 마케팅을 전개했다. 위챗 대화방 운영자 중 7,000명을 확보해서 이들을 사업 파트너인 '사장'으로 삼았다. 판매상품이 정해지면 '리펑궈'는 상품을 조달하고 상품 정보를 제작해서 사장들에게 배포한다. 사장들은 대화방 회원들에게 이를 소개하고 회원들은 위챗 페이를 통해 상품을 구매하는 사업 구조이다. 이 사업 모델은 전통적 온라인 쇼핑몰과 달리 충동구매를 유발한다. 대화방 친구들이 상품을 구매하면 따라서 구매하는 쇼핑 행태를 이용한 것이다.

한국에 카톡이 있듯이 라인은 일본의 국민 메신저이다. 2011년 동일본 대지진 당시 일본인들이 라인을 통해 안부를 확인하면서 라인은 일본인들에게는 한국에서 만든 것이 아니라 일본에서 만든 서비스라는 인식이 강하다. 자국 중심주의가 강하던 일본 소비자들의 마음을 얻으며 일본 시장에 안착한 라인은 철저한 '현지화 전략'을 통해 성공한 대표적 사례이다. 현재 일본에서 모바일을 사용하는 사람 10명 중 8명이 라인을 쓰고 있을 만큼 일본 소비자들에게 국민 메신저로 포지셔닝(Positioning) 되어있다. 라인은 현재 일본에서 메신저를 넘어 간편 결제, 송금, 뉴스, 소액투자, 보험 등 다양한 서비스를 제공하며 모바일 플랫폼 1위 사업자의 지위를 공고히 유지하고 있다. 특히 '라인페이'를 중심으로 다양한 핀테크(Fin-tech) 서비스를 강화하고 있다. 또한 라인은 사용자의 일상 전반을 지원할 수 있는 '라이프 인프라(Life Infra)'로 진화시키기 위해

O2O, 핀테크, AI에 집중하고 있다. 라인은 이러한 전략의 일환으로 새로운 서비스 플랫폼인 '라인 미니 앱'을 공개했다. '라인 미니 앱'을 이용하면 별도 다운로드 없이 라인의 모든 서비스와 정보를 온라인 또는 오프라인 상에서 검색할 수 있다. 이를 통해 중소기업과 소상공인은 라인 내 메뉴, 가격표 등 서비스 정보를 담은 자체 페이지를 개설할 수 있고, 고객들에게 예약, 쿠폰 발행, 포인트 등 다양한 서비스를 제공할 수 있다. 더 나아가 라인은 야후 재팬과의 합병을 통해 핀테크와 AI 분야에서 시너지를 기대하고 있으며 구글과 맞서는 세계 최고의 AI 테크 회사가 되는 것을 목표로 하고 있다.

5절 모바일 마케팅 성공 사례: 코카콜라, 아우디, 깁슨, 치폴레

새로운 모바일 마케팅의 사례인 브랜디드 앱을 알아보자. 앞서 언급했듯이 브랜디드 앱이란 기업이 브랜드와 제품의 홍보를 위해 제작하고 배포하는 모바일 앱을 말한다. 브랜디드 앱은 사용자에게 재미와 오락, 혜택과 정보를 제공하여 브랜드 충성도와 구매 의도를 높이는 역할을 한다.

브랜디드 앱은 단순 홍보에서 더 나아가 혜택 제공, 제품 체험, 판매 지원 등 다양하게 활용된다. 또한 별도의 앱으로 개발하여 완전한 개별 서비스로 활용하기도 한다. 브랜디드 앱을 제작하고 활용할 때는 기업과 고객 양쪽 측면을 고려해야 한다. 기업 판촉 활동에 중장기적으로 효과가 있는지 고려함과 동시에 고객에게 다운로드할 동인을 제공해야 한다.

브랜디드 앱의 사례로 코카콜라의 '라이브 배경화면 앱'이 있다. 배경화면이 움직이면서 생동감을 부여하며, TV 광고와 일치하여 일반 월페이퍼보다 효과가 크다. 실질적 혜택을 주기보다는 브랜드 자체에 대한 홍보를 통해 브랜드 인지도를 높인 사례다.

〈그림 5-11〉 코카콜라의 라이브 배경화면 앱

출처: 코카콜라 라이브 배경화면

재미와 흥미를 통해 고객 경험을 제공한 사례로는 아우디의 'A4 브랜디드 앱'이 있다. 드라이빙 게임을 통해 소비자가 브랜드를 경험하게 하여 브랜드에 쉽게 다가갈 기회를 제공하고 흥미를 유발했다. 결과적으로 앱 다운로드 수 350만을 기록했고, 게임을 통한 웹사이트 방문이 급증하는 성과를 거뒀다.

〈그림 5-12〉 아우디의 A4 브랜디드 앱

출처: 아우디 A4 모바일 앱

미국의 세계적 기타 업체인 깁슨(Gibson)은 앱을 실행할 때마다 깁슨 브랜드를 떠올리고 애착을 느끼게 하는 브랜디드 앱을 개발했다. 음악을 통해 브랜드를 경험하게 한 것으로, 팟캐스트와 연동하여 음악 비디오를 감상하게 함으로써 브랜드 경험을 극대화했다.

〈그림 5-13〉 깁슨의 브랜디드 앱

출처: 깁슨 모바일 앱

멕시코 음식 전문점 치폴레 멕시칸 그릴(Chipotle Mexican Grill)은 모바일 앱을 통해 메뉴를 검색하고 주문한 후 가장 가까운 매장에서 결제하고 음식을 수령할 수 있게 했다. 브랜디드 앱을 통해 소비자의 소비 편리성을 증대시킨 사례로, 스타벅스와 버거킹 등 많은 식음료 업체도 유사한 주문 기능을 제공하는 브랜디드 앱을 출시했다.

〈그림 5-14〉 치폴레의 브랜디드 앱

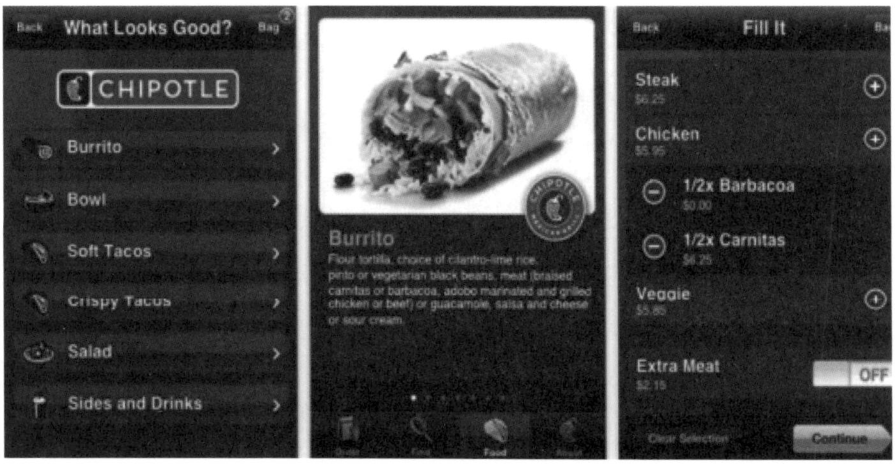

출처: 치폴레 모바일 앱

Part 06

빅데이터 마케팅

1장 빅데이터의 이해

1절 빅데이터 개요

빅데이터란 기존의 관리, 분석 체계로는 감당할 수 없을 정도의 거대한 데이터의 집합을 지칭한다. 과거의 빅데이터는 항공, 우주 정보, 인간 게놈 정보 등 특수 분야에 한정됐지만 ICT 기술의 발전에 따라 현재의 빅데이터는 전 분야로 확산됐다. 또한 대규모 데이터와 관계된 기술이나 도구(수집, 저장, 검색, 분석, 시각화 등)도 빅데이터의 범주에 포함된다.

특히 2010년대 들어 데이터 규모가 제타바이트(ZB, Zeta Byte) 수준에 이르면서 사물 정보, 인지 정보(RFID, 센서, 사물 통신)의 데이터 유형으로 변화하며 본격적인 빅데이터 시대가 도래했다.

빅데이터는 크게 정형화 데이터, 반정형화 데이터, 비정형화 데이터로 분류된다. 정형화 데이터에는 센서, 운영 데이터, 데이터베이스(DB) 정보가 있으며 반정형화 데이터에는 웹로그, 소셜 미디어 피드 등이 있다. 그리고 비정형화 데이터에는 비디오나 리치 미디어 등이 있다.

빅데이터를 구성하는 요소로는 규모의 증가, 다양성의 증가, 속도의 증가, 복잡성의 증가 등이 있다. 첫째, 규모의 증가는 기술 발전과 IT의 일상화로 해마다 디지털 정보량이 기하급수적으로 증가해 제타바이트(ZB) 시대로 접어든 것을 의미한다. 둘째, 다양성의 증가는 로그 기록, 소셜, 위치, 소비 데이터 등 데이터의 종류가 늘어나고 텍스트 이외에 동영상, 음악, 위치정보, 소셜 미디어 등 비정형화 데이터 유형이 다양해진 것을 의미한다. 셋째, 속도의 증가는 센서, 모니터링 등 사물 정보와 스트리밍 정보 등 실시간성 정보가 늘어나 이로 인해 데이터의 생성과 유통 속도가 빨라진 것을 의미한다. 대규모 데이터 처리와 가치 있는 실시간 활용을 위해서 데이터를 처리하고 분석하는 속도가 중요해졌다. 넷째, 복잡성의 증가는 데이터 종류가 늘어나고 외부 데이터의 활용으로 관리 대상도 늘어나면서 데이터 관리와 처리의 복잡성이 심화되고 새로운 기법이 요구되는 것을 의미한다.

최근 들어 빅데이터가 이슈화되고 있는 이유를 몇 가지로 짚어볼 수 있다. 스마트폰 보급이 활성화되면서 데이터가 급증하고, 소셜 미디어의 일상화로 일방향에서 양방향으로 정보 유통 구조가 새롭게 변화하고, 클라우드 서비스의 활성화로 개인과 조직의 저장 데이터에 대한 분석과 활용 요구가 증가했다는 점 등이 주요한 이유로 꼽힌다.

빅데이터는 빅데이터를 구성하는 하드웨어, 소프트웨어, 애플리케이션상의 유기적 순환으로 가치를 창출한다. 이를 '빅데이터 플랫폼'이라고 일컫는다. 양적으로 급격히 팽창한 데이터를 가공하고 분석해서 활용하면 새로운 가치를 창출할 수 있다. 이제 빅데이터가 기업과 조직의 핵심 자원이 되어 경제적 가치를 창출하고, 사회적 문제를 해결하며, IT 영역의 새로운 패러다임을 이끌 수 있게 됐다.

미래 사회에서 빅데이터는 불확실한 사회 현상과 현실 세계에 대한 데이터 분석을 통해 미래를 예견하고, 다양한 시나리오로 상황 변화에 유연하게 대처하게 하며 통찰력을 제시해줄 것이다. 또한 환경이나 모니터링 정보를 분석함으로써 위험을 사전에 감지하고 빠른 의사결정과 실시간 대응을 하도록 지원할 수 있다. 더 나아가 대규모 데이터 분석을 통해 인공지능 서비스가 가능하여 개인화·지능화 서비스를 통해 기업과 조직이 경쟁력을 갖도록 할 수 있다. 마지막으로 빅데이터는 다른 분야와의 융합을 통해 새로운 가치를 창출할 수 있다. 예를 들어 유전자 데이터와 같은 의료 정보와 결합해서 신약 개발이나 난치병 치료와 같은 새로운 가치를 만들어낼 수 있다.

2절 빅데이터 분석

빅데이터의 핵심은 분석이다. 기업이나 조직이 주어진 문제를 극복하고 목표를 달성하기 위해서는 합리적이고 과학적인 의사결정이 필요하다. 이때 현명한 의사결정을 할 수 있도록 유용한 정보를 제공하는 것이 분석이다.

분석은 어떤 현상에 대한 데이터를 수집하고 이를 분해하여 데이터 속에 숨어 있는 의미 있는 패턴을 찾아내서 문제 해결과 의사결정에 활용하는 것이다. 현실에서 데이터 분석이 어떻게 활용되는지 알아보자.

우선 기업을 경영하는 데 마케팅, 생산, 재무, 인사, 연구개발 등 전 분야에서 운영의 효율을 높이고 현명한 의사결정을 하기 위해 데이터 분석을 활용한다. 예를 들어 마케팅에서는 가격 결정, 매장 위치 결정, 판촉 목표 설정, 광고 채널 선택 등 다양한 분야에서 데이터 분석을 활용해 분석적으로 의사결정을 한다. 인사관리에서는 채용 시기 결정, 이직 직원 예측, 직원 보상액 산정, 교육 효과 분석 등에 활용할 수 있다. 연구개발에서는 고객이 선호하는 제품 특성이 무엇이고 선호하는 디자인이 어떤 것인지를 파악하는 데 활용할 수 있다.

정보는 데이터를 입력해서 프로그래밍과 프로세싱을 거쳐 산출물로 생산되는 것으로, 의사결정에 사용됨으로써 가치를 창출한다. 따라서 의사결정을 위한 정보는 정확하고 안전해야 하며, 필요할 때 바로 이용할 수 있어야 한다. 또한 상황과 관련되어야 하고, 의사결정을 위해 필요한 만큼만 제공되어야 하며, 정보의 가치가 비용을 초과해야 한다. 현대 기업 경영에서 문제 해결과 의사결정을 위해서는 정보력이 필수적이며, 데이터 분석이 정보력의 기초가 된다.

빅데이터 분석의 마지막 단계는 시각화다. 시각화란 데이터를 쉽게 이해하도록 시각적 정보로 바꾸어주는 것을 말한다. 시각화 방법에는 시계열 시각화, 텍스트 시각화, 소셜 네트워크 시각화, 지도기반 시각화가 있다. 분석의 목적에 따라 가장 이해하기 쉬운 시각화 방법을 선택하면 된다.

최근 들어 빅데이터는 기업 경쟁력의 원천이 되고 있다. 기업의 목표 달성을 위한 의사결정과 실행 과정에서 정보와 인사이트를 제공하는 과학적 분석 체계가 필요하다. 빅데이터 분석을 위해서는 우선 문제를 발굴하고, 사용자 관점에서 문제를 정의하고, 해결 대안을 설계한 후 타당성을 검토하고, 최적의 대안을 선택해야 한다.

예를 들어보자. 고객 이탈이 심해지는 문제가 발견되면 고객 관점에서 이탈의 영향 요인과 관련성을 파악한다. 다음으로 빅데이터 분석을 통해 다양한 해결 방안을 찾아본 후 제시된 대안이 경제적·기술적·운영적으로 타당한지 검토한다. 이를 통해 마지막으로 고객 이탈 방지를 위한 최적의 대안을 선정한다.

과거 기업은 데이터를 축적된 데이터베이스 개념으로 간주했다. 그러나 빅데이터 시대가 되면서 데이터는 다양한 가치를 추출할 수 있는 기업의 자원이자 역량이 됐다. 예를 들어 과거에는 은행에서 고객 분석을 할 때 통장 잔고가 우량 고객을 결정하는 주요 지표였다. 그런데 이제는 빅데이터 분석의 하나인 소셜 분석을 통해 오프라인뿐 아니라 온라인의 활동을 고려해 고객 세분화 전략을 수립하는 것이 효과적이다. 여기서 '소셜 분석'이란 SNS에서 발생하는 비정형 데이터를 이용해서 지표와 관련된 사용자 반응(브랜드 인지도, SNS 활동과 상호작용 정도, 추천이나 구전을 이용한 마케팅 활동 평가)을 측정하는 데 빅데이터 분석을 활용하는 것을 말한다.

3절 빅데이터 활용 사례

빅데이터는 산업과 경제 전반에 걸쳐 다양하게 활용되고 있다. 사례를 통해 대표적 활용 분야를 알아보자.

첫째, 빅데이터 분석을 통해 이상 현상을 감지해서 대응 시나리오를 만들 수 있다. 기업에서는 업무상 발생한 이벤트 기록을 수집, 분석하여 정상 또는 비정상 상태의 패턴을 파악할 수 있다. 또한 새로운 현상이 발생하면 이상 여부를 판단할 수 있어서 시스템 사고 예방, 마케팅 전략 수립 등 다양한 분야에 활용할 수 있다.

둘째, 빅데이터 분석을 통해 가까운 미래를 예측하고 시나리오를 만들 수 있다. 미국의 자동차회사 포드(Ford)는 개발 중인 커넥티드 자동차의 주행 시스템에 빅데이터를 이용했다. 차량 내 내비게이션이 운전자의 주행 이력과 패턴을 분석해서 운전자에게 도착해야 할 목적지에 이르는 최적 경로를 제안하는 것이다.

셋째, 빅데이터를 이용해 현황을 분석해서 기업의 경영 전략을 수립할 수 있다. 일본의 수퍼마켓 체인인 니시테쓰 스토어(Nishitetsu Store)는 빅데이터를 이용해서 매일 상품별 원가율과 원가 변동 추이를 분석해 이익률이 높은 상품에 대한 일별 마케팅 정책을 수립했다.

정부와 기업에서도 사회적 문제 해결이나 공익적 목적을 위해 빅데이터 분석을 활용하고 있다. 서울시는 빅데이터를 활용해서 2013년부터 심야 버스인 '올빼미 버스'를 운영하고 있다. 서울시는 KT의 심야 시간 통화 데이터, 심야 택시 승하차 데이터를 분석해 시민들이 이용하는 데 불편이 없는 최적의 심야 버스 노선을 결정했다. 빅데이터 분석을 공공 서비스에 활용해서 성공한 대표적 사례다.

〈그림 6-1〉 서울시의 심야 버스 노선

출처: 빅데이터를 이용한 교통계획, 서울정책아카이브

2008년 구글은 매우 흥미로운 서비스를 출시했다. 바로 독감 발병을 예측하는 '독감 트렌드(Flu Trend)'다. 독감의 증상, 병원 위치 등 감기에 걸린 사람들이 검색하는 단어의 입력 빈도를 지역별로 분석해서, 지역별로 독감 유행 정도를 예측하여 보여주었다. 2009년도에는 미국 캘리포니아 지역의 독감 확산 예보를 미국 질병통제예방센터보다 2주나 빨리 예측해 화제가 됐다. 현재는 신뢰도 문제로 서비스를 하고 있지 않으나, 빅데이터를 기반으로 한 예측 시스템이 독감뿐 아니라 전염성이 강한 유행성 질병을 조기에 파악하고 신속하게 대응하여 사회적 비용을 줄일 수 있음을 보여주었다는 점에서 큰 의의가 있다.

〈그림 6-2〉 구글의 독감 트렌드

출처: 빅데이터로부터 프라이버시를 보호하기, 네이버 블로그-개인정보보호

KT는 2014년 빅데이터 분석을 통해 조류독감 인플루엔자(AI)가 사람을 통해 확산되는 원인을 파악하고, 이를 활용해 AI 확산 경로를 예측했다. KT는 전국 AI 발병 지역 데이터를 확보하고, 가축·사료 운반 차량의 이동 정보를 분석하여 AI 확산 방지 시스템을 개발했다. 이를 기반으로 2017년 질병관리본부와 함께 감염병 확산 방지 플랫폼을 구축했다. 빅데이터를 활용해서 예방 의학 시장에 진출한 대표적 사례다.

〈그림 6-3〉 KT의 조류독감 인플루엔자(AI) 예측 시스템

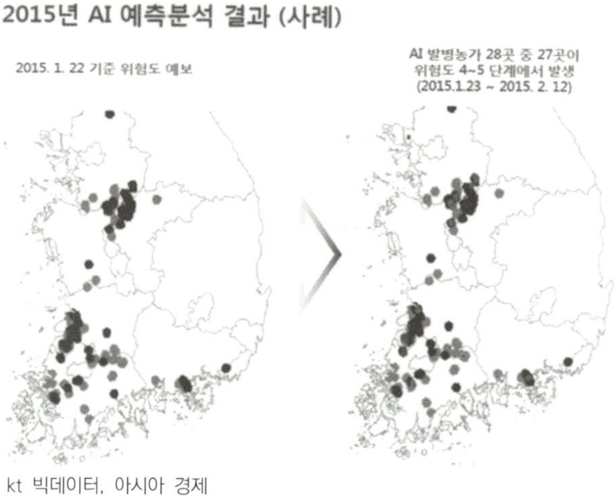

출처: 조류독감에 뻥 뚫린 kt 빅데이터, 아시아 경제

4절 빅데이터 마케팅

빅데이터 마케팅이란 빅데이터를 통해 고객의 소비 패턴, 선호도, 정보 등을 분석하여 구매 가능성이 큰 고객에게 맞춤형 혜택을 제공하는 등 고객 행동 데이터 분석을 통해 마케팅 전략 수립을 위한 인사이트를 도출해 내는 것을 말한다. 빅데이터 마케팅은 아마존 같은 유통 업체에서 시작해서 최근에는 금융,

의료, 통신 등 다양한 산업으로 확대되고 있다. 예를 들어 온라인 쇼핑몰에 빅데이터 마케팅을 적용해보면, '액세서리를 구매한 고객은 3개월 내 구두를 구매할 확률이 높게 나타난다'라는 빅데이터 분석 결과를 통해 구두 할인 쿠폰과 같은 맞춤형 혜택을 제공할 수 있다. 또한 빅데이터 마케팅은 데이터와 숫자를 기본으로 한다. 따라서 구체적인 행동이 수치로 명확하게 드러나는 ROAS(광고 지출 대비 성과) 등을 중시하며, 이용자의 행동 정보와 개인 프로필, 위치 정보 등 모든 정보를 대상으로 분석한다.

빅데이터 마케팅은 3C, 4P, STP 등 기본적 마케팅 프로세스를 파괴한다고 볼 수 있다. 불특정 다수를 대상으로 한 기존 마케팅 방식에 비해 빅데이터 마케팅은 효율성 측면에서 장점이 있다. 정확한 타깃을 선정하고 타깃을 대상으로 구매 유도를 위한 마케팅 메시지를 전달할 수 있다. 이를 통해 불필요한 마케팅 예산 낭비를 줄일 수 있다. 또한 빅데이터 마케팅은 소비자의 행동 변화에 집중한다. 따라서 단순한 인식 변화를 넘어 구매나 참여 등 소비자의 직접적 행동을 유도할 수 있는 방향으로 진화했다. 빅데이터 마케팅의 핵심은 분석 능력이다. 빅데이터 마케팅을 잘 하기 위해서는 많은 데이터의 확보도 중요하지만, 실제는 데이터 활용 능력 또한 중요하다. 데이터 분석을 통해 소비자의 숨겨진 니즈를 발견하고 이를 다양한 비즈니스 과정에 활용하는 것이다.

기존 마케팅에 비해 빅데이터 마케팅은 개인화된 데이터를 수집하고 분석하며, 분석 데이터를 기반으로 소비자를 세분화하고 개인화된 마케팅 집행까지 가능하다. 디지털 미디어를 통해 수집된 빅데이터는 로그인이나 모바일을 통해 개인화되어 있다. 이를 다양한 분석 기술을 통해 개인화된 데이터로 만들 수 있고 데이터 분석을 통해 타깃 선정과 소비자 세분화 전략을 수립할 수 있다.

소비자 구매의사결정 단계에 따라 소비자들은 검색이나 댓글, 후기 등 다양한 행동 데이터를 남기는데, 이를 수집하여 분석하는 것이 빅데이터 마케팅이다. 소비자 구매의사결정 분석은 고객이 고려, 검색, 구매, 소비, 구매 후 행동 단계로 이동하는 다양한 접점과 어떻게 상호작용하는지 분석하는 것이다. 구매 경로를 이해하고 구매 경로에 따라 구체적인 결과를 측정하는 것이 중요하다. 예를 들어 온라인 상에서 방문자 대비 수익률을 높이기 위해서는 타깃 고객을 효과적으로 유입할 수 있는 플랫폼과 매체를 선정하여 테스트해야 한다. 결과를 보고 효과가 높은 채널에 광고비 비중을 높여야 하며, 유입된 방문자의 구매전환을 높이기 위해 랜딩 페이지도 최적화해야 한다. 구매 결정 이전에 이탈한 고객을 분석하고 이탈률을 낮추기 위한 마케팅 전략을 수립해야 한다. 관심 유도부터 최종 구매까지 총체적 행동에 대해 빅데이터를 통해 분석하고 의사결정에 영향을 주어야 한다. 또한 마케팅 퍼널(Marketing Funnel) 분석을 통해 고객이 아닌 사람을 분리하여 고객에만 집중하는 마케팅 활동에 주력해서 효율을 높일 수 있다. 빅데이터 마케팅은 통합적 마케팅 관리를 통해 실행되어야 한다. 정제되고 통합된 데이터에 기반을 두고 마케팅 기획, 캠페인 실행, 마케팅 성과 측정 전반의 프로세스를 관리하여 마케팅 성과를 극대화시킨다.

빅데이터를 활용한 사례는 무궁무진하다. 카카오뱅크와 같은 온라인 은행은 지점 하나 없이 빅데이터를 바탕으로 한 마케팅으로 오프라인 은행을 위협하고 있다. 넷플릭스(Netflix)는 빅데이터를 분석해서 고객 맞춤형 영화를 추천해 기존 영화·방송 시장을 장악하고 있다. 소비자 빅데이터를 분석하면 소비자에 대한 인사이트를 찾고 소비자 경험을 발견할 수 있으며, 이를 통해 최적의 마케팅 전략을 수립할 수 있음을 입증한 사례다.

빅데이터 마케팅이 성공하기 위해서는 고객 데이터를 확보하고 빅데이터 전문 인력을 양성해야 한다. 그러나 국내 상황에서 빅데이터 전문 인력을 확보하고 양성하는 것은 단기에 해결되기 어려우며, 따라서 장기적 목표를 가지고 인적 자원에 꾸준히 투자해야 한다. 하지만 빅데이터는 전문가들만 활용할 수 있는 것은 아니다. 전문가가 아니더라도 손쉽게 사용할 수 있는 빅데이터 사이트가 '구글 트렌드'다.

구글 트렌드는 구글 이용자들이 검색한 단어의 검색량을 표준화해 제공하는 서비스로, 검색 지역과 기간을 설정할 수 있다. '사람들은 자기가 관심 있는 것을 더 많이 검색한다'라는 기본 가정에 따라, 검색량이 많은 키워드일수록 그만큼 인지도가 높다는 것을 의미한다. 구글 트렌드의 신뢰도는 지난 2016년 미국 대선에서도 입증됐다. 모든 언론에서 힐러리 클린턴의 압승을 예상했지만, 구글 트렌드는 도널드 트럼프가 당선될 것을 예상했다.

구글 트렌드의 활용 방법을 알아보자. 구글 트렌드 검색창에 '샤넬'이라는 명품 브랜드를 치면 샤넬의 한국어 검색량이 보인다. 다음으로 경쟁 브랜드인 '구찌'를 추가해보면 브랜드별 검색 추세를 비교해서 볼 수 있다. 샤넬과 구찌의 기간별 검색량 트렌드를 매출과 연결해보면 유사한 결과가 나온다는 것을 알 수 있다. 빅데이터라는 전문 분야를 누구나 간단하게 경험해볼 수 있는 구글 트렌드, 다가올 미래를 예측하고 고객의 변화를 알 수 있는 빅데이터 마케팅을 손쉽게 경험할 수 있는 좋은 툴(tool)이다.

〈그림 6-4〉 구글 트렌드

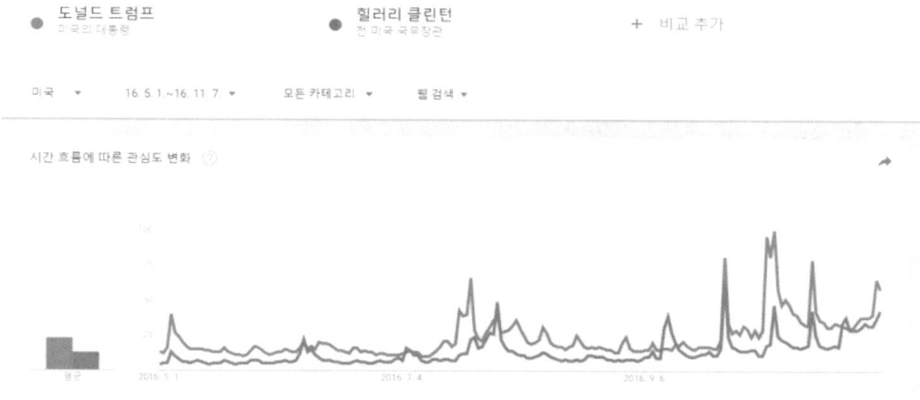

출처: 쉽게 배우는 구글 트렌드 사용법, 네이버 블로그- 장성혁의 공적공 연구실

빅데이터를 활용한 온라인 마케팅 플랫폼에는 대표적으로 SNS와 검색 광고가 있다. 먼저 SNS는 이미 빅데이터를 활용한 플랫폼이다. 예를 들어 페이스북은 온라인에서 소비자의 활동 내역을 분석해서 피드에 추천 상품을 보여준다. 소비자가 온라인 쇼핑몰에서 본 상품이 페이스북 피드에 뜨는 경우가 있는데, 빅데이터를 활용해 소비자의 활동 내용을 분석한 결과다. 소비자가 한 번이라도 접한 상품이나 콘텐츠를 한 번 더 보여줌으로써 구매로의 전환을 유도하는 것이다.

검색 광고도 빅데이터를 활용하고 있다. 검색 광고에서도 고객 구매 여정에 따른 데이터 기반 마케팅 전략이 필요하다. 이용자들은 구매 여정의 각 단계에 따라 이용자의 제품, 브랜드에 대한 지식수준이 다르고, 그 결과 구매 정보 탐색 단계별로 입력하는 검색어 수준의 차이가 있다. 초기 정보 검색 단계에서는 소비자의 지식수준이 낮아 추상적인 검색어를 주로 입력하지만, 구매 의사결정이 임박할수록 특정 브랜드나 제품에 대한 구체적 수준의 검색어를 입력한다.

따라서 구매 의사결정 초기 단계에 검색 광고를 집행하는 것이 노출 대비 클릭률이 높게 나타난다. 구매 고려 단계에 근접할수록 여러 검색 광고를 통해 정보를 찾기 보다는 대안이 줄어든 상황이라 소수의 검색 광고를 통해 구매 결정으로 전환한다는 것을 추정할 수 있다.

검색 광고에서 데이터 분석을 통해 키워드 선정 뿐 아니라 지역, 연령, 성별 타기팅, 노출 매체 타기팅, 노출 순위 등도 선정할 수 있다. 키워드 선정에 있어 빅데이터 기술로 실시간 급상승 키워드, 최근 이슈가 되는 키워드 등을 광고주에게 제공해서 소비자가 가장 많이 검색하는 키워드에 광고하도록 한다.

빅데이터 마케팅의 선도 주자는 아마존이다. 아마존은 빅데이터를 클라우드 서비스, 자동 상품 추천, 재고 관리, 예측 배송, 아마존고 등 다양한 영역에 활용하고 있다. 아마존의 상품 추천 시스템은 고객의 과거 구매 정보를 분석해 구매 예상 상품을 추천하고 할인 쿠폰을 제공하는 알고리즘을 갖고 있다. 이를 통해 매출이 35% 상승하는 놀라운 성과를 거뒀고, 다른 온라인 쇼핑몰들의 벤치마킹 대상이 됐다.

아마존은 온라인뿐 아니라 오프라인에서도 빅데이터 마케팅을 활용했다. 2017년 뉴욕에 문을 연 아마존의 오프라인 서점 아마존 북스(Amazon Books)는 철저한 빅데이터 분석을 근거로 마케팅을 전개했다. 제일 먼저 눈에 띄는 차별화 요소는 판매되는 모든 책이 표지가 보이게 진열됐다는 것이다. 아마존 북스는 판매 부수, 리뷰, 별점, 사전예약 등 다양한 빅데이터를 분석해서 그 결과에 따라 책을 진열했다. 기존 서점의 조작적 진열과 베스트셀러 선정 방식에 불만이 있던 고객들은 아마존의 신선한 시도에 열광했다. 아마존은 클라우드와 온라인 쇼핑 선도 주자의 강점을 활용해서 개인 취향 분석을 통해 개별 소비자와 소통하는 빅데이터 마케팅의 진수를 보여주고 있다.

〈그림 6-5〉 아마존북스 뉴욕

출처: 아마존 북스 뉴욕1호점, 월간 디자인

아마존 빅데이터 마케팅의 핵심은 추천 엔진이다. 아마존 추천 엔진은 협업 필터링(collaborative filtering)을 기반으로 한다. 협업 필터링이란 고객이 누구인지 알아낸 후, 그와 비슷한 프로필을 가진 사람들이 구매한 제품을 제시해 구매를 유도하는 것을 말한다. 즉, 기존 소비자 행동 정보를 분석해서 특정 소비자와 유사한 성향을 지닌 소비자가 과거에 좋아했던 제품이나 서비스를 추천하는 것이다.

아마존은 2억 5,000만 명이 넘는 고객 데이터를 수집한 뒤 인구통계학적 데이터, 고객 평가, 피드백, 고객 행동을 분석해서 소비자 집단을 세분화한다. 이런 세분화 집단을 대상으로 상품을 추천하며, 고객 세분화 데이터를 광고주에게 판매하기도 한다.

현업에서 빅데이터 마케팅을 활용한 대표적 사례는 고객 타기팅에서 발견할 수 있다. 대다수 온라인 광고가 빅데이터를 통한 타기팅 기법으로 집행되고 있으며, 다양한 고객 타기팅과 개인화가 시도되고 있다. 더 나아가 빅데이터는 마케팅에서 더욱 중요한 역할을 할 수 있다. 궁극적으로 빅데이터 시각화를 통해 소비자 인사이트를 발견하고, 소비자와 직접 소통하여 브랜드 가치를 높이는 콘텐츠와 캠페인 제작에 활용될 수 있다.

2장 데이터 기반 타기팅과 개인화

1절 인터넷 광고의 타기팅

초기 인터넷 광고는 대중을 대상으로 무작위로 노출하는 형태가 대부분이었다. 배너 광고의 노출 지면과 콘텐츠 정도만 타기팅 방법으로 활용됐다. 예를 들어 포털의 여행 섹션은 주로 항공사나 호텔 같은 여행 관련 광고주들에 적합하다는 상식적인 콘텐츠 타기팅이 전부였다. 이때만 해도 전통적 매체의 타기팅과 크게 다르지 않았다.

본격적인 타기팅이 시작된 것은 사용자의 쿠키 정보를 활용하면서부터다. 쿠키 정보를 통해 사용자의 이용 경로를 추적하고 성향을 파악하면서부터 본격적인 타기팅 광고 상품이 등장했다. 이후 사용자의 빅데이터 분석을 통해 더욱 정교한 타기팅과 인사이트 발굴이 가능해졌다. 이제는 소비자의 프로필에 따라 개인화된 추천 메시지를 전달하는 개인화 타기팅과 소비자 구매 행동 정보나 구매 관련 행동을 분석해서 타기팅하는 행동 타기팅으로까지 진화했다.

행동 타기팅은 가장 높은 수준의 타기팅이다. 예를 들어 고객이 온라인 쇼핑몰에서 스마트폰을 구매하거나 구매 의향을 드러내는 행동을 했다면, 그 고객이 다시 방문할 때 스마트폰 액세서리를 추천하는 것이 바로 행동 타기팅이다.

2절 빅데이터 기반 타기팅

빅데이터 기반의 타기팅 기법으로 대표적인 것이 '리타기팅'이다. 리타기팅은 온라인 사용자 데이터 분석을 기반으로 소비자가 관심을 두고 있는 상품과 서비스를 지속적으로 노출하는 광고 기법이다. 리타기팅은 관심이 있는 사람들에게만 노출되기 때문에 클릭률 등 광고 효과가 높으며, 구매 욕구를 자극해서 구매 전환율을 높일 수 있다. 주로 'GDN(Google Display Network)'과 같은 애드 네트워크를 활용하기 때문에 수백만 개의 웹사이트와 모바일 앱을 통해 대규모의 사용자에게 도달할 수 있다.

예를 들어 어떤 소비자가 노트북으로 특정 브랜드의 웹사이트를 방문해서 상품들을 둘러본다고 하자. 여러 가지 상품을 둘러보지만, 장바구니에 아무것도 담지 않은 상태로 웹사이트를 떠난다. 며칠이 지난 후, 이 소비자는 스마트폰을 보다가 전에 봤던 상품과 유사한 관련 상품의 광고를 보게 된다. 그 광고를 보고 브랜드에 다시 관심이 생기거나, 구매를 위해 웹사이트를 방문하게 된다. 이것이 리타기팅의 작동 원리다. 리타기팅은 이미 관심을 가진 고객들이 구매하게 하는 데 효과적이며, 여러 번 광고를 노출해 상품을 고객의 마음에 각인시킨다.

고객이 어떤 디바이스를 이용하든지 일관된 광고를 노출하는 것을 '크로스 디바이스 타기팅'이라고 한다. PC나 스마트폰, 태블릿 어디서든지 타기팅한 고객을 동일한 사용자로 인식해서 일관된 광고를 송출하는 방법이다.

〈그림 6-6〉 리타기팅 광고

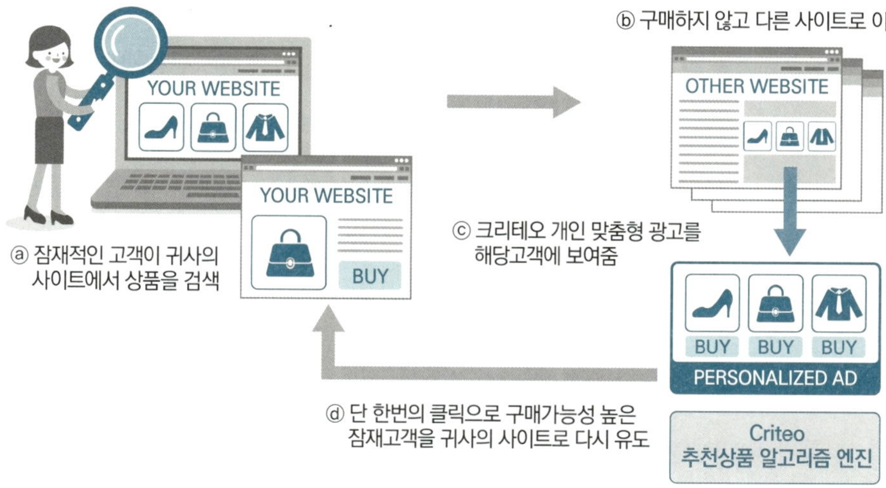

출처: 크리테오, "리타기팅 광고"

이러한 타기팅 광고를 활용하여 광고 성과와 효율성을 높이는 기법중 하나가 '퍼포먼스 마케팅'이라고 한다. 퍼포먼스 마케팅은 프로그래머틱 바잉과 같은 디지털 광고 거래 방식을 활용하여 성과를 최적화시키는 디지털 광고 기법이다. 퍼포먼스 마케팅의 목적은 '최소의 노력으로 최대의 효율'을 내는 것이다. 퍼포먼스 마케팅은 광고, 이메일, 콘텐츠, 쇼핑몰 등 다양한 경로를 통해 타깃을 모은 뒤, 이들을 자사 사이트로 유입시키는 것으로부터 시작한다. 그리고 한번 유입된 잠재 고객을 진성 고객으로 전환시키기 위해 집요한 마케팅을 펼치며 매출을 일으키는 일련의 과정들을 관리한다.

3절 개인화의 이해와 유형

개인화는 대중화된 표준 제품이나 서비스를 개인에게 특화된 제품 또는 서비스로 바꾸어 고유의 경험을 제공하는 것을 의미한다. 이전의 매스 마케팅 시대에는 모든 소비자를 동일한 특성을 갖는 집단으로 취급했지만, 개인 맞춤화 시대에는 개인에게 맞춤형 제품과 서비스를 제공하고 지속적인 고객관계를 유지하는 것이 중요해졌다. 특히 개인화가 유용한 영역은 고객 니즈가 다양하고 고객 가치가 다른 상품이다.

대표적으로 넷플릭스의 '개인화 추천 콘텐츠 서비스'가 있다. 넷플릭스는 고객의 선호 콘텐츠 장르, 시청 시간 등 빅데이터를 분석해서 개인 맞춤형 콘텐츠를 추천 한다. 이를 통해 고객은 개인별로 화면 목록과 디스플레이 화면까지 달라지는 새로운 경험을 하게 되는데, 만족도가 높은 경우 지속적으로 서비스를 이용하는 충성 고객으로 이어질 수 있다.

〈그림 6-7〉 넷플릭스 개인화 콘텐츠 추천

출처: 넷플릭스 집중탐구(상), 브런치-NTVX Team

개인화의 유형에는 대중 맞춤화(mass customization)와 선택 도우미(choice assistance)가 있다. 첫째, 대중 맞춤화는 제품의 외관이나 기능적 속성을 바꾸지 않고 사용자가 선택하는 조건 내에서 제한적으로 제공하는 맞춤화 서비스다. 대표적인 예가 미국의 델 컴퓨터(Dell Computer)로, 1980년대 대중 맞춤화 마케팅 전략을 펼쳐 PC 시장에서 선풍적 인기를 끌었다. 델 컴퓨터는 완전한 고객 주문형 생산으로 유명하다. 고객이 온라인에서 모든 부품에 대한 사양을 선택하게 하여 고객의 니즈에 맞는 개인 맞춤형 PC를 생산한다. 사후 서비스도 개인 맞춤형으로 진행한다. 고객이 수리를 의뢰하면 일대일 무료 전화 지원과 출장 서비스를 통해 수리한다. 델 컴퓨터는 대중 맞춤화를 활용한 개인화 마케팅으로 한 때 세계 2위의 컴퓨터회사로 성장했다.

둘째, 선택 도우미는 소비자의 선택 폭이 넓고 정보가 많아서 구매 선택이 어려울 때 이를 해결해준다. 소비자가 원하는 제품과 서비스를 잘 선택하도록 도와주는 것이다. 대표적인 예로 '엔카'를 들 수 있다. 엔카는 온라인 중고자동차 거래 사이트로 소비자가 희망 브랜드, 차종, 연식 등 정보를 입력하면 구매 가능한 차량 정보를 제공해준다. 선택 도우미 중에서 최근 급격히 부상하고 있는 유형은 협업 필터링이다. 아마존이나 넷플릭스의 개인 맞춤형 추천이 바로 협업 필터링을 이용한 것이다. 협업 필터링의 단점은 기존 데이터가 없는 신제품의 경우 문제가 있고, 소수의 인기 제품에만 추천이 집중되기에 관심이 적은 다수의 제품에 대한 추천 정보는 얻기가 어렵다는 것이다.

개인화 마케팅은 실시간으로 변하는 고객의 니즈에 부합하는 맞춤형 콘텐츠를 제공하여 더욱 고도화된 고객 경험을 제공한다. 개인화 마케팅 채널은 크게 웹사이트, 모바일, 이메일로 분류할 수 있다. 웹사이트는 주로 기사, 블로그

포스팅, 이미지와 비디오를 이용하는 미디어, 상품 판매 채널, 랜딩 페이지 같은 유형이 있다. 모바일에는 모바일 웹, 앱 푸시(App Push), SMS 같은 유형이 있다. 그리고 이메일은 위치, 날씨, 과거 구매 내역에 기반한 콘텐츠를 보낼 수 있어서 개인화 마케팅 채널로 가장 많이 활용된다.

개인화 마케팅의 최신 트렌드는 마케팅 자동화와 실시간 마케팅이다. 먼저 마케팅 자동화는 여러 플랫폼에서 수집된 정보를 한곳에 모아 데이터를 통합해, 개별 소비자에게 일관되고 개인화된 경험을 제공하도록 해주는 것을 말한다. 다음으로 실시간 마케팅은 소비자가 클릭한 메뉴, 클릭 횟수, 체류 시간, 유입 경로 등 소비자 행동을 실시간으로 분석하여 연관성이 높은 콘텐츠를 추천하고, 개인 맞춤형 메시지로 고객 반응을 유도하는 것을 말한다.

앞으로 ICT 기술이 발전함과 함께 개인화 마케팅에 대한 관심은 더욱 커질 것이다. 마케팅 테크놀로지, 인공지능, 모바일 앱의 발전을 통해 개인화 마케팅 역시 더욱 발전해나갈 것으로 전망된다.

4절 개인화 맞춤형 광고

기존 광고가 크리에이티브 콘텐츠에 집중하였다면 최근에는 새로운 형태의 미디어와 기술이 결합하여 소비자에게 특별한 방법으로 원하는 정보와 메시지를 전달하는 것에 집중하게 되었다. 미디어 간 연결을 통해 개인 맞춤형 소통, 공감, 경험이 가능한 개인 맞춤형 광고가 가능해졌다. 따라서 전반적 소비자 접점을 통해 타깃에게 적합한 메시지를 전달하는 것이 중요한 시점이 되었다. 디지털에서 타기팅은 언제, 어디서, 누구에게 메시지를 전달할지 결정하는 방법이다. 디지털 플랫폼과 매체(인터넷, 모바일, 디지털 사이니지 등)에서는 연령, 성별, 구매 이력, 취향 등 정확한 개인 맞춤형 타깃을 설정한다. 맞춤형 타기팅이 중요한 이유는 행동정보를 기반으로 성별, 연령별, 관심사, 행동 패턴 등을 통해 광고 메시지를 던지고자 하는 대상에 대해 인사이트를 파악하고 어떤 사람인지 알아가는 과정을 단축하여 효율적 비용으로 내가 원하는 고객만을 대상으로 광고할 수 있다. 디지털 플랫폼 상에서 타기팅 하는 방법을 웹 사이트의 예를 중심으로 알아보자. 이용자가 웹 사이트에 접속하면 모든 정보는 쿠키로 남게 된다. 이러한 쿠키 정보 데이터를 트래킹 분석(Tracking)한 후 광고운용 플랫폼에 전송하면 개인 맞춤형 광고를 집행할 수 있다.

이러한 개인 맞춤형 광고는 웹이나 모바일 뿐 아니라 디지털 사이니지와 같은 옥외 광고에서도 가능하다. 안면인식 기술을 통해 소비자의 연령, 성별, 표정 등을 인식한 후 클라우드 데이터와 매칭하여 광고 운영 플랫폼에 전송하면 각기 다른 형태의 개인 맞춤형 광고를 집행할 수 있다. 스마트 기기의 발달과 사용률의 증가로 인해 개인별 데이터가 급증하면서 빅데이터 분석 기법과 알고리즘 기술을 활용한 개인 맞춤형 광고는 새로운 도약의 계기를 맞이했다.

아마존, 구글 등 글로벌 테크 기업들이 고객 데이터를 통한 마케팅에 집중 투자하고 있는 상황에서 네이버, 카카오등 국내 온라인 기업들도 빅데이터 마케팅에 투자를 시작하고 있다. 네이버의 경우 국내 1위 포털사이트라는 강점을 살려 이용자의 로그인 정보 기반 인구 통계적 타기팅 광고 플랫폼을 운영하고 있다. 이를 통해 성별, 연령, 시간, 지역, 유입 경로별 타기팅 광고를 집행할 수 있다. 카카오는 카카오서비스 이용자 특성을 기반으로 다양하고 고도화된 데이터 분류를 하고 있다. 과거 집행 이력으로서의 광고 반응, 모바일 수집

데이터, 유사 타깃을 통한 고객 파일 확장 등을 실행하고 있다.

디지털 기술의 발전은 실제 기업들이 정확한 개인 맞춤형 광고를 할 수 있는 길을 열었다. 특히 클라우드가 상용화되면서 기업들이 이전보다 훨씬 저렴한 비용으로 데이터를 저장하고 분석하는 시대가 되었다. 고객들이 스마트 폰을 통해 위치, 취향, 사회적 관계망 등 막대한 양의 정보를 실시간으로 발신하는 상황도 개인 맞춤형 광고를 가능하게 했다. 전통적인 옥외 매체도 스마트폰과 연계해 진화하고 있다. 디지털 사이니지라 불리는 디지털 옥외광고는 일방적인 기업의 메시지 전달을 넘어 안면인식, 데이터 분석, 5G 기술을 통해 양방향 커뮤니케이션 채널로 발전했다. 일본 도쿄의 인공지능 전광판의 경우 카메라가 지나가는 차량의 번호를 인식해서 차량의 구매년도, 차주의 구매 주기 등을 파악해서 실시간으로 다른 광고 메시지를 전달한다. 인공지능 데이터 분석인 딥 러닝(Deep Learning)을 통해 카메라가 인식하는 자동차의 브랜드명, 모델, 연식 등을 실시간으로 인식하여 대상 차량에 최적화된 개인 맞춤형 광고를 전달한다. 더 나아가 5G 통신 기술을 통해 이종 플랫폼 간 네트워크가 가능해지면서, 오프라인에서 체크된 차량 소유자의 프로필을 온라인으로 분석하여 다양한 제품의 정보를 인공지능 전광판을 통해 개인 맞춤형 메시지로 전달할 수 있다.

Part 07

디지털 마케팅 측정과 마케팅 테크놀로지

1장 디지털 마케팅 효과 측정과 분석

1절 디지털 마케팅 효과 측정

디지털 마케팅의 투자수익률(ROI)을 측정하는 것은 기업의 마케터가 직면한 가장 큰 과제 중 하나다. 문제는 대부분의 마케터가 디지털 분석이라고 하면 구글 애널리틱스 같은 웹 분석 툴과 연관된 지표만을 생각한다는 것이다. 물론 웹 분석을 통해 웹사이트의 성과에 대한 많은 데이터와 인사이트를 얻을 수 있는 건 사실이지만, 마케터가 궁극적으로 원하는 것은 고객의 구매 전환율이나 마케팅 퍼널(marketing funnel)에서 움직이는 개별 고객에 대한 데이터일 것이다.

디지털 마케팅의 효과 측정 및 데이터 분석을 위해서 제일 먼저 해야 하는 일은 마케팅 목적을 정의하고 마케팅 목적을 달성하기 위한 핵심 성공요인을 파악하는 것이다. 예를 들어 디지털 마케팅 목적이 유입획득(Acquisition)을 강화하는 것이라면 홍보채널을 통해 고객들이 많이 유입되고 캠페인 사이트를 많이 방문하는 것이 핵심 성공요인이 될 수 있다. 활성화(Activation)가 목적이라면 고객이 캠페인 사이트에 얼마나 많이 머물고 이벤트에 얼마나 많이 참여했는지가 핵심 성공요인이 된다. 매출증대(Revenue)가 목적이라면 고객이 캠페인 기간 동안 얼마나 많이 구매했고 기존 고객의 구매가 얼마나 증가했는지가 핵심 성공요인이다. 마지막으로 공유(Referral)가 목적이라면 고객들이 이벤트 참여를 얼마나 많이 추천했고 소셜 미디어에 얼마나 많이 공유했는지가 핵심 성공요인이다.

핵심 성공요인을 분석했다면 다음으로 핵심 성공요인을 측정할 수 있는 측정 지표를 도출해야 한다, 예를 들어 홍보채널에 많이 유입되고 캠페인에 참여하는 게 핵심 성공요인이라면 홍보채널별 유입률과 캠페인 참여율을 측정지표로 설정할 수 있다. 디지털 마케팅에서 활용되는 대표적 측정 지표는 고객 여정의 활동 및 전환 단계에 따라 설정할 수 있다.

도달(Reach)단계에서는 전체 고객 중 한 번이라도 광고 및 콘텐츠에 노출된 고객의 수를 의미하는 '도달율'을 지표로 활용한다. 유입(Acquisition)단계에서는 '클릭률', '유입율', '순방문자수', '체류시간'을 지표로 활용한다. 전환(Conversion)단계에서는 '전환율', '이벤트참여율', '전환비용'을 지표로 활용한다. 구매(Revenue)단계에서는 '구매전환율', '평균 구매단가','광고대비 매출 비율'을 지표로 활용한다. 공유(Referal)단계에서는 '공유율', '추천지수', '바이럴 계수'를 지표로 활용한다. 재방문(Retention)단계에서는 '재방문율'을 지표로 활용한다. 마지막으로 충성도(Loyalty)단계에서는 고객이 최근에 얼마나 반복적으로 많은 금액을 지출하는지를 기준으로 고객 충성도를 분석하는 'RFM', '고객생애가치'를 지표로 활용한다.

디지털 마케팅 초기의 많은 노출을 통해 '클릭'수를 늘리는 기본적인 측정지표에서 유의미한 성과를 확보하기 위한 '전환율'을 높이는 방향으로 발전하였다. 최근에는 실제 마케팅 투자가 매출로 이어지는 'ROI(Return of Investment)'를 분석하기 위한 지표가 주로 활용되고 있다. 향후에는 장기적 차원에서 고객가치를 증대시키고 지속적인 관계를 강화할 수 있는 '고객생애가치' 지표가 중요시될 것으로 예상된다.

디지털 마케팅 분석에서는 웹사이트 트래픽, 리드, 세일즈 관련 지표뿐 아니라 어떤 온라인 이벤트가 리드를 고객으로 전환하는 데 영향을 미치는가와 같은 비즈니스 지표도 측정한다. 디지털 마케팅 분석을 통해 마케터는 웹사이트의 성과뿐 아니라 마케팅 활동의 성과를 한눈에 확인할 수 있다. 따라서 마케팅 분석 툴을 활용하여 현재 운영하는 마케팅 채널 간의 실제 ROI를 측정하고, 비즈니스 목표를 얼마나 달성했는지를 분석하여 향후 마케팅 계획을 수립하는 데 도움을 얻을 수 있다. 또한 디지털 마케팅 분석으로 특정 마케팅 채널의 문제를 진단하고 전략을 수정함으로써 전반적인 마케팅 활동의 성과를 향상시킬 수 있다.

디지털 마케팅 분석은 기본적 웹사이트 분석이 충족하지 못하는 부분을 충족시켜준다.

첫째, 다양한 마케팅 채널들의 성과를 통합적으로 확인할 수 있다. 예를 들어 고객 DB를 세분화하여 이메일 마케팅을 했을 경우 얼마나 많은 사람이 클릭을 통해 웹사이트로 이동했는지 뿐 아니라 이동한 사람들의 구매 전환율, 다른 마케팅 활동과 개별 이메일의 효과를 비교할 수 있다.

둘째, 디지털 마케팅 분석은 구매 여정 상에 있는 사람 중심의 데이터를 제공하므로 잠재 고객이 다양한 마케팅 활동과 채널에 어떻게 반응하는지 추적할 수 있다. 이를 통해 구매 여정의 각 단계에서 어떤 마케팅 활동이 가장 효과적인지 파악할 수 있다.

셋째, 디지털 마케팅 분석의 가장 유용한 기능은 마케팅 활동에서부터 세일즈까지 통합한 연속적 데이터를 얻을 수 있다는 것이다. 디지털 마케팅 분석은 CRM 플랫폼과 연동되어 지금 하고 있는 디지털 마케팅을 통해 생성된 리드가 실제 고객으로 전환되고, 수익을 발생시키는가 하는 것을 확인할 수 있다. 이런 연속적 데이터는 개별 마케팅 활동들이 실제로 구매자 여정상 가장 아랫 단계에 있는 사람들에게 효과가 있는가를 판단하는 데 도움을 준다. 또한 어떤 채널이 세일즈로 이끄는 가장 중요한 채널인지도 판단할 수 있게 해준다.

디지털 마케팅 효과를 측정하는 대표적인 솔루션으로 어도비(Adobe)의 마케팅 클라우드가 있다. 마케팅 클라우드는 콘텐츠 관리, 캠페인 실행, 개인화, B2B 마케팅을 통합적으로 관리해주는 솔루션이다. 먼저 콘텐츠 관리 도구인 어도비 익스피리언스 매니저(Adobe Experience Manager)는 고객에게 개인화된 콘텐츠를 제공하며, 고객 경험을 제작하고, 이를 모든 채널에서 관리하게 해준다. 또한 디지털 자산 관리를 통해 콘텐츠를 다양한 채널의 고객에게 신속하게 전달할 수 있다.

다음으로 캠페인 실행 도구인 어도비 캠페인(Adobe Campaign)은 이메일, 광고 캠페인을 통합적으로 관리하고 자동화한다. 또한 고객 프로파일링과 분석을 통해 고객 참여도를 향상시킬 수 있다. 개인화 도구인 '어도비 타깃(Adobe Target)'을 통해서는 고객 개인에게 맞는 경험을 제공하는 인공지능 기반의 최적화를 통해 방문자의 경험을 향상시킬 수 있다. 마지막으로 '마케토 인게이지(Marketo Engage)'는 B2B 마케팅을 위한 리드를 관리하고 마케팅과 세일즈 활동을 연동하고 조정하게 해준다.

〈그림 7-1〉 어도비의 마케팅 클라우드

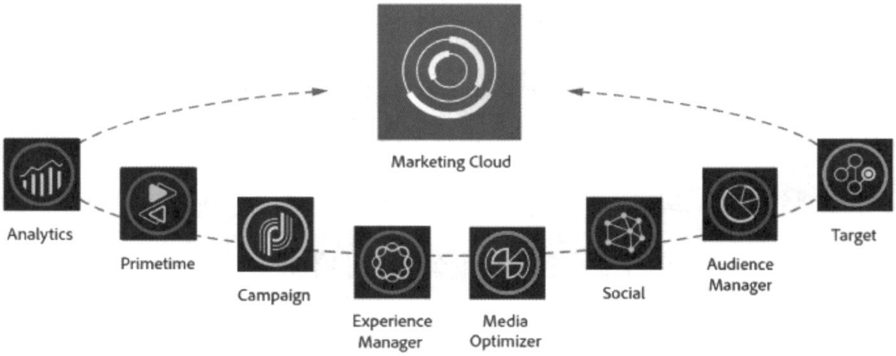

출처: https://www.argildx.com/experience/adobe-marketing-cloud-deeper-dive/

2절 구글 애널리틱스의 활용

기업에서 가장 널리 사용되고 기본이 되는 데이터 분석 중 하나가 웹 로그 분석이다. 일반적으로 웹사이트가 디지털 마케팅의 거점이 되고, 간단한 설치만으로 방대한 고객 데이터를 수집하고 분석할 수 있기 때문에 웹 분석 서비스를 많이 이용하고 있다. 구글 애널리틱스는 웹사이트 방문자의 데이터를 수집, 분석하여 온라인 비즈니스 성과를 측정하고 개선하는 데 사용하는 웹 로그 분석 도구다. 웹사이트와 모바일 앱 데이터를 수집, 분석하여 다양한 리포트 형태로 제공함으로써 웹사이트, 모바일 앱을 최적화하거나 온라인 광고 캠페인을 최적화하는 것을 돕는다. 또한 무료 서비스이며 이용하기 쉬워서 세계적으로 가장 보편적으로 사용되고 있다.

구글 애널리틱스는 구글 계정만 있으면 누구나 사용할 수 있는 무료 서비스이면서도 방대한 방문자 데이터를 제공하고, 맞춤형 보고서를 쉽게 만들 수 있도록 설계되어 있다. 세그먼트 기능을 활용해 심층적 데이터 분석을 할 수 있고, 개별 웹사이트에 고유한 데이터를 추가로 수집할 수 있으며, 데이터 처리 속도가 빠르다는 차별점을 가지고 있다. 더 나아가 우수한 사용자 인터페이스로 다양한 시각화 정보를 제공해서 데이터를 쉽게 이해할 수 있을 뿐 아니라 구글의 관련 솔루션인 구글 애즈, 구글 태그 관리자, 구글 데이터 스튜디오 등과 쉽게 연동해서 통합적으로 사용할 수 있다. 기능적 업데이트가 지속적으로 이루어지고 활용법을 학습하기가 쉽다는 장점도 가지고 있다.

구글 애널리틱스를 사용하면 우리 웹사이트에 어떤 사용자들이 방문하는지, 어떤 채널을 통해 방문하는지, 웹사이트에 들어와서 어떤 행동을 하는지, 최종적으로 구매나 상담 등으로의 전환이 얼마나 발생했는지 등 고객에 관한 중요한 인사이트를 얻을 수 있다. 구글은 이용자가 일상에서 만들어내는 수많은 정보들을 수집하고 이러한 데이터를 분석하여 고객 개인화를 완성했다. 검색어, 관심 영상, 위치정보, 쇼핑 이력, 앱 다운로드, 결제 이력, 소셜 반응, 성별, 연령 등 개인의 라이프 로그(Life-log) 데이터를 수집하고 분석한다.

구글 애널리틱스의 구체적인 사용법을 알아보자. 먼저 구글 계정을 만든 후 구글 애널리틱스에 가입한다. 다음으로 측정하고자 하는 대상을 선택한다. 웹사이트나 모바일 앱을 선택할 수 있다. 예를 들어 웹사이트를 선택했다면 웹사이트의 속성 정보를 설정한다. 다음으로, 추적할 모든 웹 페이지의 추적 코드를 삽입한다. 이렇게 추적 코드를 삽입하면 콘텐츠 참여, 온라인 정보 제공, 브랜딩, 리드 생성, 커머스 등 모든 시스템의 데이터를 수집할 수 있다.

구글 애널리틱스는 '계정-속성-보기' 순으로 설정할 수 있다. 계정은 주로 관리를 위한 용도로 최대 100개까지 만들 수 있다. 속성은 데이터를 수집하기 위한 설정으로 최대 50개까지 만들 수 있다. 보기는 주로 데이터 수집을 위한 용도로 사용되며 최대 25개까지 만들 수 있다. 또한 보기에서 데이터를 사용자에 맞게 분류할 수 있다. 예를 들어 속성에서 '사용자 행동'으로 설정했다면, 보기에서는 '장바구니에서 이탈한 사용자 데이터'라고 설정할 수 있다.

구글 애널리틱스 인터페이스는 알림/도움말 탭을 이용하여 최적화할 수 있다. 먼저 실시간 보고서를 통해 사용자의 행동을 실시간으로 볼 수 있다. 다음으로 현재 사이트에 방문한 사용자 수와 페이지뷰를 볼 수 있다. 또한 사이트 내 사용 페이지를 인기순으로 볼 수 있고, 전환 수 탭을 통해 전환 수를 실시간으로 볼 수 있으며, 목표 페이지에서 활성 사용자 수를 볼 수 있다.

잠재 고객 보고서에서는 연령, 성별, 유입 경로, 관심 분야 등 사용자 특징을 확인할 수 있다. 또한 획득 보고서에서는 사용자를 사이트로 유도한 채널이 무엇인지 확인할 수 있고 사용자들이 조회한 페이지, 방문 페이지, 이탈 페이지 등을 확인할 수 있다. 전환 보고서에서는 비즈니스 목표를 토대로 웹사이트 목표를 추적할 수 있다. 개요 보고서는 측정항목에 대한 요약정보를 제공하고 잠재 고객 개요 보고서는 사용자 수, 세션당 방문한 페이지 수, 평균 세션 시간, 이탈률 등 집계된 잠재 고객의 측정 데이터가 표시된다. 개요 보고서의 마지막에 있는 전체 보고서로 이동하면 측정 기준을 획득, 동작, 전환으로 구분하여 볼 수 있다.

추가로 맞춤 캠페인을 설정하여 유입 경로를 파악할 수 있다. 예를 들어 쿠폰 제공 캠페인이며 네이버 검색 광고를 통해 사이트를 방문할 경우 광고 매체, 소스, 캠페인 태그를 'CPC, Naver, Coupon'으로 달면 된다.

구글 애널리틱스를 잘 활용하면 웹사이트에 방문하는 이용자들이 누구인가, 이용자들은 어디에서 오는 것일까, 이용자들이 어떤 페이지를 많이 보고 어디에서 많이 이탈할까, 이용자들이 방문 후 내가 원하는 행동을 하고 있나 하는 것을 알 수 있다. 잠재 고객, 획득, 방문 행동, 전환에 대한 이용자 데이터를 분석할 수 있는 것이다. 좀 더 구체적으로 알아보자. 실시간으로 접속 중인 이용자들이 어디서 왔고, 어떤 페이지를 보고, 무슨 행동을 하는지 확인할 수 있다. 우리 사이트에 들어온 모든 이용자들의 특성-연령, 접속 기기, 지역, 관심 분야 등을 알 수 있다. 우리 사이트를 어떻게, 무엇을 보고 들어오게 되었는지, 어떤 링크인지, 어떤 광고 소재인지 알 수 있다. 우리 사이트에 들어 온 모든 이용자의 활동-어떤 페이지, 어떤 순으로 봤는지 등을 알 수 있다. 마지막으로 이용자들이 실제 결과를 일으켰나, 가입했는지, 구매를 했는지 등 KPI 달성을 했는지 알 수 있다.

구글 애널리틱스의 주요 측정항목은 이탈, 목표 전환율, 화면 조회수, 활성 사용자이다. 이탈률은 화면 조회가 단 1개인 세션으로 랜딩 페이지 만족도를 나타낸다. 목표 전환율은 방문자 수 대비 목표 전환 완료 수로 타기팅과 상품 경쟁력의 척도가 된다. 화면 조회 수는 화면을 기기에 띄어서 본 횟수로 이용자의 체류 시간을 나타낸다. 마지막으로 활성 사용자는 세션을 일으키는 이용자로 실제 방문자 수로 통계적으로 중요하다.

〈그림 7-2〉 구글 애널리틱스 보고서

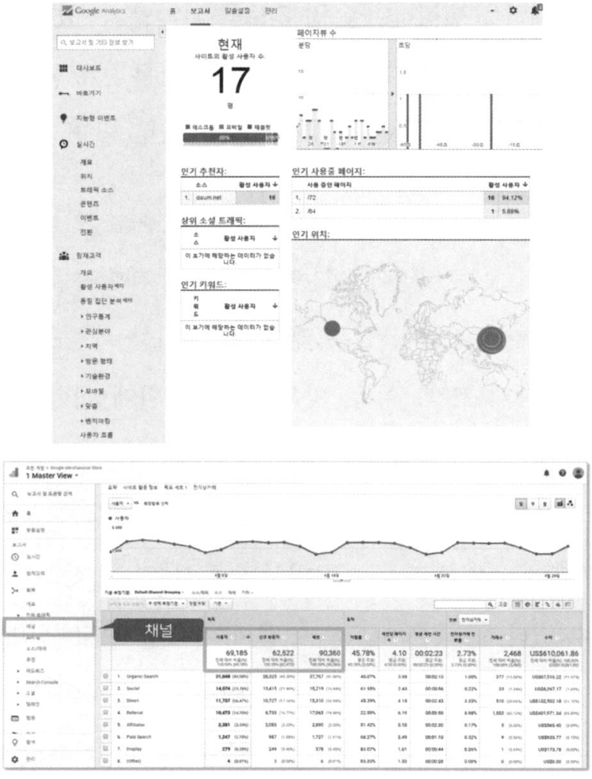

출처: https://analyticsmarketing.co.kr/digital-analytics/google-analytics-basics/2318/

3절 디지털 광고 효과 측정

전통적 광고에 비해 디지털 광고의 가장 큰 차별점은 광고 효과를 실시간으로 측정할 수 있다는 점과 리포트(report)를 볼 수 있다는 데 있다. 마케팅에서 추구하는 목표가 무엇인가에 따라 광고의 수단과 방법이 달라지고 측정지표도 달라진다. 예를 들어 브랜딩 효과를 중심으로 하는 디스플레이 광고는 노출이나 클릭률 같은 측정지표가 중요하며, 직접적 성과를 중심으로 하는 검색 광고는 CPC·전환율·전환당 비용과 같은 측정지표가 중요하다.

여기서는 대표적인 통합 디지털 광고 플랫폼인 구글 애즈(Google Ads)를 중심으로 디지털 광고의 효과 측정에 대해 살펴보겠다. 구글 애즈에서는 검색, 디스플레이, 동영상, 앱 광고를 동시에 집행할 수 있으며 다양한 캠페인과 연계 운영함으로써 시너지 효과를 낼 수 있다.

구글 애즈의 대표적 상품인 검색 광고를 통해 광고 효과를 어떻게 측정하는지 알아보자. 구글 검색 광고는 광고주가 직접 광고 계정을 생성하고, 캠페인을 설계한 후, 키워드를 선택하면 캠페인이 생성된다. 여기서 판매, 리드, 웹사이트 트래픽, 브랜드 인지도, 앱 프로모션 등 캠페인의 목표를 선택할 수 있다. 다음으로 광고 유형, 타깃 고객, 예산, 집행 기간 등을 입력하고 광고 그룹과 키워드를 설정한다. 마지막으로 광고 문안을 만들면 캠페인 준비가 완료된다.

캠페인이 집행되면 광고 목표와 성과 분석을 위해 목표 추적 설정이 필요하다. 전환 유형과 카테고리 설정, 전체 사이트 태그 삽입, 이벤트 삽입 등의 작업을 하면 된다. 선행 작업이 완료되면 계정 내 대시보드를 통해 직관적으로 검색 광고 운영 데이터를 확인할 수 있다. 개요 탭을 클릭하면 확인하고자 하는 지표를 선택할 수 있다. 예를 들어 '노출 수'를 클릭하면 일별 노출 수 추이를 실시간으로 확인할 수 있다. 또한 노출 수, 클릭 수, 비용 등 확인하고자 하는 지표를 선택하면 전체 키워드 실적 보고서를 다운로드받을 수 있다.

디스플레이나 동영상 광고도 검색 광고와 유사한 프로세스로 캠페인/광고 그룹/광고 소재별 실적 보고서를 확인할 수 있다. 또한 디스플레이 광고는 디스플레이 타기팅 보고서, 동영상 광고는 동영상 타기팅 보고서의 전체 보고서를 확인할 수 있다. 여기서 노출 수, 클릭률 등 소재 반응률 데이터와 클릭당 비용 등 유입 효율성 데이터를 통해 트래픽 성과를 확인할 수 있다. 또한 노출 점유율의 데이터를 통해서는 고객 도달성과를 알 수 있고, 구매 수와 구매율 등 구매지표 데이터를 통해서 판매량 성과를 확인할 수 있다. 마지막으로 전환당 비용 데이터를 통해서는 비용 대비 매출 효율성과를 알 수 있다.

〈그림 7-3〉 구글 애즈 캠페인 보고서

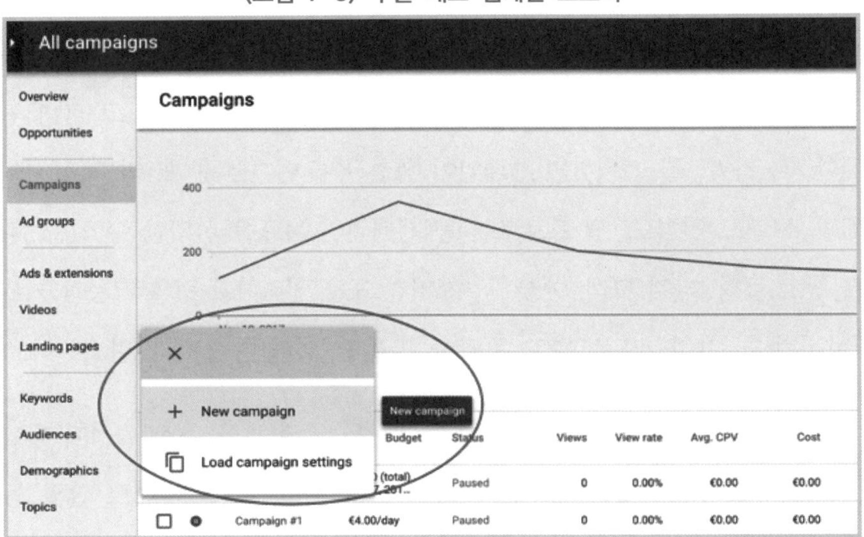

출처: Google Ads.

2장 마케팅 테크놀로지

1절 마케팅 테크놀로지의 이해

마케팅 테크놀로지(marketing technology)는 기술적 마케팅을 가능하게 하는 응용 프로그램, 플랫폼 또는 이런 툴을 활용한 방법을 의미한다. 업계에서는 흔히 '마테크'라고 부르는데 마케터는 마테크를 이용해서 디지털 환경에서 잠재 고객을 발굴하고, 관계를 맺고, 고객의 행태를 분석해서 새로운 마케팅 캠페인을 설계할 수 있다.

마케팅 테크놀로지의 중요한 요소는 바로 디지털(데이터), 자동화(플랫폼, 프로세스), 의사결정(마케터)이다. 디지털은 스마트폰과 IoT에 의해 생산된 디지털 데이터를 의미하고, 자동화는 디지털 데이터 시대가 되면서 사람이 하는 반복적 업무를 자동으로 처리하여 편의성을 높여주는 것을 말한다. 마지막으로 의사결정 지원이 있다. 마케팅 테크놀로지의 역할은 마케터가 창의적이고 복합적인 의사결정이 가능하도록 지원해주는 것이다.

일반적으로 '마케팅 테크놀로지'라고 하면 데이터 분석 소프트웨어를 먼저 떠올릴 수 있다. 그러나 마케팅 테크놀로지에는 다양한 유형이 존재한다. 먼저 구글이나 페이스북 같은 디지털 미디어도 마케팅 플랫폼으로 기능한다. 그리고 고객관계관리(CRM), 마케팅 자동화 솔루션, 검색엔진 최적화(SEO) 등 마케팅 소프트웨어도 중요하다. 이 외에도 데이터베이스, 클라우드 등 마케팅 인프라, 온라인 커머스 엔진과 같은 마케팅 플랫폼 그리고 태그 관리와 유저 관리 같은 마케팅 미들웨어도 마케팅 테크놀로지에 포함된다.

마케팅 테크놀로지 시대는 PC의 탄생과 함께 시작됐다. PC의 등장으로 고객 데이터가 수집되고 축적되면서 데이터베이스 마케팅이 시작됐고, 이는 CRM으로 진화했다. 이후 인터넷의 등장은 마케팅 테크놀로지의 급성장을 가져왔다. 인터넷을 통해 공급자 중심의 시장에서 수요자 중심의 시장으로 변화하며 마케팅 테크놀로지를 활용한 고객 관리와 인사이트 발굴이 더욱 중요해졌다. 특히 검색 기술의 발전으로 소비자가 더 많은 정보를 획득하게 됐고, 이에 따라 검색엔진 최적화(SEO)가 중요한 기법으로 부상했다. 2000년대부터 들어서는 페이스북과 스마트폰의 확산으로 소셜 미디어 마케팅과 모바일 마케팅이 중요한 디지털 마케팅 영역으로 성장했다. 따라서 소셜 미디어가 소비자의 생활에 커다란 영향력을 미치게 됐으며, 모바일은 모바일 광고와 모바일 커머스를 통해 가장 중요한 마케팅 플랫폼으로 자리 잡았다.

또한 빅데이터와 소셜 미디어의 융합으로 CRM의 새로운 진화가 시작됐다. 빅데이터 분석을 통해 BI(Business Intelligence) 차원에서 CRM의 분석이 가능해졌다. 또한 소셜 미디어의 확산으로 소비자와 판매자가 일대일로 커뮤니케이션하는 관계로 바뀌면서 소셜 CRM으로 진화했다. 이제 콜센터로 대표되는 전통적 CRM은 종언을 고했고 소셜 여론 분석, 실시간 소셜 모니터링, 소셜 채널을 통한 구매 관리 등 소셜 CRM 솔루션이 인기를 끌고 있다.

SNS상에서 고객 대응을 잘못하여 기업 이미지가 실추한 사례로 유나이티드 항공 사건을 꼽을 수 있다. 2009년, 캐나다 출신 가수인 데이브 캐럴(Dave Carroll)이 자신의 기타를 파손하고도 9개월 동안 보상을 회피한 유나이티드 항공에 항의하기 위해 유튜브에 노래를 올렸다. 이 동영상은 1,200만 조회수를 기록했고, 나흘 만에 유나이티드 항공의 주가는 10% 이상 하락했다.

이 사례에서 볼 수 있듯이 소셜 CRM 솔루션을 통해 소셜 미디어상에서 이루어지는 소비자의 대화를 분석하고, 기업과 소비자 간에 강한 유대관계를 만드는 것이 중요하다. 대표적인 소셜 CRM 소프트웨어로 '스프라우트 소셜(Sprout Social)'이 있다. 스프라우트 소셜은 자사 소셜 미디어의 현황을 관리하고 신규 고객을 발견하게 해주는 소셜 미디어 관리 툴이다. 이를 통해 빠르고 효율적인 소셜 커뮤니케이션이 가능해졌다.

이제 소셜 미디어는 단순한 고객 관리 채널을 넘어서 기업이 소비자의 생활에 참여하는 필수적 수단이 됐다. 이제 기업은 소셜 채널을 이용해서 고객의 라이프 사이클에 적극적으로 개입해야 생존할 수 있는 소셜 CRM 시대가 됐다.

〈그림 7-4〉 소셜 CRM 소프트웨어

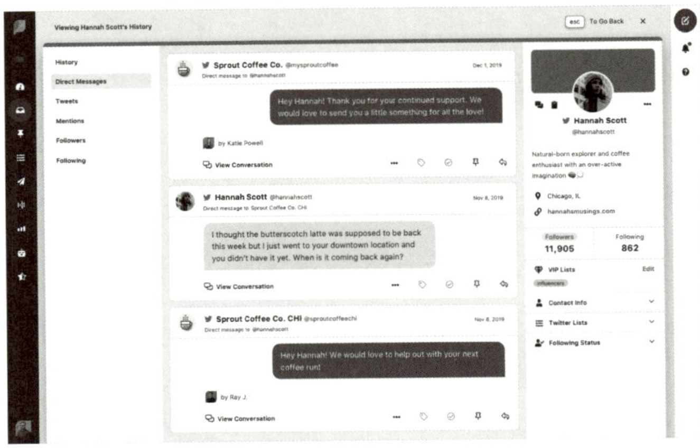

출처: Social CRM Platform, Sprout Social

2절 마케팅 소프트웨어, 마케팅 자동화, 마케팅 클라우드

현재 기업의 마케팅에서는 고객 분석부터 마케팅 실행, 측정까지 거의 모든 단계에서 소프트웨어가 활용되고 있다. 소프트웨어에 대한 의존도가 점점 커지고 있으며, 마케팅 테크놀로지의 핵심도 바로 소프트웨어다. 마케팅 소프트웨어는 클라우드와 디지털 디바이스, 디지털 미디어와 만나면서 전성기를 누리고 있다.

그 종류도 고객 데이터 분석, 콘텐츠 마케팅, 이메일 마케팅, 검색엔진 툴과 같은 기본적인 것에서부터 인공지능 기반 개인화 소프트웨어, 머신 러닝 기반 고객 성향 분석까지 다양하다. 대표적인 사례로 실리콘 밸리의 AI 마케팅 솔루션인 '컨버시아(Conversia)'가 있다. 컨버시아는 사람 대신 고객에게 이메일을 보내고, 고객이 답을 하면 이메일로 대화를 나누고, 영업팀에 데이터를 넘겨준다. 고객 데이터가 많고, 잠재 고객을 대규모로 발굴해야 하는 기업일수록 이런 소프트웨어가 필수적이다.

또한 마케팅 소프트웨어는 마케터의 시각에서 이해되어야 한다. AI를 활용한 마케팅 소프트웨어의 비약적인 발전으로 사람의 업무와 역할은 점점 줄어들겠지만, 마케터는 마케팅 프로세스를 이해하고 마케팅 상상력을 발휘해야 하기 때문에 이러한 소프트웨어를 마케터의 관점에서 사용하는 툴로 활용해야 한다.

마케팅 자동화는 소프트웨어를 기반으로 마케팅 프로세스를 자동화하는 것을 의미한다. 마케팅 자동화 소프트웨어를 사용하면 디지털 미디어 상 고객의 반응에 따라 미리 설정해놓은 메시지를 자동으로 발송할 수 있다. 여기에 인공지능을 결합하면 사람 대신 고객 성향을 판단해서 최적의 메시지를 자동으로 발송할 수 있다. 이를 통해 고객이 구매 단계로 이동하게 하는 고객 전환을 획기적으로 높일 수 있다. 다양한 분야에 마케팅 자동화 소프트웨어를 활용할 수 있지만, 일반적으로 널리 쓰이는 것은 이메일 마케팅과 리드 관리 프로그램이다. 이메일 마케팅에 마케팅 자동화를 활용하면 웰컴 메일, 제품 리타기팅 메일, 미결제 장바구니 알림 메일, 맞춤 제품 추천 메일을 자동으로 보낼 수 있다. 또한 리드 관리 프로그램에 마케팅 자동화를 활용하면 리드를 육성하고 실구매자로 전환시키는 데 효율적이다.

마케팅 자동화의 또 다른 장점은 인력으로 불가능한 고객 일대일 맞춤 마케팅이 가능하다는 것이다. 개인화 이메일은 단체 메일 대비 6배의 매출을 창출한다는 사례도 있다. 마케팅 자동화를 통한 고객 개인화 마케팅으로 획기적인 전환율과 매출 증진을 이룰 수 있음을 알 수 있다.

마케팅 자동화라고 하면 기계적으로 인간미가 없는 스팸메일이나 보내는 활동이라고 오해하는 사람들도 있다. 그러나 마케팅 자동화는 자동화 솔루션과 마케터의 전략이 결합하여 만들어지는 것이다. 고객이 어떤 시점에 어떻게 구매할지를 분석하는 마케팅 자동화와 전략을 세우는 마케터의 결합으로 기업의 매출 증진과 고객 관리가 함께 달성되는 것이다.

마지막으로 마케팅 클라우드란 클라우드 환경에서 마케팅 관련 프로세스를 다양하게 처리하게 해주는 것을 말한다. 마케팅 클라우드를 활용하면 마케팅 테크놀로지의 새로운 기능을 쉽게 업그레이드할 수 있고, 언제 어디서든지 시스템을 이용할 수 있으며, 빅데이터에서 마케팅 자동화 솔루션까지 다양하고 포괄적인 솔루션을 활용할 수 있다. 대표적인 마케팅 클라우드 업체 중 하나인 오라클(Oracle)의 마케팅 클라우드는 고객들이 웹, 소셜, 모바일, 이메일 마케팅 캠페인을 전개하도록 지원한다. 또한 오라클이 제공하는 기존 소셜 클라우드와도 통합되어 콘텐츠 마케팅 툴도 지원하고 있다.

〈그림 7-5〉 오라클의 마케팅 클라우드

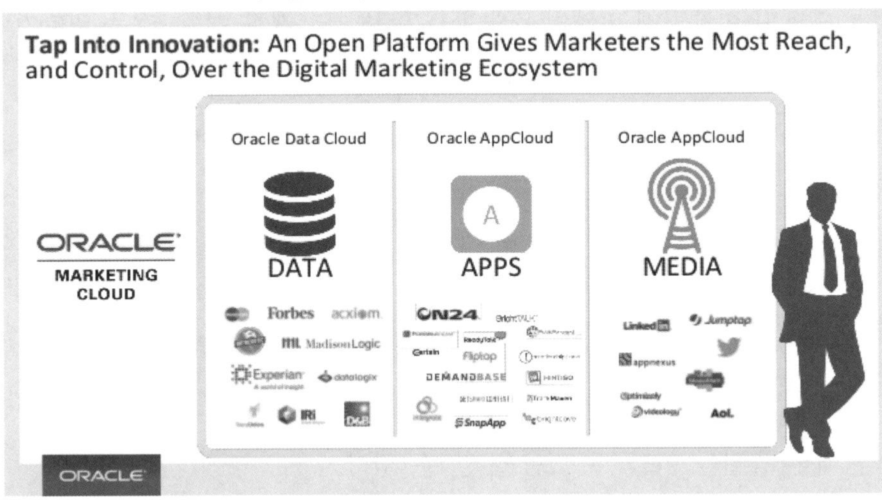

출처: https://www.slideshare.net/BobLewis15/oracle-marketing-cloud-49482488

3장

인공지능 마케팅

1절 인공지능 마케팅의 이해

인공지능은 인간과 기술을 연결시켜서 데이터 분석을 통해 마케터가 마케팅 의사결정을 하거나 개인 맞춤화 캠페인을 하는데 중요한 역할을 할 것으로 기대되고 있다. 의사를 도와 암진단을 하거나 변호사를 위해 판례 분석을 하는 인공지능의 활용처럼 마케팅 분야에서도 인공지능의 활용은 점점 증가하고 있다.

알파고가 이세돌 9단을 이긴 2016년 바둑 이벤트는 인류사에서 중요한 의미를 갖는다. 그동안 바둑은 인간의 휴리스틱(경험에 의한 판단)을 통해 행해지기 때문에 컴퓨터는 이러한 인간의 경험을 이길 수 없다고 여겨졌다. 알파고는 인간의 전략과 휴리스틱을 이용해서 프로그램을 짠 것이 아니라 패턴 분석을 통해 스스로 학습한 것이다. 이른바 머신 러닝의 결정판이었다.

1940년대부터 시작된 인공지능이 폭발적으로 발전하게 된 계기는 알고리즘, 컴퓨팅 파워, 빅데이터의 발전에 있다. 알고리즘, 컴퓨팅 파워, 빅데이터는 상호

연결되어 있다. 빅데이터가 만들어지면서 이를 처리 할 수 있는 알고리즘과 컴퓨팅 파워가 필요해 진 것이며, 빅데이터 학습을 통해 알고리즘이 더욱 정교해졌다. 알고리즘이란 기계를 학습시키는 소프트웨어를 말한다. 인간이 학습하듯이 기계도 학습한다는 개념으로 이른바 '머신러닝'을 의미한다. 컴퓨터가 데이터를 이용해 스스로 학습하여 고도화된 결과를 얻을 수 있도록 하는 다양한 알고리즘을 포함한다. 여기서 더 발전된 개념이 '딥러닝'이다. 인간의 뉴런처럼 복잡한 인공신경망을 갖춘 컴퓨터가 비정형 데이터에서 한 번에 특성을 추출해 판단까지 하는 심층 학습기술이다. 이른바 개발자의 개입 없이 입력 데이터의 특성만으로도 기계 스스로 판단하는 것이다. 이처럼 딥러닝은 빅데이터를 이용해 학습할 수 있으며, 다양한 인공지능 분야에 활용되고 있다. 구글은 '신경망 기계번역'이라는 새로운 기술을 개발하여 번역의 완성도를 대폭 개선했다. 머지않아 외국어의 장벽이 사라질 것으로 예상된다. 페이스북은 딥러닝 기술을 활용한 안면 인식기술인 '딥 페이스(Deep Face)'를 개발하여, 이용자가 올린 사람의 얼굴을 인식해 자동으로 태그하는 서비스를 선보였다.

실생활에서 쉽게 접할 수 있는 인공지능은 음성인식 기술이다. '구글 어시스턴트', '아마존 알렉사', '애플 시리' 등 다양한 인공지능 비서 애플리케이션이 사용되고 있다. 구글 어시스턴트를 사용하면 사람이 직접 전화를 걸지 않아도 예약과 주문을 할 수 있다. 이러한 음성인식 기술은 인공지능 스피커에 적용되어 다양한 생활 서비스를 제공하고 있다. 아마존 알렉사를 이용하면 상품 주문, 예약, 정보 탐색, 가전기기 제어 등 가정생활에 필요한 다양한 서비스를 이용할 수 있다. 이러한 인공지능 스피커는 이용자의 취향과 행동 데이터를 수집하여 최적의 마케팅 제안을 할 수 있는 중요한 마케팅 채널로 발전이 예상된다. 유튜브, 넷플릭스의 개인 추천 서비스와 유사하게 이용자의 취향, 구매 데이터를 분석하면 인공지능 스피커를 통해 개인 맞춤형 추천을 할 수 있다. 인공지능 스피커를 통해 새로운 마케팅과 커머스의 기회가 생겨날 것이다.

지난 2017년 버거킹은 매우 흥미로운 TV 광고를 선보였다. 이 광고에서는 인공지능 스피커를 광고 소재로 사용하였다. 광고에서는 버거킹 매장의 직원이 등장해 “지금 여러분은 15초짜리 버거킹 광고를 보고 계십니다. 그러나 15초 광고 시간으로는 와퍼 버거에 들어간 신선한 재료를 모두 설명할 수 없습니다. 그래서 제게 좋은 아이디어가 있어요. 오케이, 구글. 와퍼 버거가 뭐지?”라고 묻는다. 그러자 TV 옆에 놓인 구글 인공지능 스피커에서 대답한다. “위키피디아”에 의하면 와퍼 버거는 그릴 위에서 잘 익힌 100% 소고기 패티에 토마토, 양파, 케첩 등이 들어간 버거입니다. 구글 인공지능 스피커가 TV 소리에 반응한 것이다. 이 광고는 구글 인공지능 스피커를 사용하는 이용자 대부분이 이 기기를 TV 가까운 데 둔다는 사실에 착안하였다. 음성인식 기술을 지닌 인공지능 스피커의 기능을 이용해 버거킹의 광고 매체로 활용한 것이다. 국내에서도 KT, 네이버, 카카오, SKT의 인공지능 스피커가 가정에 보급되면서 가정용 광고 매체로 활용될 수 있다는 것을 보여준 사례이다. 가정에서 인공지능 스피커에 맛집 정보를 물어 본다면, 주변의 맛집을 추천해 줄 수 있다. 매우 효과적인 지역 광고 매체로 활용될 수 있을 것이다. 또한 저녁 메뉴를 만들기 위한 레시피를 물으면, 레시피를 알려주면서 추천 식재료를 구매할 수 있도록 한다면 커머스 채널로도 활용될 수 있을 것이다.

마케팅 영역에서 인공지능은 고객에게 마케팅 메시지가 도달하는 단계부터 고객구매 및 지속적인 관계가 이루어지는 고객 구매여정의 모든 단계에서 활용된다. 인공지능이 단계별로 고객의 구매의도를 파악하여 구매로 이어지도록 행동을 유도하여 구매로 전환하고, 지속적인 구매와 관계가 이루어지도록 할 수 있다는 것이다. 고객의 구매의도를 파악하는 단계에서는 구매의도를 분석하여 최적화된 콘텐츠를 인공지능이 자동으로 구성하여 실시간으로 고객에게 제공해준다. 알리바바는 광군제 기간 동안 인공지능 디자이너 '루반'을 활용해 4억 개에 달하는 배너광고를 제작하였다. 루반은 100만 명 이상의 디자이너들의 아이디어를 활용하여 1억 개 이상의 새로운 디자인의 배너를 제작할 수 있다. 이 배너광고를 활용하여 알리바바는 유저들이 접속할 때마다 사용자의 성향과 방문행태에 맞춰 매번 다른 디자인의 배너 광고를 노출시켰다.

구매로 이어지도록 행동을 유도하는 단계에서는 고객성향을 모델링하여 구매 전환 가능성이 높은 고객을 예측하여 광고 타기팅을 강화하는데 인공지능을 활용한다. TGI프라이데이는 인공지능을 활용한 고객 데이터 플랫폼을 활용하여 이메일, 모바일 앱, 로얄티 프로그램에 이르기까지 고객 데이터를 그룹화하여 주문이력을 기반한 고객의 성향을 분석해 개인화된 타깃 마케팅을 진행하고 있다.

구매전환에 이르게 하기 위한 단계에서는 실시간 개인맞춤형 가격제와 고객 구매 의사결정을 지원해주는 챗봇 등 인공지능이 활용된다.

고객의 지속적 방문과 로열티를 창출하는 단계에서는 예측모델링을 통한 고객 서비스와 고객의 행동에 따른 마케팅 자동화에 인공지능이 활용된다. 아마존은 인공지능이 고객의 과거 구매정보 등을 활용하여 구매예상 품목 및 주기를 고려해서 고객과 가까운 물류센터에 제품을 사전에 배송하는 예측배송 서비스를 통해 배송시간을 단축시켜 고객이 구입한 제품을 빠르게 받아볼 수 있게 하고 있다.

2절 인공지능 광고의 이해

이제 인공지능은 음악, 미술, 문학 등 인간의 고유영역으로 여겨졌던 예술 영역에서도 인간과 거의 유사한 수준까지 진화했다. 광고 시장에서도 인공지능의 활용이라는 이야기가 심심치 않게 들리고 있다. 그럼 광고의 어떤 분야에서 인공지능이 활용될 수 있을까?

첫 번째 광고 효과의 최적화이다. 광고가 본격적으로 도입된 백 년이 넘는 기간 동안 최적의 광고 효과가 보장된 광고 캠페인은 흔치 않았다. 모든 광고주의 고민은 과연 비용 대비 최적의 광고 효과를 거두고 있는가였다. 광고의 황금시대였던 1990년대 광고 효과를 입증하는 방법은 사후 소비자 조사를 통한 인지도, 선호도 조사가 전부였다. 그러나 단순히 인지도와 선호도가 증가된 것으로 광고비 집행이 효율적이었다고 말할 수는 없는 것이다. 그렇다면 인공지능은 어떻게 광고 효과를 최적화할 수 있는가? 인공지능 알고리즘은 특정 광고 플랫폼에서 광고 활동이 효율적으로 집행되고 있는지 신속하게 분석하여 개선 방안을 제시한다. 또한 인공지능은 실행과정을 자동화시켜 시간과 비용을 절약해준다. 광고예산이 어떻게 쓰이는지, 누가 광고를 보는지, 얼마나 광고 캠페인이 효과적인지 분석해준다. 광고 캠페인의 성과와 효과적 집행은 이용자와 인공지능이 상호작용을 얼마나 잘하는 가에 달려 있다. 지금 구글 광고 시스템을 통해 광고를 집행해 보면 인공지능을 통한 광고 최적화에 대해 바로 체감할 수 있을 것이다.

두 번째 개인 맞춤형 광고이다. 인공지능은 머신러닝을 통해서 실시간으로 소비자 행동 데이터를 분석한다. 이를 통해 최적의 맞춤형 분석 결과를 제시하고, 구매 가능성이 높은 집단을 선정해서 이 집단에서 가장 높은 반응을 보일 개인 맞춤형 광고 마케팅 활동을 전개할 수 있다.

세 번째 광고 제작의 자동화이다. 다양한 광고 플랫폼과 타깃에 적합한 광고 카피와 비주얼, 동영상을 자동으로 제작, 집행할 수 있다. 또한 인공지능은 머신러닝을 통해 스스로 학습하기 때문에 지속적으로 광고 카피와 크리에이티브를 효율적으로 수정하고 개선할 수 있다.

네 번째 수용자 타기팅(Audience Targeting)이다. 광고 마케팅에서 표적시장 선정은 출발점이라고 할 수 있다. 마케터는 인공지능을 활용해 표적 시장을 선정한 다음 소비자 반응을 분석할 수 있고, 광고비 지출의 효율성을 분석해서 어떤 전략이 더 나은 성과를 유도하는지도 알 수 있다.

마지막으로 미디어 믹스 모델링(Media Mix Modeling)이다. 인공지능은 소비자가 각기 다른 채널의 메시지에 어떻게 반응하는지 분석해서 미디어 믹스를 어떻게 해야 효율적인지를 지속적으로 제시한다. 광고주는 그 제안에 따라 최적의 미디어 믹스 전략을 결정하고 광고 효과를 높일 수 있다. 결국 인공지능은 주어진 예산을 바탕으로 광고 효과를 극대화할 수 있는 최적의 미디어 믹스 전략을 자동으로 도출해 줄 수 있다.

2015년 일본 최대의 광고회사 덴츠에서는 인공지능 카피라이터 아이코(AICO)를 선보였다. 아이코는 블로그와 뉴스 사이트에서 방대한 자료를 학습한 후 멋진 광고 카피를 제작했다. 더 나아가 다양한 디지털 매체의 광고 카피 창작에서 아이코가 활용되고 있다. 인공지능이 광고 샘플을 다수 제작해서 광고 효과가 높은 아이디어를 판정해서 최종 노출하는 제작 시스템이다.

더 나아가 2016년 일본 맥켄에서는 인공지능 CD(Creative Director)가 등장했다. CD는 광고회사에서 크리에이티브를 총괄하는 제작자를 말한다. 인공지능 CD는 광고 목표와 전략에 따라 데이터베이스에서 수많은 아이디어를 꺼내 크리에이티브 방향을 제시했다. 10년 동안의 광고상 수상작을 분석해 소비자가 화려하고 직관적인 메시지를 선호한다고 판단하고, 빅데이터 알고리즘으로 그에 맞는 아이디어로 광고를 만들었다. 앞으로 인공지능은 빅데이터 분석을 통해 광고 컨셉을 신속하게 결정하도록 도울 것이며, 제작자들이 빠지기 쉬운 주관화의 오류를 객관적 데이터 분석을 통해 보완해주는 역할을 할 것이다.

인공지능을 활용한 대표적인 광고 캠페인 사례를 보도록 하자. 2016년 칸 국제광고제에서 16개 분야 상을 수상한 ING의 '넥스트 렘브란트(Next Rembrandt)' 캠페인이다. 이 캠페인은 광고회사 JWT, 마이크로소프트, 델프트 공대, 마우리츠이스 미술관, 렘브란트 미술관의 관계자들이 인공지능을 활용해서 17세기 화가 렘브란트를 작품을 재현한 프로젝트였다. 인공지능이 렘브란트 작품에서 색상, 붓질, 배합 등을 분석한 뒤 안면인식 기술과 딥러닝 알고리즘을 적용해서 원작과 똑같이 3D 프린터를 통해 재현했다. 인공지능은 기존의 유화에서 세밀한 질감과 붓질 패턴까지 분석해서 렘브란트의 화풍을 그대로 반영한 거장의 작품을 재현해 낼 수 있었다.

〈그림 7-6〉 ING '넥스트 렘브란트

출처: ING 넥스트 렘브란트 웹사이트

3절 인공지능 마케팅 사례

인공지능 마케팅 플랫폼은 이제 마케터가 가지고 있던 많은 고민거리를 해결해 주고 있다. 인공지능 마케팅 플랫폼은 주로 클라우드 기반의 SaaS (Software as a Service)형태로 제공된다. 오라클, 어도비, 아마존 같은 대표적 빅테크 기업뿐 아니라 인사이더 등 벤처기업도 이 시장에서 각축을 벌이고 있다. 인공지능 마케팅 플랫폼의 주요 기능은 고객 데이터 분석, 고객 경험 제공, 마케팅 성과 창출로 크게 나눌 수 있다. 먼저 고객 데이터 분석 차원에서 온라인, 오프라인을 망라한 다양한 고객 데이터를 한 곳에 통합하여 고객 세분화, 고객 프로파일링 분석을 한다. 다음으로 구매확률, 할인 민감도, 이탈가능성, 고객생애가치, 관심 클러스터를 분석해서 고객의 행동을 미리 예측하고 고객의 의도를 파악할 수 있다. 또한 일대일 개인화, 메시지와 채널 최적화, 상품과 서비스 추천을 통해 고객 경험을 관리할 수 있다. 마지막으로 고객 확보,

고객 활성화, 고객 유지, 매출 극대화 같은 사업 성장의 성과를 낼 수 있다. 고객과 커뮤니케이션하는 채널은 광고, 모바일 앱, PC, 이메일, 푸쉬 알림, 메시징, 오프라인 등 다양하다. 결국 인공지능 마케팅 플랫폼은 마케터가 수행해야 할 다양한 마케팅 업무를 자동으로 실행하고 의사결정을 지원해 주는 역할을 하는 것이다. 마케터가 IT 기술 전문가가 아니더라도 얼마든지 활용할 수 있도록 지원해주는 수단이다.

인공지능 마케팅의 몇 가지 성공사례를 알아보자.

포모티브(ForMotiv)는 사용자의 디지털 동작을 분석해 실시간 사용자 의도 점수를 제공하는 기업이다. 포모티브는 보험회사와 협력해 실시간으로 사용자의 의도를 예측하고 있다. 보험회사는 예측 행동 모델을 사용해 사용자의 의도를 실시간으로 측정할 수 있다. 이는 보험회사의 가장 중요한 과제인 수익성 높은 고객과 보험 사기범을 분별할 수 있는 통찰력을 갖게 해준다. 보험회사는 포모티브의 고객 행동 분석 솔루션을 활용해 보험 사기 예방이나 보험료 산정에 활용하고 있으며, 리스크 예측률을 10% 이상 높일 수 있었다.

미국의 AI 벤처기업 '퍼사도(Persado)'는 머신러닝과 자연어 처리기술을 이용해 소비자 행동을 유발하는 광고 메시지를 생성하는 시스템을 개발했다. 이 시스템은 '인지적 콘텐츠 플랫폼'이라고 부르는 알고리즘을 이용해 사람의 마음을 움직이는 콘텐츠를 제작한다. 이렇게 만들어진 콘텐츠는 주로 웹사이트나 이메일, 페이스북 광고에 삽입되는 캠페인 메시지로 사용된다. 미국의 금융회사 JP모건 체이스는 파사도의 시스템을 디스플레이 광고와 이메일 카피를 제작하는 데 활용하고 있다. 이를 통해 사람이 만든 광고보다 2배 이상 높은 클릭률을 기록했다. 인공지능이 만든 광고 카피는 어떻게 다를까? 여행사 광고의 예를 들어 보자. 여행사 마케터는 보통 '기간 한정, 저렴한 항공편 지금 예약하세요.'와 같은 광고 메시지를 내보낸다. 그러나 인공지능은 '나 자신에게 일생에 남을 여행을 선물해 보세요. 지금 출발할까요.'와 같은 카피를 만들어냈다. 개인화 메시지를 통해 고객 행동이 일어나도록 유도한 결과이다.

독일의 아디다스(Adidas)는 인공지능을 활용해 고객이 상품을 구매할 때부터 아디다스 브랜드의 팬이 될 때까지 선택하는 수십만 가지의 여정 조합을 고안해 자동화하면서 쇼핑 경험을 개인화했다. 인간의 인식범위를 넘어서는 수십만 가지의 여정 조합에 대해 인공지능을 활용해 개인화된 경험을 만들어 지원하며, 고객의 의도를 이해하며 여정을 자동화한 것이다. 더 나아가 패션산업과 인공지능 기술을 빠르게 접목되고 있다. 인공지능 기반의 제품 디자인 과정과 맞춤형 쇼핑 솔루션 구축 등 패션 테크의 시대가 열리고 있다. 머신러닝과 빅데이터 분석을 통해 소비자의 취향을 정확하게 파악하여 서비스 개인화를 통해 소비자를 만족도를 높이고 온디맨드(On-demand)방식의 최적화된 자동화 생산을 통해 효율성을 극대화하고 있다.

세계적 패션 기업 H&M은 구글과 협력을 통해 고객 행동 데이터 기반 주문형 드레스 제작 앱인 'COD ED COUTURE'를 개발했다. 구글의 인지 API를 탑재해 가입자의 행동을 분석해서 개인형 맞춤형 드레스를 제작하는 서비스를 실행하고 있다. AI 기반 패션 개인화 솔루션 업체인 'Savitude'는 IBM 왓슨의 시각 인식 기술을 활용해 체형 데이터를 기반으로 고객 체형에 최적화된 의류 상품 추천 서비스를 출시했다. 이를 통해 패션 산업에서도 개인 맞춤형 서비스를 도입했다.

중국의 알리바바는 중국 내 13개 의류매장에 인공지능 기반 패션 어시스턴트 시스템인 'Fashion AI'를 운영해서 매장 내 모든 제품 식별 태그와 블루투스

칩을 탑재해 판매 정보 자동 수집을 효율적으로 실시하고 있다. 또한 사용자 데이터 기반으로 최적의 상품을 추천해 주며, 온라인 쇼핑몰인 타오바오와 연계해서 온·오프라인에서 편리하게 상품을 구매할 수 있게 하였다. 매장 내 터치스크린 디지털 디스플레이를 배치해 고객이 스마트 행거를 들면 상품 정보가 표시되며, 온라인 매장에서의 구매 내역과 사용자 특성, 제품별 판매 데이터를 활용하여 개인 맞춤형 스타일을 제공해 준다. 'Fashion AI Store'는 3가지의 디지털 기술을 기반으로 매장 내 고객 경험을 강화하고 있다. 첫 번째는 센서 기능을 갖춘 스마트 행거를 활용하여 매장에서 옷을 고르면 상품 관련 정보와 최적의 코디가 스마트 스크린에 표시되어 스타일을 제안해 준다. 두 번째는 스마트 스크린을 통해 상품을 온라인 카트에 넣으면 매장 내 시스템을 통해 정보를 받은 점원이 해당 상품을 피팅룸으로 가져다주며, 옷의 크기와 색상을 변경하고 싶으면 피팅룸에서 스마트 스크린에서 다른 제품을 주문하면 점원이 새로운 제품을 가져다줘서 다양한 옷을 편리하게 체험할 수 있다. 세 번째는 알리바바의 온라인 쇼핑 플랫폼과 연동되어 과거의 구매기록 등 구매 내역을 기반으로 개인화된 맞춤형 서비스를 제공해준다.

〈그림 7-7〉 알리바바 'Fashion AI Store'

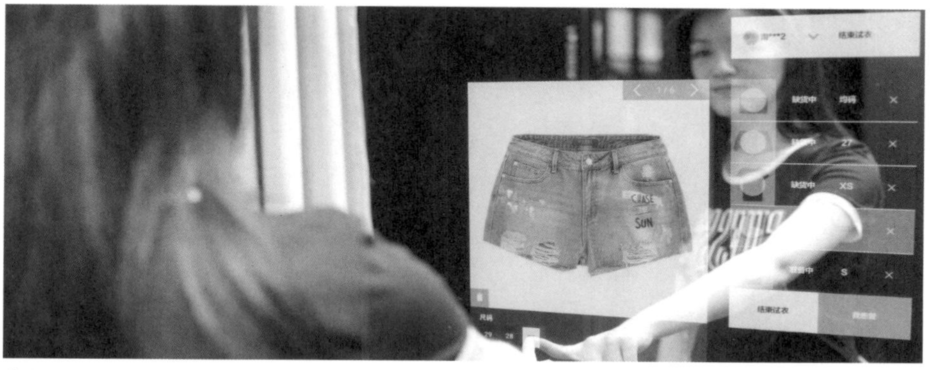

출처: Alibaba launched AI fashion store-Current Daily

Part 08

디지털 마케팅 성공 사례

1장

국내외 디지털 마케팅 성공 사례

1절 국내의 디지털 마케팅 성공 사례

디지털 마케팅 캠페인을 통해 고객이 브랜드를 만나고 브랜드와 함께 놀고, 이런 브랜드 경험을 공유하는 것은 고객의 라이프 셰어(life share)를 높이는 최적의 방법이다. 라이프 셰어는 특정 브랜드가 고객의 생활 속에서 얼마나 활용되는가를 나타내는 척도다. 스마트폰이나 소셜 미디어의 확산으로 소비자의 일상이 새롭게 변화했기에, 성공적인 마케팅을 위해서는 시장 점유율을 높이기 위해 경쟁을 벌이기보다 소비자의 일상을 점유하는 라이프 셰어를 높여야 한다.

1. 던킨도너츠의 '향기 나는 라디오'

던킨도너츠는 디지털 기술을 활용해 사람의 감각기관인 오감을 자극해서 소비자의 구매 행동에 영향을 미치는 감성마케팅 캠페인을 전개했다.

출근하는 사람들로 가득 찬 버스 안에 던킨도너츠 라디오 CM이 나온다.

이에 맞추어 버스 안에 그윽한 커피 향이 퍼지기 시작한다. 사운드 인식 센서를 장착한 디스펜서가 라디오 CM을 인식할 때마다 차내에 커피 향을 분출하게 하는 원리다. 버스 안 사람들의 청각과 후각을 자극하여 커피 구매 행동을 유도하는 것이다. 마지막으로 버스 정류장에 던킨도너츠 옥외광고를 설치하여 시각적 자극을 줌으로써 인근 던킨도너츠 매장을 방문하도록 유도했다.

이 캠페인을 통해 옥외광고가 설치된 버스 정류장 인근 매장의 방문객 수가 16% 증가했고, 판매는 29%나 증가했다. 더 나아가 던킨도너츠가 모닝커피의 대명사로 자리 잡는 브랜드 포지셔닝 효과도 거뒀다.

〈그림 8-1〉 던킨도너츠의 '향기 나는 라디오' 캠페인

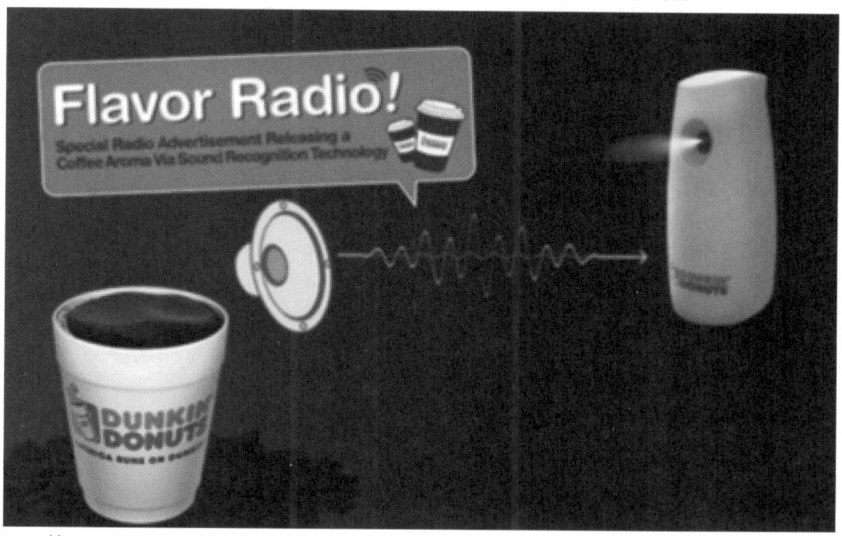

출처: http://www.raisingthevolume.com/radio-smell/

2. 던킨도너츠의 '모닝 스타트업'

던킨도너츠의 두 번째 디지털 마케팅 캠페인은 모바일 앱을 활용한 사례다. '모닝 스타트업'은 건강한 아침 습관을 도와주는 앱으로 알람 기능과 쿠폰 발급,

SNS를 효과적으로 연계했다. 모닝 알람을 해제하는 미션을 성공한 후 11시까지 매장을 방문하면 자동으로 할인 쿠폰이 발급된다. 이때 쿠폰이 자동으로 발급되게 하는 기술은 고주파 사운드를 이용했다. 고주파 사운드는 사람에게는 들리지 않으나 스마트폰은 인식하는 새로운 음성 기술이다. 이 밖에도 SNS 연동과 캘린더 기능을 통해 아침 먹는 습관을 관리할 수 있게 했다. 게임 형식을 가미한 브랜디드 앱으로 고객의 참여를 유도한 모바일 마케팅의 성공 사례라고 할 수 있다.

〈그림 8-2〉 던킨도너츠의 '모닝 스타트업' 캠페인

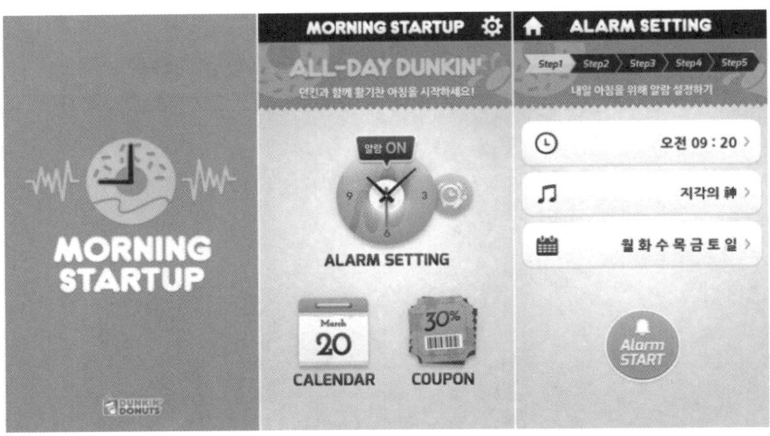

출처: http://www.msecret.net/board/markcont/view/wr_id/1073/page/2

3. 코카콜라의 '해피니스 카메라'

코카콜라는 다 마시고 버리는 콜라 캔을 카메라로 만들어서 코카콜라를 마신 사람들에게 행복한 순간을 사진으로 간직할 기회를 제공하는 '해피니스 카메라' 캠페인을 진행했다.

콜라 캔에 장착할 수 있는 카메라 기능의 특수 모듈을 제작하여 소비자가

다 마신 콜라 캔에 장착하여 사용할 수 있게 했다. 이런 콜라 캔 카메라를 통해 촬영된 소중한 순간이 행복한 기억으로 SNS를 통해 공유됐고, 코카콜라는 사진 인화 서비스를 제공해 오랫동안 간직할 수 있게 했다. '행복'이라는 브랜드 가치를 카메라 모듈 기술과 SNS를 통해 소비자가 체험하도록 유도한 것이다. 복잡하지 않은 기술을 활용해서 마케팅 아이디어를 실행한 체험 마케팅의 성공 사례라고 할 수 있다.

〈그림 8-3〉 코카콜라의 '해피니스 카메라' 캠페인

출처: 신정인, 파워 인스타그래머는 주목의 달인이다-SNS심리학, 매일경제

4. CJ제일제당 '비비고 냉동면'

디지털 마케팅 캠페인의 전형 중 하나는 소셜 미디어를 통한 바이럴 마케팅이다. 바이럴 마케팅이란 소문을 일으킬 만한 임팩트가 있는 콘텐츠를 구전시키는 것을 말한다. 따라서 콘텐츠가 공유할 만한 가치가 있는가, 초기에 바이럴을 시작할 전달자가 누구인가, 언제 어떻게 메시지를 퍼트리는가가 중요하다. 결론적으로, 바이럴 요소가 강한 콘텐츠와 이를 널리 퍼트리는 소셜 미디어의

시너지 효과를 극대화해야 한다.

CJ제일제당은 '비비고 냉동면'이라는 신제품을 출시하면서 페이스북과 인스타그램을 중심으로 론칭 캠페인을 진행했다. 이 캠페인은 각각의 채널에 최적화된 영상과 고객이 원하는 바를 정확하게 공략한 맞춤형 콘텐츠로 높게 평가받았다. 특히 동영상을 통해 간편한 조리법과 뛰어난 맛이라는 핵심 메시지를 효과적으로 전달했다.

이 캠페인에서는 페이스북 머신 러닝 기반의 '게재면 최적화' 솔루션을 활용했다. 하나의 콘텐츠를 채널별로 최적의 광고면에 게재해서 소비자에게 보다 일관된 메시지를 전달할 수 있었다. 그리고 디지털 캠페인의 목적인 제품 판매 촉진을 위해 컬렉션 광고를 활용했다. 뷰티·패션 브랜드가 많이 활용하는 컬렉션 광고는 본 광고 아래에 다양한 제품이나 메시지가 담긴 영상이나 사진을 배열하는 방식으로, 기존 광고보다 제품을 다양하게 보여줄 수 있다는 장점이 있다.

'비비고 냉동면'은 소셜 미디어 캠페인을 통해 신제품의 인지도 상승과 구매 욕구 유발이라는 두 마리 토끼를 잡는 데 성공한 사례다. 또한 바이럴 효과를 통한 신제품 인지도 확산이라는 효과도 거뒀다.

〈그림 8-4〉 CJ제일제당의 '비비고 냉동면' 론칭 캠페인

출처: 비비고 냉동면, 페이스북 디지털마케팅 성공사례 등재, 푸드아이콘

5. 현대자동차의 콘텐츠 마케팅 캠페인

현대자동차의 SNS 활용 전략에서 핵심은 고객의 특성에 맞는 맞춤형 정보 콘텐츠다. 특히 자동차라는 고관여 제품에 걸맞게 경험 마케팅에 집중했다. 경험 마케팅은 구매 가능성이 큰 잠재 고객에게 제품을 직접 체험할 기회를 제공하는 것이다. 자동차 업계의 전통적 경험 마케팅 방법은 전시장의 시승 행사가 있다. 그러나 SNS 채널을 통해서도 고객이 구매 과정에서 가질 수 있는 궁금증을 해결하고 정보를 획득하는 간접적 경험을 할 수 있다. 특히 일반 소비자들은 SNS에 업로드된 현대자동차 제품의 사용 후기를 접하면서 호감도를 높여간다.

현대자동차 SNS 채널은 브랜드 이미지를 구축하고 홍보하는 데 핵심적 역할을 하고 있다. 신차 소식이나 신기술 소개 등 다양한 정보가 제공되고, 차량 관리 방법이나 운전 팁 등 운전자에게 필요한 정보들까지 통합적으로 제공하고 있다. 시리즈로 발행되는 '현차력 테스트'는 차량에 관한 정보를 퀴즈 형태로

제시해서 소비자의 호응과 참여를 유도한 대표적인 SNS 콘텐츠다. 또한 젊은 층을 대상으로 한 자동차 모델 론칭에는 페이스북 플랫폼에 특화된 캔버스 콘텐츠를 활용해서 신차의 다양한 정보와 화보, 영상 등을 소셜 미디어 내에서 손쉽게 접할 수 있도록 했다.

현대자동차의 유튜브 콘텐츠는 고품질의 스토리텔링 형식 브랜드 캠페인 영상뿐 아니라 차종별 TV 광고, 디지털 필름, HOW TO 영상 등 다양한 콘텐츠의 허브 역할을 하고 있다. 여기서 HOW TO 영상은 실제 차량 소유자들이 동영상을 통해 차량에 대한 궁금증을 쉽게 해소할 수 있는 동영상 매뉴얼 역할을 한다.

최근 사례를 통해 자세히 알아보자. 신형 쏘나타 출시에 맞추어 제작된 세로형 디지털 필름 시리즈 'SONATA Scene'은 기존에 볼 수 없었던 스토리와 파격적인 형식으로 눈길을 끌었다. 모바일 세대에 맞춘 5개의 세로형 영상을 제작했으며, 남녀의 연애 이야기를 쏘나타의 USP(Unique Selling Proposition)를 연결해서 조회 수 345만 건의 성과를 이뤘다.

소형 SUV인 '베뉴'는 다양한 디지털 마케팅 캠페인을 전개했다. 베뉴의 디지털 필름에는 차량이 등장하지 않고 고양이 집사 이야기, 혼자 하는 낚시, 브런치 타임 등 '혼 라이프'를 대표하는 영상으로 제작됐다. 또한 인스타그램에서 진행한 일러스트 이벤트에서는 세상에 단 하나뿐인 개인 맞춤 초상화 일러스트를 제작해서 제공하는 참신한 시도를 했다. 트렌드를 반영한 크리에이터 협업을 통해 유튜브 캠페인도 제작했다. 유튜브 크리에이터 고퇴경과 협업하여 베뉴를 전시한 야외 스팟에서 댄스 이벤트를 진행하고, 그 영상을 유튜브를 통해 확산시켰다.

현대자동차는 소셜 미디어를 통해 소비자가 공감할 수 있는 참신한 아이디어를 발굴하고 스토리텔링을 진행함으로써 완성도 높은 콘텐츠 마케팅을 실행하고 있다. 이를 통해 소비자와의 소통이라는 SNS 본연의 효과뿐 아니라 현대차만의 차별적 브랜드 이미지를 구축하는 효과도 거뒀다.

〈그림 8-5〉 SONATA Scene

출처: https://www.youtube.com/watch?v=XIaxFXAT6FY

〈그림 8-6〉 현대자동차의 베뉴 유튜브 마케팅

출처: 현대자동차 공식 트위터, 유튜브

6. LG전자의 글로벌 디지털 캠페인

LG전자는 국내보다 해외에서 걸출한 디지털 캠페인 성공 사례를 선보였다. 특히 세계적인 예술가뿐 아니라 일반인과의 협업을 통해 공동창작 프로젝트를 진행했다. 이를 통해 소비자 참여를 통한 고객 중심의 새로운 콘텐츠를 생산했고, 다양한 전문가들의 협업을 통한 공동창작을 선보였다.

첫 번째 사례는 세계적인 다큐멘터리 영화감독 케빈 맥도널드(Kevin MacDonald)와 일반인을 참여시켜서 공동창작 영화로 제작한 'Life in a Day' 캠페인이다. 전 세계 사람들이 영상을 제공하고, 그것을 '사랑, 두려움, 희망'이라는 주제에 따라 편집하여 한 편의 감동적인 휴먼 드라마로 만들었다. 2010년 7월 24일 지구촌에서 벌어진 하루의 일상을 한 편의 영화로 제작하여 유튜브를 통해 개봉했다. 총 197개국에서 8만여 명이 영상을 접수했고, 이 중 351명의 영상을 골라 95분짜리 다큐멘터리 영화로 완성한 것이다. 이 영화는 영화적 예술성을 인정받았을 뿐 아니라 평단의 호평을 받았으며, 일반인에게 함께 영화를 만든다는 재미를 선사하면서 폭발적인 참여를 이끌었다.

〈그림 8-7〉 LG전자의 'Life in a Day'

출처: Life in a day-유튜브 시대의 타임캡슐, 브런치-어제의 일기예보

두 번째 사례는 LG전자 올레드TV의 USP 소구에 치중한 '오로라' 캠페인이다. 2016년 아이슬란드에서 LG의 올레드TV로 오로라의 아름다움을 보여주기

위해 진행됐다. 캠페인의 슬로건은 '완벽한 블랙이 보여주는 완벽한 자연'이다.

LG는 아이슬란드 수도 레이캬비크의 헤르파 콘서트홀에서 유명 뮤지션을 초청해 콘서트를 열고, 올레드TV 40대를 연결해서 환상적인 오로라 쇼를 연출했다. 백라이트 없이 스스로 빛을 내는 3억 3,000만 개의 올레드 화소로 오로라와 별빛의 모습을 환상적으로 재현했다. 또한 전문 사진작가들이 아이슬란드 자연을 촬영한 사진을 올레드TV로 소개하는 사진전도 동시에 개최했다.

유튜브, 페이스북을 통해 공개된 동영상은 한 달 만에 1,200만 뷰가 넘는 성과를 거뒀고, 올레드TV의 USP를 인상적으로 소개한 성공 캠페인으로 평가 받았다.

〈그림 8-8〉 LG전자의 올레드TV '오로라' 캠페인

출처: 북극 오로라, 은하수 모습 그대로-3억3,000만개 OLED가 보여줍니다, 중앙일보

7. 유엔난민기구와 서울시립미술관의 '보이지 않는 사람들' 캠페인

디지털 기술은 소외계층에 도움을 주는 아이디어와 결합해서 인간을 향한 따뜻한 기술로 진화한다. 디지털을 활용한 공공 캠페인은 공유 가치를 창출하

고, 지속 가능한 사회를 만드는 크리에이티브 솔루션의 역할을 한다.

유엔난민기구와 서울시립미술관의 협업 프로젝트인 '보이지 않는 사람들' 캠페인은 미술관 구석구석 눈에 잘 띄지 않는 곳에 3D 프린팅으로 제작한 난민 미니어처를 전시해놓고, 관람객이 발견하면 NFC 태깅을 통해서 스마트폰으로 난민 인터뷰 영상을 시청하거나 응원 메시지를 보낼 수 있게 했다. 모바일 기술과 게임 요소를 결합해서 관람객의 참여를 유도한 것으로, 난민의 실상에 대해 이해하고 개인적 경험을 공유할 수 있도록 한 사례다.

〈그림 8-9〉 유엔난민기구와 서울시립미술관의 '보이지 않는 사람들' 캠페인

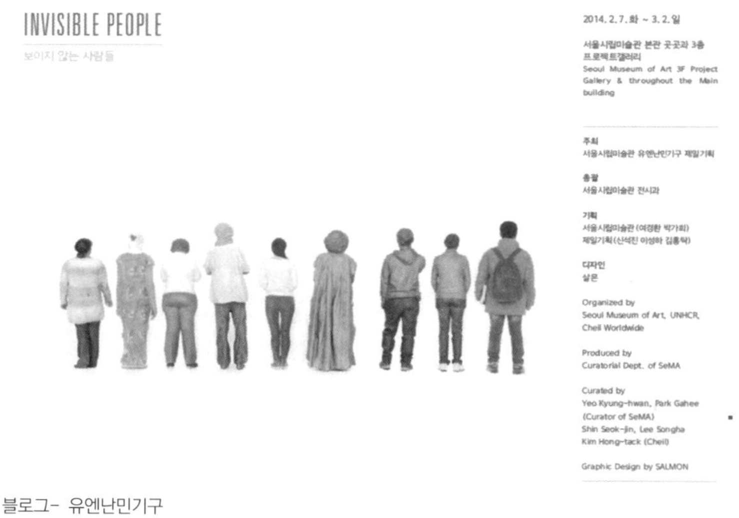

출처: 네이버 블로그- 유엔난민기구

8. 환경부의 재활용 캠페인 '쓰레기도 족보가 있다'

이 캠페인은 국내 매립폐기물 중 56%가 재활용이 가능한데도 대부분 폐기되는 상황을 해결하기 위해서 기획됐다. 사람들이 알고 있는 것보다 훨씬 많은

물건이 재활용을 통해 다시 태어날 수 있다는 점에 주목하고, 재활용 쓰레기와 재탄생되는 제품의 관계를 부모와 자식의 관계로 설정했다. 이런 부자 관계에 극적 반전과 재미를 주기 위해 영화 〈스타워즈〉의 명대사 'I am your father'를 활용했다.

캠페인은 캔, 우유팩, 비닐봉지, 빨대 등 네 편으로 구성됐으며 자신의 몸에서 탄생한 재활용품을 자식처럼 생각하고 위기 상황에서 지켜주려는 쓰레기의 부성애를 재미있게 표현했다. 재활용이라는 주제를 유쾌하게 풀어내 유튜브를 통해 화제성을 일으킴으로써 재활용의 의미를 되새기게 하는 데 성공한 캠페인이다.

〈그림 8-10〉 환경부의 재활용 캠페인

출처: 크리에이티브가 기발한 광고-환경부 I'm your father, CEO ACADEMY

9. 중소기업, 소상공인 디지털 마케팅 사례

4차 산업혁명과 디지털 전환(Digital Transformation)의 시대. 전통적 마케팅도 디지털 기술을 중심으로 한 디지털 마케팅으로 빠르게 진화하고 있다. 오늘날 기업들은 디지털 마케팅을 통해 다양한 방식으로 효율적인 고객 대상

마케팅 활동을 할 수 있게 되었다. 그러나 예산과 인력이 한정적인 중소기업과 소상공인들에게 디지털 마케팅은 대기업이나 할 수 있는 남의 나라 이야기로 들릴 수 있다. 마케팅 인력과 전략도 꾸려가기 어려운 중소기업과 소상공인들에게 디지털 마케팅은 실행하기 더 어려운 과제로 보일 수 있다.

하지만 디지털 마케팅은 복잡하기는 하지만 전통적 마케팅에 비해서 큰 예산이 들지 않고 다양한 마케팅 수단을 활용할 수 있는 장점이 있다. 또한 디지털 마케팅은 고객을 끌어들이고, 좋은 관계를 맺고, 충성고객을 만드는 최적의 수단이다.

과연 중소기업과 소상공인들에 딱 맞는 디지털 마케팅 방법은 무엇일까? 두 편의 성공사례를 통해 성공의 비결을 알아보도록 하자.

첫 번째는 디지털 마케팅을 통해 소상공인에서 중소기업으로 성장한 사례이다. 부업으로 시작한 사업을 가족기업으로 성장시킨 주부가 있다. 블로그 필명 '경빈마마'로 알려진 '마마님 청국장' 윤광미 대표. 그녀는 장류와 제철 김치 등을 만들어 온라인 직거래를 통해 판매한다. 매장도 없고, 유통 채널도 없고, 변변한 광고도 한 적 없다. 2004년부터 시작한 사업은 18년이 지난 지금도 시어머니, 부부, 아이들 3대가 함께 하는 가족회사로 운영되고 있다. 경빈마마는 경제적 어려움에 시달릴 때 학부모 인터넷 커뮤니티에서 많은 위안을 받았다고 한다. 우연히 올린 청국장 이야기를 본 회원들이 서로 주문하겠다고 하면서 청국장 사업이 시작되었다. 그녀는 어려운 생활 속에서 위안을 얻었던 온라인 공간을 본격적인 마케팅 수단으로 활용하였다. 특히 블로그를 가장 중요한 마케팅 채널로 활용하였다. '경빈마마의 맛있는 이야기'라는 제목으로 네이버, 다음 블로그와 티스토리를 운영하고 있다. 주로 제철 농산물 이야기, 다양한 전통

음식 요리법, 건강한 먹거리 이야기를 꾸준히 연재하고 있다. 구독자의 흥미를 끌기 위해서 웹툰(Webtoon) 형식의 전통시장 탐방기, 사진 이미지 위주의 일상 스케치 등 다양한 콘텐츠 마케팅을 해오고 있다. 더 나아가 블로그 방문자 100만 돌파 기념, 감사 편지 이벤트 등 다양한 온라인 고객 감사 이벤트를 통해 고객 참여와 고객과의 지속적 관계 강화를 꾀하고 있다. '경빈마마의 맛있는 이야기'에서 볼 수 있듯 블로그는 중소기업을 위한 최고의 마케팅 수단 중 하나이다. 블로그를 이용하면 고객들에게 광고 같은 느낌을 주지 않으면서 정보 위주의 제품 홍보를 할 수 있고, 콘텐츠를 통해 고객 신뢰를 확보할 수 있다. 주 2회 이상 꾸준하게 콘텐츠를 게시하면, 검색 결과에도 상위 노출되어 방문자가 급증하는 효과를 거둘 수 있다. 블로그를 통해 페이스북, 인스타그램, 유튜브 등 다른 소셜미디어 채널로 연결할 수 있으며, 커머스 기능을 통해 직접적 제품 판매에도 도움을 줄 수 있다.

경빈마마의 또 다른 성공 비결은 '홈페이지'에 있다. '마마님 청국장'이라는 이름의 홈페이지는 기존 기업 홈페이지와는 다른 커뮤니티 형식의 홈페이지이다. 2004년 홈페이지를 개설한 후 6번 정도 개편을 했는데 모두 커뮤니티 기능 강화를 위한 것이었다. 경빈마마도 매일 꾸준히 콘텐츠를 올리지만, 회원들도 자유롭게 자신들의 글과 사진들을 올리고 회원들과 수다를 떨 수 있는 공간으로 바꿔나갔다. 회원들의 활동은 메인 페이지에 노출되어 살아있는 홈페이지임을 보여주었다. 더 나아가 '밥상 만남'이라는 오프라인 번개 모임을 통해 회원들과 끈끈한 관계를 만들어가고 있다. 홈페이지는 소셜 미디어 시대에도 정보와 후기가 차곡차곡 쌓이는 콘텐츠 허브이자 온라인 커뮤니티로 발전할 수 있다는 것을 보여준 좋은 사례이다. 2011년부터 페이스북을 시작하면서도 꾸준함과 성실함으로 제품 홍보가 아닌 고객들이 관심을 가지는 먹거리와 요리에 대한 콘텐츠를 게재하고 있다. 경빈마마는 온라인 마케팅을 시작한 지 10년이 지난 지금도 하루 5시간 이상 온라인에 투자하고 있다고 한다. 온라인도 시간을 들인 만큼 결과가 나온다는 평범한 진리를 실천한 것이다. 결론적으로 경빈마마의 성공 비결은 '고객지향'과 '성실함'이라는 기본 원칙을 오랜 시간 꾸준히 지켜온 데 있다.

〈그림 8-11〉 경빈마마 홈페이지, 블로그

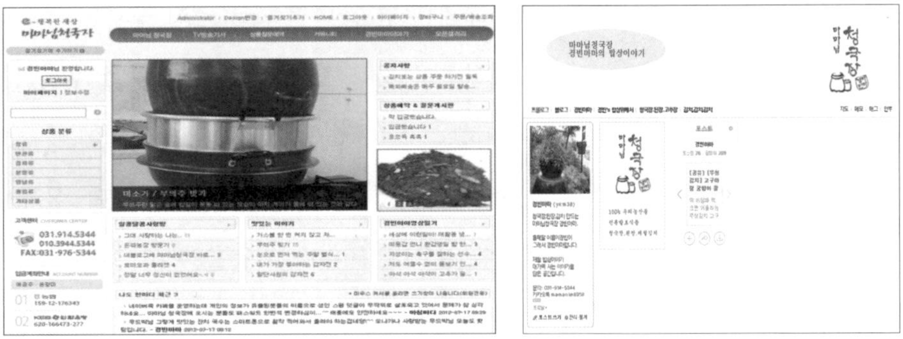

출처: 경빈마마 홈페이지, 블로그

두 번째는 여러 번의 실패 끝에 오로지 디지털 마케팅으로 성공한 한 벤처기업의 사례이다. 여러분은 '마약 베개'라는 제품에 대해 들어본 적이 있습니까? 페이스북 이용자라면 누구나 알만한 제품이다. 소셜미디어를 통해서만 100만 넘게 판매한 공전의 히트 상품이다. 마약 베개를 출시한 '블랭크 코퍼레이션'은 콘텐츠와 커머스의 융합을 주도한 미디어 커머스 기업으로 급성장하여 창업 3년 만에 매출 1,300억을 넘기는 놀라운 성과를 거두었다. 블랭크 코퍼레이션의 시작은 2016년 남대광 대표가 블랭크 티비를 설립하면서 시작된다. 일반인들의 제품 리뷰 동영상을 SNS에 올리면, 흥미를 느낀 소비자가 연결된 판매 페이지로 이동해서 손쉽게 제품을 구매하게 한 것이다. 소셜미디어를 단순히 콘텐츠 배포, 공유 채널을 넘어서 커머스 채널로 활용한 것이 첫 번째 성공 비결이었다.

또 다른 성공 비결은 블랭크는 제조사들과의 협업을 통해 제조에는 관여하지 않고 상품기획과 소셜미디어 마케팅에만 집중한 데 있다. 먼저 콘텐츠로 제작하기 용이한 상품을 기획하고, 위탁 생산을 통해 원가를 절감하고, SNS를 활용하여 온라인 판매에 집중했다. 또한 콘텐츠는 일반인 리뷰 형식으로 제작해서 고객의 신뢰와 공감을 높였으며, 바디럽, 블랙몬스터 등 23개의 개별 브랜드로 나누어 관리하여 브랜드 리스크(Risk)에 대비했다. 블랭크의 차별적 경쟁력은 콘텐츠 제작과 온·오프 채널 통합 마케팅 능력에 있다. 동영상 콘텐츠를 통해 구매를 일으키는 일에 집중하면서 제품별로 타깃 고객의 소비 경로를 분석하여 각각의 채널에 맞는 유통 채널을 활용하는 것이다. 예를 들어 '공백 세탁조 크리너'라는 천연세제 제품은 주 고객층인 주부를 겨냥해서 현대백화점 편집샵 '뷰티인보우'에 입점했고, 전통적 유통 채널인 GS샵, 홈쇼핑에도 진출했다. 물론 유튜브, 페이스북, 인스타그램에 브랜드 자체 SNS 채널을 개설하고, '일반인들의 리얼뷰티'같은 페이스북 커뮤니티 페이지도 운영하는 등 온라인 마케팅에도 집중하고 있다.

블랭크는 2018년부터 국내 시장뿐 아니라 스마트폰 활용도가 높은 대만, 싱가폴, 홍콩으로 사업을 확장하고 있다. 국내에서 판매되는 자체 브랜드 제품으로 시작해서 현지 맞춤형 제품도 새롭게 개발 출시할 예정이다. 특히 2022년 기업공개를 목표로 새롭게 여성 화장품 브랜드 '콜레트'를 런칭했다. 이 브랜드도 오프라인 매장 없이 온라인에서만 판매되며, SNS 중심 마케팅을 전개하고 있다. 결론적으로 블랭크는 SNS를 커머스 채널로 활용한 획기적 발상, 철저한 개별 브랜드 관리, 상품기획과 콘텐츠 마케팅에 대한 선택과 집중을 통해 3년 만에 1,300억의 매출, 기업가치 1조라는 성공 신화를 만들었다.

중소기업이 성공적 디지털 마케팅을 하기 위해서는 경영자의 디지털 전환이 필수적이다. 전통적 기업일수록 경영자는 어떻게 디지털 전환을 할 수 있을까를 고심해야 하고, 디지털 인력과 예산에 대한 투자를 아끼지 말아야 한다. 마케팅에서 있어서도 디지털 마케팅으로 전환할 수 있는 것부터 하나씩 시작해 보자. 기업의 블로그, 페이스북, 유튜브 채널을 개설하고 매주 2건 이상의 콘텐츠를 올려보자. 제품 브로셔도 증강현실(AR)을 활용한 온라인 브로셔로 바꾸어 보자. 홈페이지 콘텐츠도 지속적으로 개선하고 콘텐츠를 업데이트 하자. 디지털 마케팅은 여러분이 생각하는 것보다 훨씬 가까이에서 쉽게 할 수 있는 것이다. 그리고 반드시 고객 경험, 고객 관계, 고객지향 중심이어야 한다는 것을 잊지 말아야 한다.

〈그림 8-12〉 블랭크 소셜 마케팅

출처: 블랭크 홈페이지

2절 해외의 디지털 캠페인 성공 사례

1. 코카콜라

코카콜라는 전통적으로 세계에서 가장 뛰어난 마케팅회사 중 하나다. 쇠퇴기 제품인 청량음료의 판매를 위해서는 마케팅에 집중하는 것 외에는 방법이 별로 없기 때문이다. 디지털 시대가 되어서도 코카콜라는 뛰어난 디지털 마케팅 캠페인을 여럿 선보였다.

첫 번째 사례는 모바일 기술을 활용한 코카콜라 '리 브리프(Re:Brief)' 캠페인이다. 구글 크리에이티브 랩(Google Creative Lab)과 협업으로 진행한 프로젝트다. 구글 크리에이티브 랩은 구글의 다양한 제품과 서비스를 마케팅 커뮤니케이션에 활용하고자 2007년에 만든 내부 광고 조직이다. 구글 크리에이티브 랩의 비전은 구글의 놀라운 기술이 세상을 어떻게 따뜻하게 감쌀 수 있는지 보여주는 것으로, 디지털을 통해 더 나은 세상을 만들겠다는 구글의 철학을 반영했다. '리 브리프' 캠페인은 구글의 모바일과 광고 테크놀로지에 코카콜라 자판기를 결합하여 실제로 코카콜라의 광고 슬로건인 'I'd like to buy the world a coke'를 실현했다. 코카콜라 앱을 통해 다른 나라에 있는 코카콜라 자판기를 원격 조정해서 누군가에게 콜라를 선물하는 것이다. 지구촌 콜라 전달 캠페인을 통해 구글은 기술 혁신성을, 코카콜라는 행복을 전달하는 브랜드 이미지를 전달했다.

〈그림 8-13〉 코카콜라의 '리 브리프' 캠페인

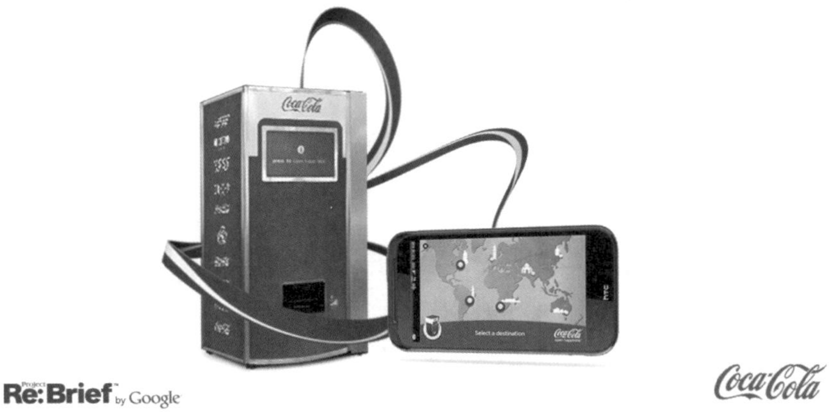

출처: https://www.behance.net/

두 번째 사례는 '코크플레이(CokePlay)' 캠페인이다. 코카콜라가 최근 집중하고 있는 디지털 마케팅 전략은 코카콜라 자체의 브랜드 가치를 활용하는 것이다. 세계에서 가장 많이 언급되는 음료 브랜드인 코카콜라는 단순한 청량음료를 넘어 소비자의 일상 일부로 인식된다. 코카콜라는 충성 고객을 대상으로 한 모바일 앱 코크플레이를 개발해서 게임, 카메라 필터, 동영상 등을 제공하고 있다. 이를 코카콜라 자체 제작 상품인 코크 굿즈(Coke Goods)를 홍보하고 판매하는 채널로도 활용하고 있다.

이를 통해 소비자의 다양한 행동을 분석한 후 개인에게 적합한 마케팅 전략을 제시하는 빅데이터 마케팅도 시작할 것으로 예상된다.

〈그림 8-14〉 코카콜라의 브랜디드 앱 코크플레이

출처: 구글 플레이

2. 나이키

나이키도 코카콜라 못지않은 마케팅 중심 회사 중 하나다. 나이키가 마케팅에 집중하는 가장 큰 이유는 글로벌 스포츠용품 시장의 라이벌 아디다스와의 경쟁 때문이다. 나이키는 디지털 기술을 활용한 다양한 마케팅 성공 사례를 선보였다.

첫 번째 사례는 유튜브 마케팅이다. 나이키는 바이럴 동영상이 아니라 3H(Hero, Hub, Hygiene) 콘텐츠 전략으로 성공을 거뒀다. 여기서 'Hero 콘텐츠'는 바이럴 동영상이나 제품 론칭 광고 등 모든 타깃에게 도달하기 위한 공격적 광고 캠페인이고, 'Hub 콘텐츠'는 소비자의 관심에 맞추어 정기적으로 제작·공급하는 동영상 콘텐츠다. 마지막으로 'Hygiene 콘텐츠'는 소비자의 잠재적 관심사에 솔루션을 줄 수 있는 동영상 콘텐츠다.

'나이키 풋볼(Nike Football)' 유튜브 채널은 이 전략을 통해 채널 구독자를 180만 명 이상 확보하는 성과를 거뒀다. 이 채널에서 Hero 콘텐츠는 나이키가 후원하는 축구 스타들이 등장하는 월드컵 캠페인 '위너스테이(Winner Stays)'다. 세계 최고의 축구 스타들이 출연했으며, 화려한 CG 기술로 한 편의 영화에 가까운 콘텐츠로 소비자의 이목을 집중시켜 브랜드 인지도와 선호도를 높이는 역할을 했다.

다음으로 Hub 콘텐츠는 스웨덴의 축구 스타 즐라탄 이브라히모비치(Zlatan Ibrahimovic)가 출연해서 축구와 삶에 관한 조언을 하는 1분짜리 시리즈 영상인 '#애스크즐라탄(#AskZlatan)'이다. 이 콘텐츠는 이미 채널을 구독한 팬들이 지속적으로 채널에 와서 즐길 수 있게 하는 역할을 했다.

마지막으로 Hygine 콘텐츠는 축구 선수들이 어떻게 하면 축구 기술을 향상시킬 수 있는지 알려주는 '나이키 아카데미(Nike Academy)'다. 이 콘텐츠는 축구 관련 검색 시 많은 검색 결과를 나타내 나이키의 검색 점유율에 큰 기여를 했다. 결론적으로 조회 수를 급증시키는 Hero 콘텐츠만 중요한 것이 아니라, Hub와 Hygene 콘텐츠처럼 소비자에게 진정으로 도움이 되고 구매를 유발하는 콘텐츠를 지속적으로 제작하는 것이 중요하다는 것을 알 수 있다.

두 번째 사례는 페미니즘을 마케팅과 접목하여 사회적 고정관념에서 탈피하려는 여성들을 응원하는 나이키의 '2019 Women Just Do It' 캠페인이다. 나이키는 고정관념과 편견 속에서 자신의 위대함을 믿으며 스스로 자신의 가치를 찾아가는 여성을 모티브로 한 영상을 제작했다. 나이키는 여성들이 스포츠를 통해 자신의 가치와 존재감을 찾을 수 있도록 '#챌린지'라는 디지털 캠페인을 선보였다. 이 캠페인에서는 매주 제공되는 운동 과제를 본인의 인스타그램에 올려서 여성의 무한한 잠재력과 위대함을 SNS를 통해 홍보했다.

〈그림 8-15〉 나이키의 '2019 Women Just Do It' 캠페인

출처: http://www.rookie.co.kr/news/articleView.html?idxno=27298

세 번째 사례는 주위의 모든 것을 매체로 활용하는 앰비언트 미디어(ambient media)의 특성을 활용한 '분필 로봇' 캠페인이다. 디지털 기술은 생활공간을 독창적이고 효율적인 광고 매체로 변화시키고, 매체의 특성 자체가 크리에이티브의 핵심이 된다.

나이키는 전설적인 사이클 선수인 랜스 암스트롱(Lance Armstrong)의 암투병 재단을 지원하기 위해 디지털 캠페인을 기획했다. 사이클 대회가 펼쳐지는 도로 위에 분필 로봇을 활용해서 암 환자에게 희망을 주는 메시지를 나타내게 했다. 또한 캠페인 신청자들이 웹사이트를 통해 신청한 희망 메시지가 SNS를 통해 실시간으로 전 세계에 전파되고 공유됐다. 디지털 기술과 SNS를 활용해서 도로를 매체로 바꾸고, 소비자에게 특별한 경험을 하게 하여 브랜드 충성도를 높인 성공 사례다.

〈그림 8-16〉 나이키의 분필 로봇 캠페인

출처: https://www.deeplocal.com/nike-chalkbot

3. 레드불 '성층권 다이빙'

바이럴 마케팅의 핵심은 폭발적인 구전 효과를 가진 임팩트 있는 이벤트나 콘텐츠다. 세계적 에너지 음료 브랜드인 레드불(Red Bull)은 상상을 초월하는 임팩트 있는 이벤트를 개최했다. 대부분의 스포츠 음료 브랜드는 수영, 육상, 축구 등 전통적인 스포츠 경기를 후원하면서 스폰서 마케팅을 전개해왔다. 그러나 레드불은 브랜드 슬로건 '사람들에게 날개를 펴준다'에 어울리는 기상천외한 이벤트를 벌였다. 세계 최초로 지구 상공의 성층권에서 스카이다이빙을 하는 이벤트를 통해 에너지 음료에 어울리는 획기적인 스포츠 마케팅을 전개한 것이다. 마치 우주선 발사 장면처럼 제작된 동영상은 유튜브를 통해 전 세계에 중계돼 화제성을 극대화했고, 영상 시청자 수 750만 명을 기록했다. 화제성 높은 콘텐츠를 소셜 미디어를 통해 단기간에 전 세계에 배포하고 공유하게 한 대표적 성공 사례다.

〈그림 8-17〉 레드불의 성층권 다이빙

출처: 레드불 홈페이지

4. 로레알의 메이크업 지니어스

디지털 기술은 소비자의 경험을 획기적으로 강화할 수 있다. 또한 SNS를 통해 개인의 경험이 빠르게 전파되고 공유된다. 이런 성공 공식을 잘 적용한 사례가 세계적 화장품회사 로레알(L'Oréal)의 '메이크업 지니어스(Makeup Genius)'다.

로레알과 IT 기업 이미지매트릭스(Image Metrics)는 증강현실(AR)과 모바일 카메라 기술을 활용해서 메이크업 앱을 개발했다. 앱은 사용자의 얼굴을 캡처한 후, 64개의 데이터 포인트를 인식하여 화장품이 얼굴 위에 반영되도록 했다. 사용자가 취하는 동작이 거울처럼 실시간으로 반응되기 때문에 현실적인 가상 체험이 가능하다. 오프라인 매장에서 테스트하고 구매해야만 했던 화장품을 오프라인 체험을 대체할 만한 가상 경험을 제공해 온라인에서 구매할 수 있게 한 것이다. 가상 공간에서 화장한 내 모습은 SNS를 통해 친구들과 공유할 수 있으며, 유튜브 바이럴 영상으로 유통된다.

로레알은 더 나아가 뷰티 인플루언서를 활용해 다양한 소셜 미디어 마케팅을 전개했다. 이를 통해 로레알은 단순한 '화장품 제조 회사'에서 '디지털 뷰티 회사'로 혁신적인 기업 이미지를 구축했다.

〈그림 8-18〉 로레알 메이크업 지니어스

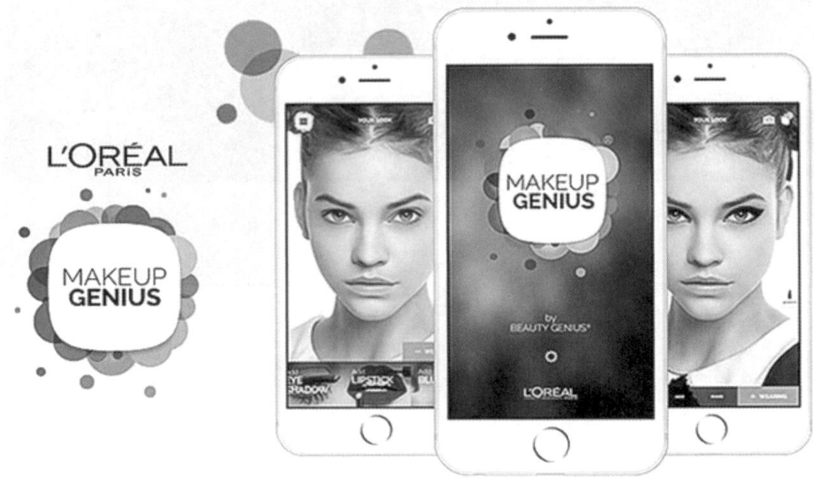

출처: 4차 산업혁명과 뷰티의 만남, 캐나다 한국일보

5. 웨스트제트항공의 '크리스마스의 기적'

크리스마스의 공항은 언제나 곧 그리운 가족이나 친구를 만난다는 승객들의 설레임으로 가득하다. 웨스트제트항공은 승객들에게 크리스마스 깜짝 선물 이벤트를 하기로 했다. 역시 디지털 미디어와 SNS를 활용해서 고객이 적극적으로 참여하고, 놀라운 경험을 하고, 이를 소셜 미디어로 전파하고 공유하게 했다.

먼저 승객들에게 공항에 설치한 디지털 사이니지에서 가상의 산타에게 크리스마스에 받고 싶은 선물을 이야기하게 했다. 승객들은 큰 기대를 하지 않고 재미로 참여했겠지만, 도착지 공항에서 승객들은 깜짝 놀란다. 웨스트제트 직원들이 승객들이 소원한 선물을 증정한 것이다. 페이스북과 트위터를 통해 이벤트 동영상이 전파되면서 이 '크리스마스의 기적'은 놀라운 고객 경험으로 공유됐다.

〈그림 8-19〉 웨스트제트항공의 '크리스마스의 기적'

출처: https://www.campaignlive.co.uk/article/campaign-viral-chart-canadian-airlines-christmas-miracle-tops-chart/1224699

6. 펩시의 'Bring Happiness Home'

펩시는 신년 명절에 귀향하는 중국인들의 라이프 스타일을 활용한 디지털 캠페인을 전개했다. 중국 최대의 동영상 소셜 미디어인 메이페이(MeiPei)에 귀향하는 사람들이나 가족들의 모습을 담은 10초짜리 동영상을 업로드하는 캠페인이었다. 일반 소비자들은 펩시 캔의 QR 코드를 통해 동영상을 시청할 수 있다. 이런 다양한 디지털 마케팅을 통해 총 12억 뷰의 놀라운 성과를 거뒀다. 지역의 정서와 라이프 스타일을 이해하고 이에 맞는 맞춤형 디지털 마케팅을 통해 성공을 거둔 사례다. 특히 중국인의 대표적 온라인 습관인 QR 코드를 활용했다는 점을 눈여겨볼 만하다.

〈그림 8-20〉 펩시의 'Bring Happiness Home'

출처: http://www.hkspotlight.hk/index.php/2014/02/pepsico-china-bring-happiness-home-2014-campaign/

2장 국내외 금융기관의 디지털 마케팅 성공 사례

1절 국내 금융기관의 디지털 마케팅 성공 사례

1. 신한은행

신한은행은 모바일 뱅킹 앱 '쏠(SOL)'을 중심으로 다양한 디지털 마케팅을 전개하고 있다. 쏠은 신한은행의 기존 6개 앱을 하나로 통합하여 고객 편리성을 극대화한 신한은행의 디지털 금융 플랫폼이다.

쏠은 디지털 기술 기반의 의·식·주·취미를 아우르는 맞춤형 생활금융 플랫폼을 목표로 한다. 이런 전략에 따라 야구장에서 간편하게 먹거리를 주문할 수 있는 '쏠 주문', 야구 플랫폼 '쏠 야구'를 론칭했다. 쏠에 접속하면 부동산, 자동차, 야구, 여행 등 다양한 생활 편의 서비스로 연결된다.

신한은행은 디지털 환경에서 고객들의 데이터를 분석하여 최적화된 솔루션이 적용된 마케팅을 전개했다. 가장 성공적인 사례는 '내가 SOL게' 이벤트로, 페이스북을 채널로 활용해서 적금 문화의 새로운 패러다임을 제시한 것으로 평가받는다. 적금 상품을 지인들에게 축하 또는 감사 인사를 담아 선물할 수 있다는 내용이다. 적금 상품을 가족, 동료 등 지인들에게 선물할 수 있다는 아이디어와 체계적인 디지털 마케팅이 잘 활용된 사례라고 할 수 있다. 이벤트를 홍보하기 위한 디지털 영상은 직장 편, 엄마 편, 남매 편, 생일파티 편으로 고객이 이벤트 내용을 쉽게 이해하고 관심을 갖도록 제작됐다.

또한 젊은 2030세대 고객들을 잡기 위해서 모바일 퀴즈쇼 '잼라이브'를 통해 브랜드 데이 퀴즈쇼 이벤트를 진행했다. 어렵게만 여겨졌던 은행 상품을 퀴즈를 통해 쉽게 풀어가고자 한 시도로, 고객과의 벽을 허물고 모바일 앱 쏠에 대한 인지도를 높이는 성과를 거뒀다. 신한은행은 빅데이터와 인공지능을 활용한 맞춤형 상품 제안, AR·VR 기술 적용 등 다양한 디지털 마케팅을 통해 디지털 리딩 뱅크의 이미지를 강화하고 있다.

〈그림 8-21〉 신한은행의 페이스북 이벤트

출처: 신한은행, 페북 디지털 마케팅 성공 사례로 선정, 경향비즈

2. 현대카드

현대카드는 카드 업계의 후발 주자다. 경쟁사보다 한발 늦은 2001년에 시장에 진출했지만, 이후 카드 업계에 돌풍을 일으키며 업계 선도 기업이 됐다. 이런 성공의 비결은 국내 최고의 차별화 마케팅에 있다. 현대카드는 카드 업계를 넘어 국내 산업계 전반에 충격을 준 획기적인 마케팅을 전개했다. 2007년부터 시작한 '현대카드 슈퍼콘서트'는 콜드플레이, 비욘세, 폴 매카트니 등 세계 최정상급 아티스트들의 공연으로 현대카드를 상징하는 대표적 문화 마케팅으로 자리 잡았다. 슈퍼콘서트 마케팅을 통해 고객에 대한 진정성을 보여주고 차별적 혜택을 제공한 것이 고객 충성도를 높이는 데 결정적 역할을 했다.

현대카드의 또 다른 차별화 마케팅 전략은 '현대카드 M'으로 시작한, 고객 라이프 스타일에 맞춘 시장세분화 상품 전략 '알파벳 마케팅'이다. 천편일률적이었던 신용카드 시장에 맞춤형 카드라는 신선한 바람을 불러왔다. 이런 현대카드의 차별화 전략은 경쟁사와 구별되는 강력한 차별화 포인트로 작용했다.

이런 현대카드의 혁신은 현재도 지속되고 있다. 업계 최초로 세로형 카드를 선보였으며, '현대카드 라이브러리' 같은 공간 마케팅을 통해 디자인 경영도 강화하고 있다. 현대카드의 디지털 전략은 빅데이터와 인공지능을 기반으로 한 디지털 전환이 핵심이다. 이를 통해 맞춤화된 시간에 맞춤화된 서비스를 제공하는 초맞춤형 서비스를 준비하고 있다. 이를 위해 데이터를 확보하고, 분석 인프라를 갖추고, 딥 러닝과 머신 러닝을 활용해 새로운 애플리케이션을 개발하는 데 회사의 모든 역량을 투입하고 있다.

현대카드의 디지털 마케팅 캠페인의 대표적인 성공 사례로 '옆길로새' 캠페인을 꼽을 수 있다. 2010년부터 시작된 현대카드의 기업광고 캠페인 'make break make'는 현대카드의 기업 이미지를 변화와 혁신의 아이콘으로 만들었다. 'make break make' 캠페인의 20대 고객 대상 서브 캠페인으로 만든 '옆길로새' 캠페인은 20대 젊은이들에게 기존 관념과 질서를 부수고 새롭게 시도하라는 메시지를 재미있게 전달하고자 했다.

당시 획기적인 시도로 전형적인 광고 중심 캠페인이 아닌 콘텐츠 중심의 콘텐츠 마케팅을 전개했다. 'make break make' 정신을 쉽고 재미있는 가사로 만들어서 20대가 즐겨 듣는 힙합으로 제작했다. '새'를 가상의 가수로 설정해서 'mc 옆길로새'라는 가상 래퍼를 만들었다. 실제 힙합 뮤지션처럼 느껴지도록 앨범 커버, 음원 포스터, 뮤직 스토리 등을 제작했고 멜론 등 음원 사이트를 통해 음원을 출시했다. 현대카드 홈페이지와 페이스북을 통해 티저 콘텐츠를 배포해 호기심을 유발했으며, 홍대 인근과 강남역 등 주요 스폿에 포스터 2만 장을 부착했다. 또한 온라인 홍보를 위해 구글, 다음, 네이버 등에 배너와 브랜드 검색 페이지를 운영했다.

더 나아가 뮤직비디오, 인터뷰 영상, 페이스북 영상도 제작해서 유튜브와 소셜 미디어를 통해 공개했다. 특히 현대카드 유튜브 채널을 통해 2분짜리 풀버전 뮤직비디오를 공개했고, 유튜브 광고를 통해서도 뮤직비디오를 노출했다. 이 외에 카톡 이모티콘도 제작했고, 노래방에 음원으로 등록해서 가상 광고 캐릭터가 아닌 실존 힙합 뮤지션으로 소비자들이 인식하게 했다. 이 캠페인을 통해 유튜브 조회 수 513만 뷰, 이모티콘 다운로드 수 100만 건의 성과를 기록했다. '옆길로새' 캠페인은 브랜디드 콘텐츠, 소비자 패러디 유도 그리고 음악과 이모티콘을 활용한 감성마케팅 등 시대를 앞서간 디지털 마케팅의 성공 사례로 회자된다.

〈그림 8-22〉 현대카드 '옆길로새' 캠페인

출처: 현대카드 현대캐피탈 공식블로그

2절 해외 금융기관의 디지털 마케팅 성공 사례

1. 알리안츠

독일의 세계적 보험회사 알리안츠(Allianz)는 고객의 생명과 안전을 지키는 미션을 최우선으로 한다. 알리안츠는 세계 최대 내비게이션 앱인 웨이즈(Waze)와 협업하여 도로 구조 서비스를 론칭했다. 웨이즈 앱에 접속하면 간단한 조작만으로도 차량 고장, 사고, 배터리 방전 등 도로상 위급 상황에서 24시간 출동 서비스를 받을 수 있다. 이런 솔루션은 기술과 서비스, 보험이 결합한 융합형 비즈니스 모델이다. 이를 통해 새로운 보험 시장을 개척할 수 있으며, 모바일을 통해 고객 편의성을 극대화하는 성과를 거뒀다.

알리안츠는 내비게이션 업체와의 협업을 이전의 '알리안츠 가족 음성 내비게이션' 서비스를 구축하면서 이미 시도했다. 고객의 안전을 위해 내비게이션

길 안내를 기존 성우의 음성이 아닌 가족의 목소리를 통해 전달하도록 한 것이다. 가족의 길 안내를 받는 운전자는 안전 운전에 각별하게 유의할 것이다. 고객의 안전과 생명을 지키는 파수꾼인 생명보험과 가족을 연결한 캠페인 성공 사례다.

〈그림 8-23〉 알리안츠의 모바일 차량구조 서비스

출처: https://radarmalang.jawapos.com/waze-dan-allianz-perluas-bantuan-sos-di-6-negara-asia/

2. 씨티뱅크

미국의 대표적 은행인 씨티뱅크는 2015년 온라인 부동산 플랫폼인 질로(Zilow)와 디지털 마케팅 제휴를 하여 온라인을 통한 간편하고 통합적인 대출 상품을 제공했다. 새로운 대출 상품의 홍보를 위해 다양한 온라인 광고와 콘텐츠 마케팅을 실행했으며, 씨티뱅크의 브랜드와 질로의 모바일·온라인 경험을 결합한 캠페인으로 효과를 극대화했다. 특히 온라인에서 제공할 수 없었던 씨티뱅크 영업 담당자의 고객 지원 서비스를 제공하게 됐고, 연간 9,000만 명이 방문하는 질로 웹사이트 트래픽을 이용해서 지속적으로 잠재 고객을 발굴했다.

씨티뱅크도 다른 은행과 마찬가지로 구조조정과 디지털 전환 상황에 직면해 있다. 인적 판매 위주의 영업점 시대가 끝나고, 모바일과 온라인 뱅킹의 시대로 전환되고 있는 것이다. 이에 따라 디지털 마케팅이 아닌 마케팅 활동은 생각하지도 않게 됐다. 이제 금융기관의 마케팅은 디지털 마케팅과 동의어가 됐으며, 디지털 전환을 하지 못한 금융기관은 생존할 수 없다는 것을 알 수 있다.

〈그림 8-24〉 씨티뱅크의 디지털 마케팅

출처: https://d-amellio.com/work/citi-digital/

마/치/며

디지털 마케팅의 미래

소비자들의 일상에서 디지털화가 가속화되면서 마케팅 테크놀로지 시장이 향후 10년간 100배 성장할 것이라는 전망이 있다. 그런데 이런 테크놀로지의 발전이 인간의 일자리를 빼앗을 것으로 예상된다. 최근 급격히 발전한 프로그래매틱 광고 분야를 보면 사람이 처리하던 다양한 업무가 대부분 자동화되고 있다. 이제 구글 애널리틱스를 활용하면 누구나 쉽게 데이터 분석 업무를 할 수 있다. 더 나아가 인공지능이 탑재된 마케팅 자동화 솔루션이 도입되면 일상적 마케팅 업무 대부분이 자동화될 것이다.

향후 디지털 마케팅은 어떻게 진화할 것인가? 인공지능이 대체하지 못하는 일은 주로 인간의 창의력, 사회적 지능과 관련된 것이다. 따라서 앞으로도 마케팅 콘셉트와 아이디어 발굴, 대내외 커뮤니케이션과 같은 일은 계속 인간의 몫으로 남아 있을 것이다. 다만 마케팅 운영이나 데이터 분석은 대부분 자동화될 터인데, 이를 통한 인사이트 발견이 인간이 할 일이다.

최근 디지털 마케팅 트렌드를 보면 인공지능, 챗봇, 이메일 자동화, 네이티브 광고, 동영상이 특히 주목받고 있다. 이에 따라 소셜 미디어와 마케팅 자동화가 주요 이슈가 되고 있다. 더 나아가 음성 검색, 개인화 비디오 마케팅, 반응형 검색 광고, 360도 비디오도 주목받고 있다. 여기서 개인화 비디오 마케팅은 개인과 관련 있는 맞춤형 동영상 콘텐츠를 활용한 것으로, 높은 참여율 및 구매 전환율 효과가 있다. 결론적으로, 디지털 마케팅 트렌드의 핵심은 '소셜 미디어,

마케팅 자동화, 동영상'으로 요약될 수 있다.

마케팅 패러다임이 디지털 마케팅으로 급속하게 변화하면서 소비자는 이제 모바일과 빅데이터를 활용해 일상에서 쉽게 브랜드 경험을 할 수 있게 됐다. 또한 소비자 스스로 찾아서 소비할 수 있는 브랜디드 콘텐츠가 중요해졌다. 브랜디드 콘텐츠는 개인의 참여와 경험을 유도해내는 중요한 역할을 하고 있다. 미래의 마케팅 전략에서는 소비자들이 브랜드를 능동적으로 만나 즐거운 경험을 하는 것이 중요해질 것이다. 따라서 타깃 소비자에게 참여형 콘텐츠를 제공하여 상호작용을 해야 하는데, 디지털 기술과 마케팅의 융합으로 소비자에게 더욱 풍부한 브랜드 경험을 제공할 수 있다.

마지막으로 인공지능이 마케팅과 융합해 놀라운 마케팅의 진화를 가져올 것이다. 먼저 인공지능은 광고와 결합하여 매체 비용 효율화를 위한 퍼포먼스 마케팅에 활용되고 있다. 또한 개별 소비자에게 맞춤형 광고 크리에이티브를 제작할 수 있는 크리에이티브 자동화 시스템과 수시로 변하는 소비자 니즈에 실시간으로 대응하는 광고를 제공하는 프로그래매틱 크리에이티브(programatic creative)에도 활용되고 있다. 최근 생활에서 인공지능을 가장 쉽게 체감하게 해주는 인공지능 스피커는 혁신적 광고 매체로 진화할 것이다. 소비자의 취향과 행동을 속속들이 파악하고 있는 인공지능 스피커는 최적의 가정용 광고 매체로서 강력한 영향력을 가질 것으로 예상된다.

인공지능과 디지털 기술 그리고 마케터의 창의력과 통찰력이 결합할 때 디지털 마케팅의 장밋빛 미래가 열릴 것이다.

참고문헌

BC카드 빅데이터센터(2019), 빅데이터 사람을 읽다, 미래의창

Tracy L. Tuten·Michael R. Solomon(2013), 소셜 미디어 마케팅, 한경사

김병희(2021), 디지털 시대의 광고 마케팅, 학지사

김상훈·이유석·이지수(2018), 하이테크 마케팅, 박영사

김유나(2024), 마케팅 웨이브, 학지사비즈

김진(2016), 구글 애널리틱스를 활용한 데이터 분석 입문, 머니매그넷

김진·최정아(2018). 디지털 마케팅 개론, 마소캠퍼스

김홍탁(2014), 디지털 놀이터, 중앙 m&b

김형택(2022), 디지털 트랜스포메이션 시대의 디지털 마케팅 커뮤니케이션 전략, 비제이퍼블릭

레이 커즈와일(2007), 특이점이 온다, 김영사

리사 아더(2014), 빅데이터 마케팅, 더난출판사

린다 그래튼(2012), 일의 미래, 생각연구소

박흥수·하영원·우정·강성호(2019), 신상품 마케팅, 박영사

빅데이터 전략연구회(2015), 경영 빅데이터 분석, 광문각

빅데이터 전략연구회(2019), NCS 기반 경영 빅데이터 분석, 와우패스

신디 크럼(2011), 모바일 마케팅, 에이콘출판사

안종배(2012), 스마트시대 콘텐츠 마케팅론, 박영사

에릭 그린버그·알렉산더 케이츠(2017), 디지털 마케팅의 전략적 기초, 커뮤니케이션북스

요코야마 류지(2011), 트리플 미디어 전략, 흐름출판

윤중훈·박영훈(2019), 구글 애드센스 마케팅, 경향비피

임헌수·최규문(2018), 페이스북 인스타그램 통합 마케팅, 이코노믹북스

임현재·송승환·정민지(2017), GDN & YouTube 마케팅, 디지털북스

조창환·이희준(2018), 디지털 마케팅 4.0, 청송미디어

차원상 외(2021), 디지털 변화 속 광고PR 산업, 학지사

클라우스 슈밥(2016), 클라우스 슈밥의 제4차 산업혁명, 새로운현재

토머스 프리드먼(2017), 늦어서 고마워, 북이십일

폴 길린(2010), 소셜 미디어 마케팅의 비밀, 멘토르

Satoshi Nakamoto(2008), "Bitcoin: A Peer to Peer Electronic Cash System"

저자 약력

차원상

성균관대학교 사회학 학사
University of Illinois at Urbana-Champaign 경영학 석사
한양대학교 광고학 박사(디지털마케팅 전공)

(전) 세종사이버대학교 디지털마케팅학과 교수
(전) KT 광고사업단장
(전) 한국 IDG 대표
(전) 야후 코리아 부문장
(전) 오리콤 광고전략팀장

(현) 소상공인시장진흥공단 디지털전략본부 본부장

저서 차원상·방미연(2019), 검색광고마케터 1급, 명진씨앤피
차원상 외(2021), 디지털변화 속 광고PR 산업, 학지사

감수자 약력

김철환

연세대학교 정치외교학 학사

(전) 금강기획 뉴미디어스텝
(전) 블로터 사업본부장

(현) 적정마케팅연구소 대표
(현) 콘텐츠진흥원 글로벌비즈니스 마케팅 자문위원

저서 김철환(2011), 신뢰가 돈이 되는 사람 중심 상거래혁명, 소셜커머스, 블로터앤미디어
김철환(2013), 페이스북 장사의 신, 블로터앤미디어

역서 Kipp Bodnar, Jeffrey L. Cohen 저, 김철환 옮김(2012), B2B 소셜미디어 마케팅, 블로터앤미디어

디지털 마케팅 전략과 실전사례

초판1쇄	2020년 3월 16일
3 판1쇄	2025년 1월 20일
3 판2쇄	2025년 9월 4일
저 자	차원상
감 수 자	김철환
발 행 인	이준수
발 행 처	한국금융연수원 출판미디어사업부
	(03053) 서울시 종로구 삼청로 118
전 화	02) 3700-1500
팩 스	02) 3700-1530
홈페이지	www.kbi.or.kr
등 록	1990년 4월 20일(제1-1040호)
정 가	19,000원
I S B N	978-89-287-8230-7 13320

※ 도서의 오류내용(오탈자 등)을 제보해주시어 채택되신 분께는 소정의 상품을 보내드리오니 독자 여러분들의 많은 참여 바랍니다(상세정보는 www.kbi.or.kr 참조).

※ 본 도서의 내용은 한국금융연수원의 견해와 다를 수 있습니다.

한국금융연수원 자격검정시험 안내

•「국가공인자격」은 자격기본법에서 정한 기준과 절차에 따라 국가가 공인한 자격으로 신용분석사, 여신심사역, 국제금융역, 자산관리사(FP), 신용위험분석사(CRA), 외환전문역 I종, 외환전문역 II종 등 7개의 자격이 있습니다.

•「자체인증자격」은 우리 원이 인정, 수여하는 자격으로 공개시험형 자체자격인 프라이빗 뱅커(CPB), 은행텔러, 영업점 컴플라이언스 오피서(은행)(보험)(증권), KBI 금융DT 테스트, 자금세탁방지 업무능력 검정시험 등 7개 자격이 있습니다.

구분	자 격 명 (공인/등록번호)	응시료	자격소개
국가공인자격	신용분석사 (제2024-1호) (2008-0438)	전과목 : 66,000원 1부 : 28,000원 2부 : 39,000원	금융회사의 여신관련 부서에서 기업에 대한 회계 및 비회계자료 분석을 통하여 종합적인 신용상황을 판단하고 신용등급을 결정하는 등 기업신용 평가업무를 담당하는 금융전문가
	여신심사역 (제2024-2호) (2008-0439)	전과목 : 66,000원 1부 : 28,000원 2부 : 39,000원	금융회사의 여신심사 담당자로서 경제상황과 기업의 재무, 비재무상태 등을 분석, 파악하여 적정한 대출심사 의견서 작성, 대출이율 및 대출기간 결정 등 대출실행 여부를 판단하고 자금의 효율적 운용, 대손 방지를 위한 제반조치, 여신의 법률적 검토, 사후관리업무 등 여신업무와 관련한 종합적인 업무를 수행하는 금융전문가
	국제금융역 (제2021-1호) (2008-0440)	전과목 : 66,000원 1부 : 33,000원 2부 : 33,000원	금융회사의 국제금융 관련 부서에서 국제금융시장의 동향파악, 분석 및 예측 등을 통하여 외화자금의 효율적 조달과 운용업무를 담당하고 이에 따른 리스크관리 등 국제금융 관련 업무를 수행하는 금융전문가
	신용위험분석사(CRA) (제2023-2호) (2008-0442)	1차 : 77,000원 2차 : 88,000원	금융회사 및 기업신용평가기관 등에서 개인과 기업에 대한 신용상태를 조사평가하고 신용위험을 측정 · 관리하는 여신전문가
	자산관리사(FP) (제2020-1호) (2008-0441)	전과목 : 55,000원 1부 : 28,000원 2부 : 28,000원	금융회사 영업부서의 PB(Private Banking) 팀에서 고객의 수입과 지출, 자산 및 부채현황, 가족상황 등 고객에 대한 각종 자료를 수집, 분석하여 고객이 원하는 Life Plan 상의 재무목표를 달성할 수 있도록 종합적인 자산설계에 대한 상담과 실행을 지원하는 금융전문가
	외환전문역 I종 (제2020-1호) (2008-0436)	전과목 : 55,000원	금융회사의 외환업무 중 외국환 거래 법규 및 외환거래실무를 이해하고 고객의 외화 자산에 노출되는 각종 외환 리스크를 최소화시키는 등 주로 개인 외환과 관련된 직무를 담당
	외환전문역II종 (제2020-1호) (2008-0436)	전과목 : 55,000원	금융회사의 외환업무 중 수출입업무 및 이와 관련된 국제무역규칙을 이해하고 외환과 관련된 여신 업무를 수행하는 등 주로 기업 외환과 관련된 직무를 담당
자체인증자격	은행텔러 (2008-0437)	전과목 : 55,000원	창구에서 일어나는 제반업무에 대해 신속하고 친절한 업무수행과 정확한 업무처리로 고객에게 도움을 주고 상담을 통해 문제해결을 하도록 도와주는 금융전문가
	영업점 컴플라이언스 오피서(은행) (2010-0118) (보험, 증권) (2013-0702,0703)	전과목 : 각 44,000원	금융회사의 영업점에서 준법관련 법규와 감독기관의 감독규정이 정한 내용과 취지를 충분히 이해하고 업무 수행과정에서 이를 준수하며, 영업점에서 발생 가능한 금융사고 및 민원사항이 발생하지 않도록 사전적 예방 차원에서 그 준수사항의 이행을 점검하는 금융전문가(은행, 보험, 증권 분야별로 자격이 구분됨)
	프라이빗뱅커 (CPB) (2018-004091)	1차 : 110,000원 2차 : 342,000원 (실무교육)	개인고액자산가의 자산 및 수익증대를 실현하기 위해 금융분야 전반에 걸쳐 종합적인 금융상담과 실행을 지원할 수 있는 최고급 수준의 금융자산설계전문가
	KBI 금융DT 테스트 (2021-001872)	전과목 : 44,000원	금융인 및 예비금융인을 대상으로 디지털금융 전반에 대한 기본지식과 업무활용능력 등 금융DT 관련 기본역량 평가
	자금세탁방지 업무능력 검정시험 (2023-004792)	전과목 : 66,000원	금융시스템을 이용한 자금세탁행위와 공중협박자금조달행위를 적발 및 예방할 수 있는 전문적인 업무역량 평가

소비자 알림사항

•상기 "프라이빗뱅커(CPB)", "영업점컴플라이언스 오피서(은행)(보험)(증권)", "KBI 금융DT 테스트", "은행텔러", "자금세탁방지 업무능력 검정시험" 자격은 자격기본법 규정에 따라 등록한 민간자격으로, 국가로부터 인정받은 공인자격이 아닙니다.
•민간자격 등록 및 공인 제도에 대한 상세내용은 민간자격정보서비스 (www.pqi.or.kr)의 '민간자격 소개'란을 참고하여 주십시오.

기타

•응시료 환불 규정 : 접수기간 중 100%, 접수기간 종료 후 시험일 5일전 18시까지 50% 환불/이후 환불 불가
•자격 공인번호는 재공인시점에 따라 변경될 수 있으며, 응시료, 환불규정 등은 응시 시점에 따라 변경될 수 있으니 자격시험 응시 전 반드시 한국금융연수원 홈페이지에서 응시하고자 하는 자격시험에 관한 최신 정보를 확인하시기 바랍니다. 자격시험에 관한 자세한 사항은 한국금융연수원 홈페이지를 참조하시기 바랍니다.
•주소 : 서울특별시 종로구 삼청로 118 / TEL : 02-3700-1500 / 홈페이지 : www.kbi.or.kr

KBI 금융DT 테스트

4년간 은행 임직원 약 1만명이 선택한 자격!

(누적 접수자 : 9,579명 / 누적 취득자 : 3,066명)

01 개요

1. 목적

금융인 및 예비 금융인을 대상으로 **디지털금융 전반에 대한 기본 지식과 업무 활용 능력 등 금융DT 관련 기본 역량 평가**

지식	금융DT 분야의 **포괄적 기초지식**
기술	금융DT 분야의 **일상적 업무를 수행**하고 **일상적 문제를 해결**하는 데 필요한 기술
소양	금융DT 분야의 **트렌드와 이슈를 이해**하고 이를 **자신의 업무수행에 활용**

2. 활용

- 본점 및 영업점 직원 등 금융인

금융회사 직원이라면 누구나 **금융DT 마인드**를 함양하고, **빅데이터, 인공지능, 디지털 마케팅** 관련 지식과 역량을 확인해 보세요!

나도 이제 **금융DT 이노베이터!**

- 금융회사의 인사담당자 및 인재개발 담당자

직원 금융DT 역량 제고, 신입직원 채용 및 DT부서 선발과 배치에 대한 고민, 한번에 해결!

02 인증시험 과목

과목	주요내용	세부내용	배점 (문항수)
디지털 금융의 이해 (30점)	DT의 이해	• 디지털전환의 이해 • 국내외 금융기관 디지털전환 사례 등	15점 (12문항)
	디지털금융 트렌드	• 디지털금융 관련 법규·정책 • 국내외 정책 사례 및 현황 등	15점 (12문항)
디지털 금융의 활용 (70점)	디지털금융 기술	• 디지털금융 기술*에 대한 지식 및 활용사례 등 * 빅데이터, 블록체인, 클라우드 컴퓨팅, 인공지능, 코딩 등	50점 (40문항)
	디지털 마케팅	• 디지털마케팅 현황 및 수립전략 • 디지털마케팅 성공사례 등	20점 (16문항)
계			100점 (80문항)

한국금융연수원
KOREA BANKING INSTITUTE

03053 서울특별시 종로구 삼청로 118
Tel. 02-3700-1500 | www.kbi.or.kr

03 인증기준

1. 인증기준

취득점수에 따른 등급인증

* KBI 금융DT 테스트는 2021년부터 인증시험 결과에 따라 등급을 부여합니다.

2. 등급인증

등급명	부여기준	역량
DT-Gold	90점 이상	• DT 역량과 디지털금융 업무 활용에 필요한 전문 지식 보유
DT-Blue	80점-89점	• DT 역량과 디지털금융 업무 수행에 필요한 실무 지식 보유
DT-Green	60점-79점	• DT 마인드와 디지털금융에 대한 기본 지식 보유

04 인증시험 운영

응시자격	제한 없음	평가시간	90분
문제유형	객관식(4지선다형)		
응시료	• 4.4 만원 * 환불규정 : 접수기간 중 100%, 접수 종료 후 부터 시험일 5일전 18시까지 50% 환불 / 이후 환불 불가		

시험일정

회차	원서접수	시험일시	지역
11회	6.17(화)~6.24(화)	7.26(토)	서울, 대전, 대구, 전주, 광주 부산, 제주
12회	9.23(화)~9.30(화)	11.8(토)	

05 기타 주요내용

1. 시험참고 도서

- 「디지털금융의 이해와 활용」
- 「블록체인, 디지털에 가치를 더하다」*
- 「빅데이터, 인공지능을 만나다」*

 * 디지털금융기술 참고도서
 (참고도서 외 기타 DT관련 일반지식에서도 출제)

2. 문의

- **시험 준비를 위한 연수과정 문의 :** DT연수부
 Tel 02-3700-1500 | **E-mail** dtlearning@kbi.or.kr
- **인증시험 관련 문의 :** 자격검정사업부
 Tel 02-3700-1500 | **E-mail** certif@kbi.or.kr

3. 소비자 알림사항

- KBI 금융DT 테스트는 자격기본법 규정에 따라 등록한 민간자격 (등록번호: 2021-001872)으로 국가로부터 인정받은 공인자격이 아닙니다.
 민간자격 등록 및 공인 제도에 대한 상세내용은 민간자격정보서비스 (www.pqi.or.kr)의 '민간자격 소개'란을 참고하여 주십시오.